小切口 大改革 新突破

地方改革创新实践案例研究2019

潘治宏　贾存斗◎编著

中国经济出版社
CHINA ECONOMIC PUBLISHING HOUSE
北　京

图书在版编目（CIP）数据

小切口　大改革　新突破：地方改革创新实践案例研究．2019／潘治宏，贾存斗编著．--北京：中国经济出版社，2021.6

ISBN 978-7-5136-3046-7

Ⅰ.①小…　Ⅱ.①潘…②贾…　Ⅲ.①地方财政-经济体制改革-案例-中国-2019　Ⅳ.①F812.7

中国版本图书馆CIP数据核字（2020）第255317号

组稿编辑　贺　真
责任编辑　王西琨　孙喆浩
责任印制　马小宾
封面设计　久品轩

出版发行　中国经济出版社
印 刷 者　北京富泰印刷有限责任公司
经 销 者　各地新华书店
开　　本　710mm×1000mm　1/16
印　　张　18.5
字　　数　264千字
版　　次　2021年6月第1版
印　　次　2021年6月第1次
定　　价　82.00元
广告经营许可证　京西工商广字第8179号

中国经济出版社　网址 www.economyph.com　社址 北京市东城区安定门外大街58号　邮编 100011
本版图书如存在印装质量问题，请与本社销售中心联系调换（联系电话：010-57512564）

2019“地方改革创新实践案例研究”课题组

组　　长： 彭　森　中国经济体制改革研究会会长、十二届全国人大财经委副主任委员、国家发展改革委原副主任、地方改革创新研究院名誉院长

顾　　问： 孔泾源　中国经济改革研究基金会理事长、国家发展改革委原经济体制综合改革司司长

副 组 长： 刘　浩　中国经济体制改革研究会副会长

执行组长： 史克毅　中国经济体制改革杂志社总编辑

潘治宏　中国经济体制改革杂志社社长、地方改革创新研究院院长

专　　家： 许耀桐　中央党校（国家行政学院）一级教授、中国行政体制改革研究会副会长

张照新　农业农村部农村经济研究中心研究员

刘现伟　国家发展改革委体改所企业室主任、研究员

学术秘书： 贾存斗　中国经济体制改革杂志社调研部主任、地方改革创新研究院副院长

成　　员：（按姓氏笔画排列）

王　平　中国经济体制改革杂志社《改革内参》执行主编、博士

刘　祺　河南省委党校副教授、博士

孙　铮　中国经济体制改革杂志社《改革内参·高层报告》责任编辑、博士

李红娟　国家发展改革委体改所企业室副主任、副研究员、博士后

赵　琳　中国经济体制改革杂志社《改革内参》责任编辑

贺　真　中国经济体制改革杂志社调研部副主任

徐照林　中国经济体制改革杂志社地方改革创新研究院学术秘书、博士后

郭全中　中央党校（国家行政学院）文史教研部高级经济师

黄根兰　中国经济体制改革杂志社《改革内参》执行主编

蔡文武　中国经济体制改革杂志社社长助理兼通联部主任、地方改革创新研究院副院长

谭智心　农业农村部农村经济研究中心副研究员、博士

序 言

新时代地方全面深化改革要处理好四方面的关系

彭森（中国经济体制改革研究会会长、十二届全国人大财经委副主任委员、国家发展改革委原副主任、地方改革创新研究院名誉院长）

中国经济体制改革研究会“地方改革创新实践案例研究”重大课题，近年来跟踪、总结、宣传、推广了一系列地方的重要改革经验。2019 年，受中共丽水市委改革办委托，“地方改革创新实践案例研究”课题组对丽水市部门间“最多跑一次”改革进行了跟踪研究、实地考察，和丽水市委、市政府领导同志进行了深入交流，经过一年多的工作，这个重大课题成功结题了。

丽水市部门间“最多跑一次”重大改革经验，是落实党的十八届三中全会和十九届四中全会关于进一步坚持和完善中国特色社会主义，推进国家治理体系和治理能力现代化重要思想的重要探索和实践，也为全国“放管服”行政管理体制改革提供了成功的样本和示范，为新时期市场化改革再出发提供了新的经验和新的动力源。现在全国都在学习习近平同志治国理政的重要思想。习近平总书记的很多思想来源于基层实践经验的总结和积累，所以，全国各地、各类改革经验，特别是综合配套改革试点所创造的经验，为习近平同志治国理政重要思想提供了鲜活的实践案例。

根据当前地方改革探索现状，我认为新时代地方全面深化改革需要处理好四方面的关系。

第一，地方全面深化改革要坚持正确处理好顶层设计和基层实践探索，特别是试点创新方面的关系。中国改革开放40多年来很重要的一个成功经验是，在推进方式上，我们一直坚持走了一条鼓励试点探索、先行先试、大胆探索、摸着石头过河的路子。当然，1992年建立了社会主义市场经济体制的目标模式以后，我们也开始强调进行一些总体规划、顶层设计、统筹协调、全面发力这样一些工作方式与方法。特别是党的十八届三中全会提出了全面深化改革新的要求，体现出新时代改革更加重视制度建设，要突破深层次体制机制的一些障碍，改革对于顶层设计的要求更高了，对于改革的系统性、整体性、协同性要求也更强了。党的十八届三中全会提出全面深化改革的总体目标。党的十九届四中全会又提出进一步推进治理体系和治理能力现代化，坚持和完善中国特色社会主义，包括社会主义行政体制的模式，构建职责明确、依法行政的政府治理体系，创新行政方式，提高行政效能，建设人民满意的服务型政府等一些具体目标。这些顶层设计，中央总的要求非常好、非常明确。但是不是仅有顶层设计就可以了？看来还不行。丽水实践进一步告诉我们，中国改革还需要广大人民群众、各级政府解放思想、勇于探索、敢为人先的精神。丽水市委、市政府四年前就坚持解放思想，创新改革探索，先行先试，提出了部门间“最多跑一次”的口号。这个口号看起来好像只是讲了一个点，实际上代表着全局，代表着全面的工作。看起来很简单的一句话，实际上非常复杂，牵一发而动全身，涉及整体，涉及政府治理体系和治理能力现代化最核心的问题。

丽水市部门间“最多跑一次”改革将各个部门职权的界定、协同、完善、重组、重构等方面都设计在里面了，通过这样的改革可以推进行政管理体制改革发生化学反应。因此，基层探索应该给予其充分肯定，而且这样的基层探索不是盲目的瞎干、乱干。比如，在丽水市部门间“最多跑一次”改革中，丽水市坚持了顶层设计、总体规划，坚持了党委政府统一领导，形成了“五个一”的组织保障，包括一个领导小组、一个实施方案、一个攻坚专班、一个部门试点，以及一个督察考核机制。这才是真正的基层改革与地方试点改革。这样一种基层性改革和中央提出的顶层设计是非常好的呼应，是对中央改革精神非常好的落实。

第二，地方全面深化改革要进一步地坚持正确处理好政府和市场的关系。政府和市场的关系始终是中国改革的核心问题。这个问题的本质是，在资源配置中是市场起决定性作用还是政府起决定性作用。习近平同志在党的十八届三中全会专门讲到，理论和实践都证明，市场配置资源是最有效的形式，市场决定资源配置是市场经济的一般规律，市场经济本质上就是市场决定资源配置的经济。所以，中央所确定的目标非常明确，所阐述的思想也非常清楚。改革40多年来，我们提出社会主义市场经济目标模式也近30年了，我们在市场化改革方面还面临很多难点问题。比如，社会主义市场经济体系还不完善，政府和市场的关系还没有完全理顺，市场决定要素配置的范围仍然有限，政府对于微观经济的干预仍然过多，市场和社会发挥作用还不够，等等。在这些方面，需要进一步形成共识，进行大胆的改革创新和探索。

当然，我们在思想认识方面还存在一些模糊与偏颇。比如，目前的数字经济发展很快，大数据、云计算对于整个经济活动的促进作用很大，对人、对社会活动的监控手段不断健全，因此有人提出来，如果早就有这样一套数字经济技术支撑，计划经济也不是不可以搞。再如，当前抗击新冠肺炎疫情，在中央的领导下取得了决定性、战略性成果。因此有人讲政府“看得见的手”在关键时候还是很有效率的，比非公有制经济更有力量、更可靠。以上两个例子充分说明，在我们国家，无论是理论界，还是政府部门，都存在一些强调或者迷信政府行政力量，否定甚至贬低市场力量的现象。这肯定是错误的。

什么是正确的呢？我们推进政府部门间“最多跑一次”改革，大大限制了政府的权力。这有利于进一步转变政府职能，是正确的方向与做法。比如，丽水市45个政府部门，现在有674项部门间事项，丽水市所辖县、区有2981项部门间事项。这样一些部门间办理事项，通过“最多跑一次”进行重新整合，为人民群众提供方便，为市场主体提供方便，这非常重要。但是，另外一个问题，我们能不能通过市场化改革的方法，从根本上进一步规范政府的职责，提出和明示政府的职责清单？这意味着，对于政府来讲法无规定不可为，对于市场来讲法无禁止皆可为，这才是正确处理政府和市场关系非常重要的核心问题。我认为，我们当前要坚持社会主义市场经济改革，特别是市场化改革的方向，要充分尊重市场经济的一般规律，具体包括：一方面，要建立高标准完善的市场体系，在市场能够高效配置资源的领域，在市场机制可以有效调节的情况下，真正地让市场发挥作用，还权于市场，让市场竞争主体成为配置资源的主体；另一方面，我们要坚持进一步转变政府的职能，最大限度地减少政府对市场资源的直接配置和对微观市场主体的干预。我认为，这才是我们各级政府下一步可能面临的重大问题。我希望丽水市进一步总结、完善部门间“最多跑一次”改革的同时，进一步推进市场化改革的深度，在政府和市场关系改革方面取得更大的成绩，为市场化改革做出新的贡献。

第三，地方全面深化改革应该进一步坚持正确处理好问题导向和目标导向的关系，实现问题导向和目标导向改革相统一。在2018年纪念改革开放40周年时习近平总书记进一步强调了这一点。实际上，很多改革是从问题导向开始的。丽水市部门间“最多跑一次”改革，实际上也是问题导向、问题倒逼的改革。针对我们一些政府部门群众反映的办事难、办事烦、办事慢等问题，以“放管服”改革为突破口，“最多跑一次”用小切口来撬动大改革，充分体现了问题导向改革的重要意义。另外，我们在探索解决过去长期以来在一些领域里党政机构重叠、职能交叉、责权脱节这样一些突出问题，部门在市场经济条件下仍然存在着一些越位、错位、不到位现象，通过部门间“最多跑一次”改革很大程度上可以解决这个问题。但是，我们推进问题导向改革的时候，千万不要忘记改革的目标——建立完善的社会主义市场经济体制，推动政府治理体系和治理能力现代化。所以，我们一边做这方面的改革探索，一边要进一步设计、推动市场化经济体制。我们要建立的“有为政府”是“服务型政府”“责任型政府”“法治型政府”，还是“廉洁型政府”？这些方面要有新的创造。我们要根据社会主义市场经济整体要求和治理体系、治理能力现代化总体目标，不断完善政府机构治理和职责的一些定位。丽水市的探索和创新就是在这个大背景下，冲破了一些传统思想观念的束缚，破除旧的部门利益之间的樊篱，是对问题导向与目标导向相统一的重点尝试。这种改革也需要进一步升级，更多地研究我们怎样在市场经济条件下重塑政府部门的治理模式，考虑政府部门的设置、部门之间的关系，以及怎样更多地有利于优化政府的职责体系，有利于增强政府部门之间的协作能力等，但是更重要的是有利于强化政府的执行力，有利于政府为人民群众、为市场主体提供服务，真正建立起标准化、规范化、高质量的符合市场竞争要求的政府治理体系，来回应人民、回应市场主体对行政管理体制改革的期待，对基层政府的期待。

第四，地方全面深化改革要正确处理好改革与法治的关系。丽水市在改革探索中十分注意制度建设与制度机制的创新，这是地市一级所进行的力所能及的重要探索。毋庸讳言，目前推动这种改革或者推广这样的经验，可能会遇到一些上位法的限制。有专家统计，丽水实践涉及的上位法有二十几项、部门规章三十几项。需要说明的是，我们确实有很多法律，包括一些部门的法律是在改革初期、中期设立的，有的部门立法还带有浓厚计划经济体制下部门的一些权责，这些部门权责通过法律的手段来强调部门利益的固化和最大化，这是我们改革实践过程中遇到的很大问题。但是，市场经济说到底本质上是法治经济。市场在资源配置中起决定性作用和更好发挥政府作用，必须以保护产权、维护契约、统一市场、平等交换、公平竞争、有效监管等为基本导向，完善社会主义市场经济法律制度。所以，这里面有一个问题，我们的改革成果怎么用法律的形式来巩固保障？另外，我们在推动改革过程中，怎样把我们的改革纳入法律的轨道、法治的轨道上去？这两个问题都要处理好，不可偏颇。而处理好这些问题需要做好三方面的工作。

第一，要加快社会主义法律制度的立、改、废，进一步完善我们的法律体系，真正做到政府的事情有法可依，要加强对经济发展各项事业的法律制度供给，依法平等保护自由财产和共有财产产权，完善保障公平竞争的法治环境，这非常重要。我们现在很多方面的法律制度还存在缺陷。

第二，要坚持依法用权，要健全执法、司法部门对市场经济运行的保障机制，最大限度地减少不必要的行政执法思想，还权于市场，最大限度放开市场管制，规范行政执法的行为，这也是今后要做的工作。

第三，各级政府要进一步依法履职，全面建立行政权力制约和监督体制，实行政府权责的清单制度。要进一步健全和完善重大行政决策的程序制度，加强对政府内部权力的制约，真正把权力关在透明、规范、可控的笼子里，防止权力的滥用，这是下一步改革和法治工作的重点。

目　录

第一部分　丽水市部门间“最多跑一次”改革研究

第二部分　蒙城县“一户一块田”改革研究

第三部分　分宜县“县级融媒体改革”研究

第四部分　安康市“新社区工厂”精准脱贫模式研究

第一部分

丽水市部门间“最多跑一次”改革研究

改革只有进行时，没有完成时。从“摸着石头过河”到“敢于啃硬骨头，敢于涉险滩”，中国改革开放经过了40多年的辉煌历程。作为全面深化改革的重要组成内容，行政体制改革不仅关系政府内部的运行效率，而且对服务民众、增进人民福祉有着重大意义。习近平总书记指出，“行政体制改革是推动上层建筑适应经济基础的必然要求。实现全面建成小康社会和全面深化改革开放的目标，必须深化已进行30多年并取得重要成果的行政体制改革，破除制约经济社会发展的体制机制弊端”。党的十八届三中全会提出全面深化改革的总目标是推进国家治理体系和治理能力现代化，指出要处理好政府和市场的关系，使市场在资源配置中起决定性作用和更好地发挥政府作用，着力解决市场体系不完善、政府干预过多和监管不到位等问题。党的十九届三中全会通过了《中共中央关于深化党和国家机构改革的决定》，掀开了新一轮机构改革的序幕，旨在构建系统完备、科学规范、运行高效的党和国家机构职能体系。党的十九届四中全会提出要坚持和完善中国特色社会主义行政体制，构建职责明确、依法行政的政府治理体系。创新行政方式，提高行政效能，建设人民满意的服务型政府。这些重要的精神指引，为我国政府治理现代化擘画出奋斗方向。

党的十八大以来，面对错综复杂的国内外经济形势和艰巨的改革发展稳定任务，政府带头自我革命，把“放管服”改革作为全面深化改革的“先手棋”和转变政府职能的“当头炮”。截至2019年，已有近60次国务院常务会议涉及该议题。“放管服”作为一项“新政”，已经成为当前和今后一段时期内，我国深化行政体制改革、转变政府职能的重要抓手，通过“放管服”改革创新即可前瞻我国政府治理与改革的路径。我国政府对标国际前沿，着力打造便利化、国际化、法治化的营商环境，使各地区营商环境进一步优化。2019年10月，世界银行发布2019年全球营商环境报告，中国排第31位，成为近5年营商环境改善最大的经济体之一，这是中国政府着力深化“放管服”改革的亮丽成绩单。

在全面深化改革的新时代，地方政府遵循中央顶层设计，竞相展开创新试验，改革成果“百家争鸣、百花齐放”。作为改革前沿和创新高地，浙江省继2014年“四张清单一张网”改革之后，于2016年推出“最多跑一次”改革，提出群众和企业到政府部门办事“最多跑一次是原则、跑多次是例外”的口号，这是浙江省深化“放管服”改革的又一重大举措。“最多跑一次”改革成效显著，为全国“放管服”改革提供了样本和示范。2018年1月，中央全面深化改革领导小组第二次会议审议了《浙江省“最多跑一次”改革调研报告》并予以肯定，把“浙江省‘最多跑一次’经验做法”作为典型经验之一向全国全面推广。“最多跑一次”改革成为浙江省以习近平新时代中国特色社会主义思想为指引，创造性推进全面深化改革实践的一个鲜亮标志。正如习近平总书记强调的，“全面深化改革是一项复杂而艰难的系统工程，推进国家治理体系和治理能力现代化是一篇大文章，不可能一蹴而就、一劳永逸”。“我们‘摸着石头过河’，不断深化改革开放，不断探索前进，开创和发展了中国特色社会主义。”

2018年7月，在浙江省“八八战略”实施15周年之际，习近平总书记又赋予浙江省“干在实处永无止境，走在前列要谋新篇，勇立潮头方显担当”的新期望。浙江省委书记车俊指出，要以永不懈怠的精神状态和一往无前的奋斗姿态将“最多跑一次”改革引向深入，以实际行动向改革开放40周年、“八八战略”实施15周年献礼。要以“最多跑一次”改革为牵引，把贯穿其中的改革取向、改革精神、改革效应体现在其他领域，撬动各方面、各领域改革，为治理体系和治理能力现代化提供“浙江素材”。

习近平同志在浙江工作时，就提出进一步发挥浙江省的环境优势，加强机关效能建设。党的十八大以来，习近平总书记多次提出并强调要“提高政府效率和效能”“释放积极效能”“提升国家创新体系整体效能”等关于效能建设的系列重要思想和论述。内部政务管理与对外政务服务是政府治理的核心内容，当前浙江省通过服务办事企业、群众“最多跑一次”改革，实现了政务服务的高质量供给。然而，困扰政府内部政务管理的部门间职责划分不清晰、协作效率不高、办事推诿扯皮等问题尚未得到解决，一定程度上影响了服务办事企业、群众“最多跑一次”改革的深化。

作为“两山理念”发源地的丽水市，既持之以恒地塑造绿水青山的自然环境，又坚持不懈地追求绿水青山的政治生态。自2018年以来，丽水市站在打造机关效能最强市的高度，在浙江省乃至全国率先提出部门间“最多跑一次”的改革方案，通过统一标准、精简材料、优化流程、压缩时限、强化服务，部门执行力和行政效能显著提升，部门间“最多跑一次”改革已经从理论转化为实践，由设想成为现实，把不可能变为可能，有效地贯彻落实“八八战略”，以部门间“最多跑一次”改革加强机关效能建设，连通政务管理与政务服务的“两条线”，增强行政体制改革的系统性、整体性、协同性，充分释放改革红利，推动“放管服”改革再深化、“最多跑一次”改革再出发，实现了新一轮机构改革的“化学反应”。

图1　在中国改革（2019）年会上，丽水市“机关内部最多跑一次”改革获选“2019中国改革年度案例”

图2 丽水市“机关内部最多跑一次”改革获选“2019 中国改革年度案例”

一、丽水市部门间“最多跑一次”改革背景

（一）传统行政体制下部门间协作障碍

传统科层制的行政管理体制下，根据职能要求对组织体系进行清晰架构，对人员岗位进行明确分工，政府整体职责被细分到各个具体单位、部门和处室承担，行政管理体制呈现封闭性、机械化的特点。行政管理体制的先天性问题决定了政府部门运行是“单向行动”“单边行动”而非“部门互动”“多边协作”，部门间关系是“本位主义”而非“集体主义”。在“职责同构”的传统行政管理体制安排下，上下级之间的沟通存在“自上而下”单向命令、信息单向传递等问题；在“部门本位主义”的“部门壁垒”弊病下，同级部门之间的协作严重受阻；“条块分割”体制下，“条条”上的中央或省级垂直管理部门与“块块”上的地方政府职能部门缺乏业务配合，不利于跨部门公共议题的解决处理。在这样的体制安排下，部门间推诿扯皮、运行梗阻成为常态甚至惯习，行政管理成本高，政府治理效能受到影响，公共服务品质不高，不仅无法满足人民日益增长的良好治理和优质服务需求，而且让跨部门办事的公务人员跑腿不断、苦不堪言、负担沉重，久而久之滋生形式主义、官僚主义等不良行政生态问题。

推进制度化、经常化和有效跨界、协同以增进公共价值，是新时代政府改革的新趋向。从“部门壁垒”“本位主义”“职责碎片化”向“跨部门协作”转化是政府运行机制变迁的内在要求，也是政府跨界协同治理体系建构的根本方向。由此，应按照明晰政府职能定位与重塑行政生态系统的两大核心指向推动行政改革。丽水市探索以部门间“最多跑一次”改革加强机关效能建设，为基层工作人员“减负”，这是一场政府流程再造的颠覆式革命，旨在为突破传统行政体制下部门间协作障碍找到治理良策，明晰部门间关系的职能定位，破解政府间办事存在的“中梗阻”、不作为、慢作为的历史积弊，塑造协作有力、高效便捷的全新行政生态。

（二）我国适应新时代政府转型的探索

在经济全球化、社会信息化、区域一体化的新时代，我国政府转型的方向与路径是什么？习近平总书记在2016年中共中央政治局第三十六次集体学习和2017年中共中央政治局第二次集体学习时两次强调，“要运用大数据提升国家治理现代化水平。要建立健全大数据辅助科学决策和社会治理的机制，推进政府管理和社会治理模式创新”，“构建全国信息资源共享体系，实现跨层级、跨地域、跨系统、跨部门、跨业务的协同管理和服务”。2019年，中共中央政治局就区块链技术发展现状和趋势进行第十八次集体学习，习近平总书记强调，“要探索利用区块链数据共享模式，实现政务数据跨部门、跨区域共同维护和利用，促进业务协同办理，深化‘最多跑一次’改革，为人民群众带来更好的政务服务体验”。习近平总书记关于政府数字化转型与跨界协同治理的战略思考为行政改革明确了方向。在中央顶层设计下，各地方政府探索出一批可复制、可推广的创新经验，如浙江省“最多跑一次”改革推进政府数字化转型，广东省数字政府建设，贵州省构建大数据治理高地，上海市“一网通办”与“一网统管”改革、打造自贸区改革创新开放的新标杆等，形成的改革红利已在全国范围扩散。与此同时，各地改革在推进过程中遇到了共性问题，即如何从系统、整体、集成出发，突破体制机制“中梗阻”，破除“部门壁垒”与“信息孤岛”，实现有效的跨部门协作。当前，不少先行先试地方政府均难以突破这一瓶颈，使改革推进步履维艰，改革成效大打折扣。

丽水市推进部门间“最多跑一次”改革，是对习近平总书记关于政府数字化转型与跨界协同治理重要论述的实践诠释，是推动“放管服”改革再深化，是推动新时代改革再出发的一场“刀刃向内”的政府自我革命。互联网时代，按照政府数字化转型的客观要求，省市县纵向部门和横向部门之间“最多跑一次”，需要部门间充分协同，必须厘清部门充分协同的数字化转型工作协调机制，搭建政府协同平台，以“技术强制力”突破传统体制机制束缚。只有以市县层级间、部门间协同为基础，才能不断推进全国范围的跨层级、跨地域、跨系统、跨部门、跨业务的协同管理和服务。

（三）新一轮党和国家机构改革的要求

习近平总书记深刻指出，当前党政机构设置存在的问题体现为，“一些领域党政机构重叠、职责交叉、权责脱节问题比较突出；一些政府机构设置和职责划分不够科学，职责缺位和效能不高问题凸显，政府职能转变还不到位”。2018年，深化党和国家机构改革即是对党和国家组织结构和机构职能的一次系统性、整体性重构。2019年7月，在党和国家机构改革总结大会上，习近平总书记强调：“完成组织架构重建、实现机构职能调整，只是解决了‘面’上的问题，真正要发生‘化学反应’，还有大量工作要做。”如何推进机构职能优化协同高效，把机构职责调整优化同健全完善制度机制有机统一起来，是继续巩固机构改革成果的重要途径。

为避免“精简—膨胀—再精简—再膨胀”的“黄宗羲定律”怪圈再次出现，新一轮机构改革必须从“机构改革”向“职能优化—机制重构”并重转变，从“失范结构”向“规范结构”转变，从各部门“单边行动”向部门间“协同互动”转变。丽水市通过对现行政府管理结构“望、闻、问、切”式的全方位把脉，从部门间办事“一件事”全流程“最多跑一次”改革入手，找准实现机构职能优化协同高效的着力点，将部门间“最多跑一次”改革与机构改革相结合，部门“三定”方案制定与办事事项梳理同步，重构业务流程，重塑部门关系，力图以“小切口”撬动“大改革”，不仅契合了新一轮机构改革“下半场”实现“化学反应”的本质要求，而且能够以部门间“最多跑一次”改革撬动推进新时代社会主义市场经济体制改革、行政体制改革、权力运行机制改革等各个领域的改革。

（四）推进国家治理体系与治理能力现代化

党的十八届三中全会提出全面深化改革的总目标是“推进国家治理体系和治理能力现代化”，全会指出要“处理好政府和市场的关系，使市场在资源配置中起决定性作用和更好发挥政府作用”。“着力解决市场体系不完善、政府干预过多和监管不到位问题。”党的十九届四中全会提出要“坚持完善中国特色社会主义制度、推进国家治理体系和治理能力现代化”。随着改革开放的深入，社会主义市场经济体系的发展完善，中国经济正在从高速度发展迈向高质量发展阶段，呈现出政治、经济、社会整体统筹、协同发展的特征，这一阶段对于国家治理能力的提升与制度效能的释放较为迫切。

推进国家治理体系和治理能力现代化，就是要适应时代变化，既改革不适应实践发展要求的体制机制、法律法规，又不断构建新的体制机制、法律法规，使各方面制度更加科学、更加完善，实现国家社会各项事务治理制度化、规范化、程序化。丽水市部门间“最多跑一次”改革，正是在全面深化改革的背景下，地方政府适应新时代发展，充分把握信息技术红利，冲破传统思想观念束缚，破除利益固化樊篱，坚决破除妨碍行政效能提升与经济社会高质量发展的行政管理体制机制障碍，以政府治理现代化推进国家治理体系和治理能力现代化。

二、丽水市部门间“最多跑一次”改革的主要做法

为探索破解部门间办事程序多、多次跑、多头跑、环节多、签字烦、时间长、效率低，以及个别部门存在的“中梗阻”、不作为、慢作为等问题，2018 年 3 月以来，丽水市在浙江省乃至全国率先提出并推动部门间“最多跑一次”改革，并将该项改革作为打造机关效能最强市的重要抓手。2019 年 6 月，丽水市出台《丽水市深化“最多跑一次”改革推进政府数字化转型实施方案》，将“最多跑一次”改革向政府部门间办事领域延伸，通过定标准、优流程、建平台，全力减材料、减环节、减时间，有效推动机关内部办事提速提质提效，牵引带动各地各部门依法行政效能显著提升，事项办理平均提速率达到55.5%，掀起了一场真

正刀刃向内的行政效能革命。丽水市坚持试点先行、以点带面、重点突破，通过重塑部门关系、统一事项规范、重构业务环节、精简合并材料、压缩办事时限、拓展服务领域、统一信息平台、集成共享数据、科学考核监督、党群政府联动等，全面提升了行政办事效能，强化了政府部门执行力，形成一套政府对内对外联动协同、系统集成“最多跑一次”改革的“丽水模式”。

（一）丽水市部门间“最多跑一次”改革的核心逻辑

自2018年以来，丽水市在及时总结安置房项目部门间协同审批改革经验的基础上，以办事事项最多的市财政局和流程最复杂的市人力社保局为试点，展开部门间“最多跑一次”改革实践，在此过程中探索形成一套完整的改革创新逻辑——“清单化定责—场景化改造—标准化规范—数字化协同—专业化推进”，据此全方位、多领域展开部门间“最多跑一次”改革。

1. 清单化定责：围绕多部门联办“一件事”全流程梳理事项

丽水市以明晰部门职权边界为前设，以责任清单化来解决边界不清、责任交叉、管理真空问题，通过调整审批权限、压缩办事时限减少和取消不必要的审批环节。主要目标在于加快推进两方面的破题，一是围绕解决事项“交办难、难交办”问题，对各部门“三定”方案进行系统梳理，明晰主要职责，建立部门责任清单。在此基础上，对清单以外事项执行首问责任制，由被首问单位负主责，并赋予被首问单位跨级、跨部门协调权。比如，信访被首问单位即作为牵头单位，可直接协调相关部门开展联合办理。对协同推进事项，执行行政审批服务超时默认和缺席默认制，相关责任部门不参加集中办理、或无正当理由不在规定时间内完成审批的，视为该部门默认该项申请，并承担相应责任。二是围绕解决事项“管理难、难管理”，对责任界定不清、无明确交办部门、群众反映强烈的具体事项进行“一件事”全流程梳理，明晰相关部门责任，建立重点事项跨部门责任清单。比如，河道采砂、“六小”行业整治、信访办理等“一件事”，通过全流程“一次跑”来调整审批权限。

2. 场景化改造：按“最小颗粒度”拆分

将众多“点对点”零散的事项整合成“一件事”，按“最小颗粒度”拆分，按业务需求重组，对清单定责内容（即每个事项）逐一场景化，围绕具体应用场景再造办事流程。一是打造场景“直通车”。围绕部门间“最多跑一次”改革中职责交叉、边界不清等“疑难杂症”场景，由编办牵头理职能，改革办牵头上线平台，逐一打造“直通车”，以此来消灭无人管理的问题。对进入“直通车”的事项，根据场景化定责分割，由平台自动向各责任部门流转，打造责任传递“流水线”，彻底打通跨部门协同办理业务链条。推动部门聚焦主责主业，厘清职责边界，加快机构改革从“物理整合”向“化学融合”转变。二是开放场景应用。在场景“直通车”的基础上，围绕应用场景实现，对部门间办事数据共享需求进行梳理，探索建立部门间“最多跑一次”改革的数据授权共享机制，以跨部门信息共享助推业务协同。

3. 标准化规范：发布全国首个部门间办事地方标准

围绕部门办事标准体系推动迭代升级、深化全程留痕管理，倒逼各环节责任落地。一是加快标准体系迭代。丽水市在发布全国首个部门间办事地方标准的基础上，加快打造地方标准2.0版。重点围绕构建迭代更新的“活标准”体系，建立责任部门和重点事项“两张清单”标准、场景“直通车”标准，倒逼部门间办事标准、数字服务标准更新升级，逐步推动“丽水标准”上升为省级、国家级标准。二是推进全程留痕升级。坚持“平台即标准”，以部门间办事标准体系为基础，依托“浙政钉”及机关内部协同办事统一平台，升级全程留痕管理模式，重点依托人工智能技术、数据库与数据挖掘技术等推动办事流程标准化，以标准化、数字化考核代替传统督查考核模式，倒逼各环节责任落地，从根本上破解机关内部“中梗阻”问题。例如，对政府投资项目审批、信访办事等可公开事项实行全流程可视化呈现，确保跨部门办事全过程透明可见。

4. 数字化协同：建成机关内部协同办事统一平台

丽水市把数字化作为深化部门间“最多跑一次”改革的关键途径，重点解决“不可逆、无障碍”两方面问题。一是加快数字化改造，推动改革“不可逆”。时任浙江省省长袁家军强调“要协同推进‘最多跑一次’改革和政府数字化转型”的根本目的在于通过数字化改造，让改革真正成为“不可逆”的过程。丽水市围绕数字化改革方向，加快构建从数据归集、共享、开放到治理的全链条闭环体系，率先实现部门间办事“手机端和PC端都能办、线上和线下都能办”。二是打破数字化壁垒、实现过程“无障碍”。构建目录树，即加快各部门数据资源目录编制、核心业务梳理，构建从具体事项延伸到具体数据的树状目录体系，彻底明晰数据归集共享的具体路径、范围。打通数据源，一方面，要围绕解决“数据从哪里来”，进一步提升部门数据意识，强化基础数据的积累整合，为数据池注入更多“源头活水”（如组织部、人社、编办、公安都有人员信息，部分数据存在交叉重叠，以哪个单位的数据为标准，如何去重、整合是当前面临的现实问题，也是下一步打破信息壁垒的有效途径）。另一方面，围绕解决“数据怎么流动”，深度打破数据共享壁垒，确保可共享数据尽快整合到位。对原则上不能共享的数据源，建立“交换机制”，打通无障碍调用渠道（如组织部、公安部部分数据涉密，在保证数据安全的前提下，分权限实现调用共享）。动态打补丁，即根据流程再造、清单梳理、事项变化，动态更新目录树、数据池，确保数据实时可用。

5. 专业化推进：遵循“专业主义”原则以专班推动改革

以专业化机制、专业化模式、专业化队伍为保障，引领和推动部门间“最多跑一次”改革提速提质。一是做到定人分管。明确部门间“最多跑一次”改革的分管领导，在各部门探索建立首席数据官、数据专员，确保部门间“最多跑一次”改革专人专管、持续深入。二是深化专班推进。针对改革推进中的重点难点，分类成立专业小组，主动打破常规模式，充分整合改革办、大数据局、审管办行政服务中心以及自然资源、建设、水利、交通、公安、通信部门等各口、各条线、各类专业力量，成立专班攻坚。三是创新改革模式。让专业的人做专业的事，积极与专业团队开展合作，精准引进专业人才。持续创新改革模式路径，例如，在数据共享开放上，丽水市尝试以开放标准来开放数据，聚焦交通、环保、健康、城市管理等领域，吸引各地“数据侠”共同盘活“沉睡”的数据资源。

（二）丽水市部门间“最多跑一次”改革举措与典型案例

1. 重塑部门关系，倡导部门业务协同化

丽水市以“三个全覆盖”（事项全覆盖、单位全覆盖、市域全覆盖）及“三转变一共享”（观念转变、职能转变、流程转变、数据共享）为准则，梳理部门事项，重塑部门关系。部门核心业务的梳理是做好部门间“最多跑一次”的关键，以事定责，将偏向于宏观的“三定”方案细化，用事项的形式把具体工作固化下来、表现出来，明确责任和单位职能边界。对部门“三定”职责进行全面系统的梳理，不仅包括办事事项，还包括所有职责，从审批、监管、决策等维度对各项核心业务进行模块化分解，层层分解为子系统、子模块和具体业务事项，做到架构清晰，层次分明。以“事项名称＋办事情形”为脉络，按“最小颗粒度”要求全面梳理部门间办事事项，进一步统一规范事项名称、经办依据、申请材料、办事流程、业务经办流程、办理时限、办事表单等内容，做到事项“应梳尽梳”。按照方便群众办事的原则，对部门相关业务事项进行全方位、地毯式梳理，并形成详尽的清单，明确各部门职责。对“三定”方案没有明确规定、存在职能交叉的，以场景化的思维把具体一件事情的各个环节职责明确固化下来。通过“以案说法”，推动部门聚焦主责主业，厘清部门间职责边界，推动机构运转形成“化学反应”。

改革的推进转变了机关单位观念，部门间“最多跑一次”改革要解决的就是流程烦琐、层层审核、权责不清、效率低下问题。比如，丽水市财政局在梳理办事事项时发现，近年来，市本级单位部门工资发放流程为预算单位造工资发放清单、送市人事局审核盖章、市财政国库支付中心再审核后支付资金到工资代发银行。市财政国库支付中心只能审核工资发放的总数，工资发放明细难以审核，只能凭市人事局审核盖章的工资发放清单为依据支付资金。“既然预算单位内部已审核、人事部门又审核盖章，那么财政的审核是不是可以精简?”经过仔细斟酌考量，财政部门结合行政事业单位内部控制建设，实施由单位履行工资审核主体责任，财政部门重点负责资金保障，并尝试取消财政审核环节，提高工资发放效率的改革。在本部门内部各个处室之间实现“一口受理”。部门内部的“一口受理”对工作人员的业务熟悉程度有很高的要求，只有充分了解收进来事项的所有办事手续和流程，才能高效地为其他部门办理业务。通过改革事项的梳理，工作人员的业务能力有了显著提高。

案例1　丽水市在全省率先实现公积金组合贷款“只跑一次”

一直以来，住房公积金组合贷款涉及住房公积金管理机构和商业银行两个独立主体、独立事项，其中两个事项分别涉及七个关联环节。由于涉及的事项跨行业孤立办理、关联环节跨部门脱节流转，以往贷款申请职工需折返于住房公积金管理中心、商业银行、不动产登记中心三地之间七八次，才能办结住房公积金组合贷款。2018 年，丽水市住房公积金管理中心通过场所整合、事项合并、一并受理、环节前移、同步流转等举措，在全省率先实现住房公积金组合贷款全流程办理“只跑一次”、一地办结。

丽水市将住房公积金组合贷款的公积金部分和商业银行部分全流程合并办理，公积金管理中心、不动产登记中心、受托银行三方协同，对整个办理流程进行了优化再造，住房公积金组合贷款涉及的两部分贷款实现了一并受理、同步流转、同时办结。市民“只跑一次”丽水市行政服务中心就能办好全部手续。“真是想不到，住房公积金组合贷款办理能这么方便！一次性受理，全部流程一次性办结。”据统计，2018—2019 年，丽水市发放住房公积金贷款共 7672 笔，支持职工购建房 116.45 万平方米，其中住房公积金贷款和商业银行住房按揭贷款组成的组合性个人住房按揭贷款共 5952 笔，占全年发放住房公积金贷款总笔数的 68.63%，涉及资金 34 亿元。

2. 统一事项规范，做到事项梳理标准化

如同群众、企业办事“最多跑一次”改革一样，把部门间办事“最多跑一次”事项梳理出来，是整个改革中最基础也是最重要的工作。明确哪些属于部门间“最多跑一次”事项是改革伊始就遇到的一个难题。“单位里人事部门和办公室之间的协同算不算？企业和群众办‘一件事’中需要跨部门合作的事项是机关内部事项吗？”事项梳理必须理解两个概念，一个是“部门间”，另一个是办事事项。例如，单位人事处与办公室之间的事项就属于自己内部，不属于部门间。而申请对象是群众、企业的事项，当前浙江政务服务网上已经公布的，则不重复列入部门间办事事项范围。

丽水市明确改革边界，统一标准规范，遵照“三个原则”“四个对比”“八统一”，全面梳理部门间办事事项，以事项倒逼改革。“三个原则”是“应梳尽梳”原则、“先立后破”原则、部门牵头市县同步原则。“四个对比”即对去年和今年上报的事项进行对比；对市直部门上报的事项和县市区上报的事项进行对比；对县市区之间上报的事项进行反复对比；对机构改革前和机构改革后的办事事项进行对比。“八统一”是指明确改革边界，统一标准规范，涵盖主项名称、子项名称、经办依据、申请材料、办事流程、经办流程、经办时间、办事表单。

部门间“最多跑一次”事项梳理借鉴群众与企业到政府部门“最多跑一次”办事事项“八统一”要求，由市级部门统一确定事项主项名称、子项名称、适用依据、申请材料、办事流程、业务经办流程、办理时限、表单内容等，以此标准全面梳理办事事项清单，并逐项编制标准化办事指南和流程图。通过反向梳理，条块、县（市、区）交叉比对等途径，对单位内部处室之间，单位点对点之间，跨单位、跨层级之间“三个层级”的事项进行全面梳理，第一轮共梳理并公布了全市 31 个部门的 310 项部门办事事项，其中即办件 85 项，实现“零次跑”事项 70 项。按“组织人事档案管理”“投资项目审批”“财政预算执行管理”“行政许可监管服务”四类编印《办事指南》分发给各部门单位，做到一张清单、一本手册、一图在手（“一图一册一清单”），办事一目了然。截至 2019 年 9 月 30 日，共梳理出市直 45 个部门（单位）的 484 项（子项）机关内部办事

图 3　部门间“最多跑一次”办事指南

事项（市本级共有“一件事”56 件），县（市、区）和经济开发区共有机关内部事项 2694 项。

在此基础上，同步开展标准化事项库建设，以“八统一”为基础，将每个事项的办事指南细分为 25 项基础要素，并对事项进行“颗粒化”梳理，按照“事项名称 + 办事情形”等，将市本级 211 个主项拆分成 394 个“颗粒度”，为标准化建设和信息化平台建设打好基础。同时，梳理事业单位人员调动、机关事业单位人员退休等“一件事”八件。开展市级地方标准起草工作，《机关内部“最多跑一次”工作规范》（第 1 部分：总则；第 2 部分：办事指南编写规则）地方标准已通过专家评审，并向社会公布。

图 4 《机关内部“最多跑一次”工作规范》
“第 2 部分：办事指南编写规则”丽水市地方标准评审会

案例 2 丽水市建立全国首个机关内部“最多跑一次”标准化体系

丽水市充分运用标准化理念和手段，及时总结现有经验做法，在全国范围内率先提炼形成机关内部办事“最多跑一次”工作规范体系，实现以标准化的手段规范机关单位间办事服务，助力破解机关单位间办事“多次跑、多头跑、环节多、时间长”等难点，全面提升行政办事效能。

一是明确定义，加快实践性成果转化。在总结前期工作经验的基础上，充分吸收省级部门文件精神，制定《机关内部“最多跑一次”工作规范》第1部分：总则，总则明确了机关内部“最多跑一次”的定义、范围、基本要求、工作基础、咨询服务、网上服务、现场服务、监督与评价等内容，明确了机关内部“最多跑一次”改革市域全覆盖、部门全覆盖以及事项全覆盖，解答了之前开展机关内部改革的种种不确定性和疑惑，为加快推进机关内部“最多跑一次”改革奠定了基础，也为全省推进机关内部“最多跑一次”提供了更多丽水市改革经验和样本。

二是统一标准，推进办事事项规范化。《机关内部“最多跑一次”工作规范》第2部分：办事指南编写规则，明确了机关内部“最多跑一次”办事指南编写的基本要求、结构要素设置、要素编写、格式编排和管理要求。针对同一事项，统一申办材料、经办依据、办理时限、咨询电话和办事流程图，对规范事项办理、方便部门人员办事、预防权力腐败发挥了重要作用，做到一图在手，办事一目了然。

三是规范编码，促进政府数字化转型。不同于行政许可事项编码，机关内部办事事项编码是一个全新领域，该项编码的有无直接关系到政府数字化转型的质量。《机关内部“最多跑一次”工作规范》第2部分：办事指南编写规则，详细规定了事项编码的规则和组成部分，充分考虑了事项编码的可扩展性和可兼容性，为未来发展预留了足够的扩展空间。机关内部办事事项编码规则确保了事项标识的唯一性，不仅有利于机关内部办事事项的统一管理和有效实施，还有利于机关内部信息系统建设和数据统计、比对、分析、应用，满足了信息系统互联互通和资源共享的需要，为“互联网+政务服务”与“互联网+政务管理”的实现提供了制度支撑，也为进一步打通各部门“信息孤岛”，促进政府数字化转型打下了坚实基础。

3. 重构业务环节，推进办事流程更优化

丽水市全面优化办事流程，在坚持基本原则和规范的前提下，对所有业务流程进行系统梳理，优化部门间“最多跑一次”改革业务协同模式，编制标准化办事指南和业务流程图。对业务办理环节进行重新论证和定位，调整审批权限，简化办事流程。同时，对需要跨部门多环节办理事项，明确各环节审批审核责任，并通过减少和取消不必要的审批环节、变串联审批为并联审批、采用承诺容缺受理等方式重组办事流程。在部门内部流转方面，主要通过业务整合、权限下放来减少和取消不必要的审批程序。

例如，丽水市财政局对涉及跨部门的事项做了5轮梳理。如今，诸如部门开设账户事宜，只需通过机关内部协同办事平台将需求发送到财政局，等候相关处室在规定时间内审核完成即可。市财政局开展业务整合，流程优化核减事项9项，其中包含授权支付、项目竣工财务决算审核批复等。财政用款计划审批实行分类审批，该事项2018年办件量超50000件，为高频办理事项，原办理方式为部门单位通过金财系统提交申请，财政归口业务处室和预算执行局进行2～3次审批。改革后，公共预算范围内的用款计划由部门单位自行提交申请并进行自动审批；以收定支范围内的用款计划由归口业务处室终审。通过实行分级分类审批，大部分用款计划都可以实现单位自行审批，其余需财政审批的用款计划也将简化至一次审批办结。丽水市市场监管局通过流程优化，将计量标准考核登记审批事项由原来的11个环节压缩成2个环节。丽水市人社局将原需经局务会议研究同意的日常公务员转任、事业单位人事交流等事项权限下放至处室，由处室会议初审，分管领导审核，简化了办事流程。

涉及跨层级、跨部门多个环节的办理事项，主要通过明确各部门各环节审批审核责任，缩减审批环节以及改变审批方式来重组办事流程、减少办理时间。按照“一件事”归集、“一口受理”、联动办理的要求对事项办理流程进行论证推演，推动事项能合则合，应减尽减。针对部分办理时限较长的事项，全面压缩办理时间；对部分缺少上位依据、无明确办理时限的事项，通过模拟办事流程，按照“合规、合理、便捷、高效”原则，明确办理时限，以时限量化促进效率提升；对互为前置的审批事项，后一审批环节容缺受理，提前介入，并承诺审批进程中补齐材料，推动审批全流程提速。例如，经过各部门业务梳理共整合、归并、取消“财政票据领购证申请”“办公助手新增审核”等部门之间办事事项21项。

案例3 丽水市率先推行工资统发“一件事”改革

机关事业单位工资统发包含科目多、涉及资金量大、覆盖面广，存在纸质审核材料复杂、人工跑单效率低下等问题，一直困扰着经办人员。丽水市以新冠肺炎疫情防控期间“不见面”办事为契机，率先推行工资统发“一件事”改革，通过流程优化、系统整合、部门协同、数据打通等举措，实现工资统发“零次跑”。截至2020年5月，已完成200余家机关事业单位工资统发全流程网上办理。

一是整合系统，实现全程“零跑”。改革前，统发单位财务人员在工资系统完成次月工资造册后，需打印纸质材料送往市人社局工资处报批；市财政局工作人员每月固定时间到市人社局领取各单位工资清册；汇总工资发放数据后通知代发银行上门领取相关纸质材料。各部门每月累计提交纸质材料800余份、线下跑腿200余次、盖章1600多次。改革后，通过整合工资系统和“丽水市机关内部协同办事平台”，统发单位每月25日前登录工资系统完成次月工资造册（次月工资发放清册），并在金财工程系统中申报用款计划，完成相应支付申请输入；每月26日，市人社局统一在“丽水市机关内部协同办事平台”发起“市本级工资统发‘一件事’”事项，同步盖一次电子章，实现一次提交，数据即时发送；各相关单位围绕电子材料审核、输入信息，实现纸质材料“零提交”、办理过程“零跑腿”，一改往日统发单位扎堆提交材料的情况，有效降低疫情防控期间人员聚集和流动风险。

二是并行流转，实现高效核发。改革前，工资清册先由市人社局工资处审批，再由市财政局将工资款项支付给代发银行，代发银行收到资金后对各单位的纸质工资清册和财政资金总额进行校对，并人工对照纸质工资清册输入电脑，最后将工资汇入个人账户。改革后，每月26日，市人社局发起“市本级工资统发‘一件事’”事项，平台数据即时并行流转到市财政局和各代发银行，市财政局和各代发银行可自行下载所需表单数据。市财政局核对表单数据和单位在金财工程系统申请支付的工资实发总数，无误后支付到代发银行；代发银行审核财政支付总额和表单数据明细，无误后导入电子表单数据支付，减少手工输入，精准高效地核发至个人工资账户。

三是统一流程，实现业务规范。改革前，部分统发单位财务人员进行工资造册时并不完全依靠工资系统，而是习惯通过系统外 Excel 表格对数据进行修改和维护。如单位人员职务职级晋升后，财务人员在工资系统外的表格中对其工资数据进行维护，但并未及时在工资系统上体现数据变更，致使工资发放清册和系统中的数据不一致，在业务上并不规范。改革后，所有的流程由市人社局单口统一发起，相关数据只能从工资系统中抓取。财务人员必须通过业务办结，并在工资系统中将对应数据按照实际发放的金额修改维护，才能发放工资。通过改革，工资统发完全依托于系统，既提升了统发单位办事效率，又提高了业务规范性和数据准确性。

案例4 事业单位部分人事手续办理“最多跑一次”

第一，“事业单位领导人员任职资格审核”手续办理“最多跑一次”实例。丽水市人民医院提拔一名科级干部，原来需到市人社局办理“事业单位领导人员任职资格审核”和“事业单位双肩挑人员资格审核”两个事项，通过合并事项、精简材料、下放权限等改革举措，医院当日提交申请，次日就拿到了审批结果，办理时间由原来至少 30 个工作日缩减到 2 个工作日。例如，丽水市人民医院的人事干部孙艺珈按照人社部门新的经办流程，来到市人社局办理事业单位领导人员任职资格审核业务。当日仅提交了 4 份申请材料，次日就拿到了审批结果，仅用了不到 2 天的时间，就办完了整个流程，比他们承诺的 10 天内办完还快了 8 天。孙艺珈说，她收到人社局部门间“最多跑一次”改革办事指南时还很意外，有点不敢相信。因为按照原来的流程，办理此项业务至少需要提交 2 次申请、9 份材料、等待 30 个工作日后才能完成审批。而现在不仅材料少多了，时间短多了，并且跑一次就够了，实际的体验也验证了他们的改革不是纸上说说，而是实打实的真刀真枪的改革。

第二，"事业单位公开招聘，招聘方案核准"手续办理"最多跑一次"实例。2019年7月，丽水市本级卫生系统公开招聘事业单位工作人员、市卫健委人事干部毛春明说，自己是办理人事业务的新手，但是按照人社部门梳理的"最多跑一次"事项办理业务简单快捷。公开招聘在招聘方案核准这个业务环节，按照以前的办理流程来办起码要15个工作日，现在办理时限为3个工作，但在实际操作中他只用了半个工作日就完成了，可以说效率非常高了。在招聘结果确认这个办理环节，原来需要单位提供11项证明材料，办理时限需要15个工作日，现在"最多跑一次"改革后，招聘结果确认做了权力下放，把政审材料权限下放给主管局审核，提交材料大大缩减到3项，工作日缩减到5个工作日。毛春明说自己赶上了好时候，搭上了改革这列"直通车"，在办理这项业务时得到了实实在在的便利，大大提高了办公效率，不再像以往那样来回跑。

4. 精简合并材料，力争办事材料最简化

明确"法无规定不提交、可由本部门出具或获取不提交、可自行查验获取不提交"的"三不提交"原则，全面梳理申请材料，能合则合、能减尽减。按照"没有法定依据的一律取消、由本部门出具的一律取消、能通过现有材料证明的一律取消、能采取书面承诺方式解决的一律取消、能通过网络或数据共享获取核验的一律取消"的"五个一律取消"要求，对每一项办事事项申请材料进行全面梳理、论证，通过归并表单、数据共享、取消重复提交等方式，为办事单位松绑减负。公务员转任审批方面，改革前，公务员从县（市、区）调入市直共13个流程，需发函5次，涉及组织人事部门、编办、单位集体过会讨论至少7次，全流程最快需3个月，一般需半年。以2018年市场监管局公开选调为例，从公告、笔试、面试、公布入围人选到考察结束，总计用时80天；从考察结束启动转任审批，到转任人员办完所有手续报到，总计用时142天，合计长达222天。据此，丽水市自2019年10月起，全面缩减转任程序，取消整合所有调令，将公积金转移、工资关系介绍信等至少19张表单整合为1张表单，将填报要素从176个压缩至48个，并将审批环节从串联改为并联。实施后，公务员转任审批办理时间压缩至1个月以内，极大地提升了用人单位交接效率。

案例5 机关企事业单位人员办理退休从“一堆事”变为“一件事”

丽水市通过部门间协同、优化办理流程，机关事业单位人员退休办理审批材料由原来的4份整合为1份，填报指标由原来的140项减少为35项，填报指标项人力社保部门平均每个事项核减2份申请材料，材料缩减率达44.13%，数据共享实现率达94.00%。按照“法律法规无明确规定的不提交、由本部门出具或可通过本部门信息系统数据交换获取的不提交、可自行查验获取的不提交”的“三不提交”原则，对每一项办事事项申请材料进行全面梳理，确保能合则合、能减尽减。如人社部门通过合并表单类目、内部流转获取等途径，将原需各类申请材料317份核减至167份，其中直接取消申请材料93份（次），缩减率达47.32%。

丽水市缙云县将企业职工退休相关的14个高频办事事项合并，优化为联办事项，使企业职工退休办理从“一堆事”变为“一件事”，切实增强了办事群众和企业的改革获得感。

图5 办理企业职工退休“一件事”

一是整合联办事项，变多部门受理为“一窗受理”。改革前，企业职工办理退休需要跑人力社保局、医疗保障局、住房公积金3个部门，提交《参保人员达到法定退休年龄领取基本养老保险待遇资格确认表》《本人选择退休年龄的书面意见》、职工档案等43份材料，材料重复率达23.26%。改革后，只需到人力社保局社保分中心，提交《企业职工退休“一件事”联办申请表》、职工档案等13份材料，材料重复率为零。

二是优化流程材料，变多表填写为“一表联办”。改革前，需填写《参保人员达到法定退休年龄领取基本养老保险待遇资格确认表》《参保人员基本养老保险视同缴费年限核定表》等14张申请表。改革后，将办理退休“一件事”涉及的14个事项、社保关系转移接续涉及的6个事项所需的申请表各自整合成一张综合申请表，减少纸质材料重复提交。达到法定退休年龄的企业职工只需到县社保服务中心填写《企业职工退休“一件事”联办申请表》并提供相应的申请材料，30个工作日便可完成“一件事”办理。

三是深化数据共享，部门协作实现“一体流转”。改革前，需要当事人在3个部门间往返跑多次。改革后，经前台综合受理后，数据直接在人力社保、医保、公积金后台流转，主动完成后续业务办理，减少群众跑腿次数，缩短“一件事”办理时限。

案例6　丽水市实现事业单位工作人员职业生涯全周期管理“一件事”全覆盖

2019年6月，丽水市在人力社保部门试点开展事业单位工作人员职业生涯全周期管理“一件事”改革，不断推进改革迭代升级。通过梳理办事事项、重构业务流程、集成办理渠道等举措，完成贯穿事业单位工作人员职业生涯7个“一件事”改革，实现事业单位工作人员职业生涯全周期管理“一件事”全覆盖，以“小切口”撬动“大改革”。截至2020年初，已办结各类事项201件，极大提高事业干部改革获得感，有力提升政府政务服务水平和行政效能。

第一，事项梳理“整合办”，“多件事”变“一件事”。将事业单位人员职业生涯按阶段和类型不同，分为公开招聘、人员流入、岗位变动、人员流出、解聘、开除、退休7个“一件事”。以组织人事部门审批同意后的办理环节为起点，将每件事后续涉及的出入编、工资、公积金、养老保险、工伤保险、医疗保险等业务整合为“一件事”，形成全周期管理闭环。改革后，公开招聘、人员流入2个“一件事”包括入编登记、工资启用、养老保险登记、工伤保险登记、失业保险登记、医疗保险登记、公积金缴纳、社保卡启用、户籍迁移、财政经费拨付10个子项；人员流出、解聘及开除3个“一件事”包括出编登记、工资停薪、养老保险中断、工伤保险中断、失业保险中断、医疗保险中断、公积金封存、经费停拨8个子项；岗位变动“一件事”包括岗位变动认定、工资变动、经费拨付3个子项；退休“一件事”包括退休审批、退休金申领、医保退休办理、社保核定、出编登记、公积金封存、个人公积金余额提取7个子项。在梳理7件事子项的基础上，为每个“一件事”制定具体的实施方案，明确规范统一的办事流程和标准。同时，推出个性化“点单”服务，根据不同办事情形所需材料和信息，进行“最小颗粒度”拆分，按需提供“点单式”服务，如公开招聘“一件事”，最多涉及10项业务，但社保卡启用、户籍迁移等业务并不是必办项，办事人员可根据各自实际“点单”申请办理。

第二，部门协同“集成办”，“多部门”变“一部门”。事业单位工作人员职业生涯全周期管理“一件事”共涉及市县16个部门，通过成立工作专班、明确部门职责、指定专人负责、建立例会机制等措施，形成市委改革办牵头、人力社保部门主抓、数据管理部门保障、其他相关部门支持的工作机制。厘清部门间及部门内部组织运行模式，变各自为战为协同作战，打破了部门壁垒，推进了业务集成，确保事项流转办理高效顺畅。实行线上一次受理，多部门协同办理的集成办理模式。

第三，流程再造“快捷办”，“多环节”变“一环节”。重塑办事体系，对每个事项逐一场景化，再造办事流程，精减办事环节，提升办事效率。通过业务整合、权限下放，合并和取消不必要的审批环节；通过串联改并联的方式，解决以往各项业务互为前置、串联办理的问题；通过全面压缩办理时限，对部分缺少上位依据、无明确办理时限的事项，量化时限促进效率提升。改革前，7个“一件事”共涉及43个环节，改革后7个“一件事”并联为7个环节。以人员流入“一件事”为例，改革前，下发调令、工资介绍信、行政介绍信是传统人事管理必经的3个环节，改革后明确予以取消，将必办的10个业务全部并联为1个环节同步进行，审批时间从3个月变为最多7个工作日。

第四，信息共享“高效办”，“多表单”变“一表单”。针对部门间事项办理表单多、字段多等问题，按照“数据共享获取一部分、重复要素合并一部分、非必要项删减一部分”的改革思路，将原来分散在各个部门的多个事项、多张表单整合成“一件事、一张表”，实现“一件事”联办“一表通用、要素最简”。改革前，7个“一件事”共有458个填表要素；改革后，缩减到178个。以公开招聘“一件事”为例，办事表单从11份缩减到1份，填表要素从82个缩减到42个。

第五，系统打通“线上办”，“多平台”变“一平台”。建设统一的“丽水市机关内部协同办事平台”，打通人力社保部门的事业单位人事管理和工资福利业务系统、医保部门的医疗保险经办一体化系统、编办的机构编制实名制系统等业务系统，破除部门“信息孤岛”，将经办流程集成嵌入统一平台，实现全流程网上流转运行，实现线上申请、零跑办结。同时，还能通过系统对各环节办理情况进行效能监管。如退休“一件事”，原来需要到主管单位、人社、编办等6个部门提交9次申请、4次表单，跑5次现场，现在实现“一次申请，一张表单，零次跑动”，除姓名、身份证号码必须手工输入外，其余指标均自动获取，数据共享率达94%，办理时限由13个工作日压缩至2个工作日以内。

5. 压缩办事时限，着力业务办理高效化

不同于群众与企业到政府部门办事的事项有行政法律法规明确规定办事时限，机关内部层级间、部门间的办事时限极少有上位法规定。为了实现业务办理高效化，丽水市探索压缩部门间办事时限。在逐项梳理了市直45个部门484项机关内部办事事项的办事流程、标准，统一了办事指南之后，对部分原先办理时限较长的事项，通过减环节、减材料的流程推演，全面压缩办理时间，并通过部门间协同办事系统设置各事项审批环节办理时限。484项机关内部办事事项中，469项事项实现“最多跑一次”，实现率达97%。通过对事项进行合理性论证和梳理，以办理事项取消、业务合并等方式共计核减机关内部办事事项28项，事项核减率为7%。对市直202个原来无办理时限的事项明确了办理时限，即办事项达85项，事项办理提速率平均达55.5%。“组织人事档案管理”“建设项目审批”“财政预算执行管理”“行政许可监管服务”四大类事项办理时限分别压缩68.9%、54.2%、73.7%、39.0%。尤其是对缺少上位法依据、无明确办理时限的41个事项，通过模拟办事流程，按照“合规、合理、便捷、高效”原则，明确办理时限，以时限量化促进效率提升。

例如，市财政局累计核定机关内部办事事项60项，对50项无规定时限事项设置办理时限，其中8项实现即办。10项原来已设置办理时限的事项中，3项实现即办。该事项现在已经取消，相当于财政部门自我内部流程优化，基本不需要部门提交申请。市财政局资金预拨实行分类审批。该事项2018年办件量为1479件，为高频办理事项，原办理方式为部门单位提交申请，财政归口业务处审核后提交盖章的纸质预拨单给总预算局办理。改革后，年初预算确定后，市财政对预拨事项进行分类管理，对于经常性项目，取消单位申请预拨手续，年初由市财政局主动按照预算的一定比例预下达。对于一次性项目，部门单位可通过电话、办公助手等渠道告知预拨申请，财政部门核准后先行办理资金拨付，实现全流程零跑。通过实行分类审批，预计2020年可减少2/3的办件量。

改革福利惠及城中村改造安置房项目。对待市区城中村改造安置房项目这一政府期望、企业期盼、群众期待的重点事项，丽水市于2018年9月推出安置房项目“承诺制审批”，对互为前置的事项实行容缺受理，推动发改、建设、规划、人防等相关部门间办事审批全流程提速。梳理出项目立项、用地规划许可证、用地批准书等7个审批环节的19个可容缺材料。同时，通过流程再造、并联审批、审批提速、全程代办等方式，优化审批环节24个、审批事项17个，最大幅度压缩审批时间。根据测算，改革前，安居房项目开工前全流程审批的，丽水市平均用时为268天；改革后，发改、建设、规划、人防等机关内部办事审批全流程提速，从选址到取得施工许可证平均用时缩减到138天，最快的项目审批仅用时55天，单个项目仅拆迁周转补偿费支出就节省7500万元。

案例7　莲都区以模拟审批机制推动项目落地见效

项目审批环节多、耗时长、手续繁杂一直是困扰企业、项目业主的一个重大难题。为解决这个难题，推进部门间“最多跑一次”改革，实现一般企业投资项目审批“最多90天”（力争80天），莲都区探索实施模拟审批方式，按照提前介入，准备充分，政府代跑，主动服务的模式，在综合供能服务站、丽水万洋低碳智造小镇项目二期8号地块项目业主未取得土地使用权时，各审批部门突破限制，视其已经取得土地使用权，在企业自愿的前提下，模拟审批相关程序，待企业拿地后，统一把模拟审批件转换成正式审批文件，实现取得土地当日即可开工。例如，万洋低碳智造小镇项目二期8号地块“拿地即开工”，刷新了莲都区建设项目开工新速度。

第一，以机制为抓手。一是领导重视，协调推进。莲都区政府多次召开万洋、综合供能服务站等重点项目专题对接会议，确定项目采用模拟审批及做好相关工作，同时成立了项目指挥部、工作专班等，专题研究项目推进。二是倒排计划，及时跟进。应用项目攻坚微信群，通过每日督查、在群里每日通报进度等一系列措施加快推动模拟审批工作，如万洋二期8号地块项目，土地摘牌后，万洋指挥部及时跟进，各审批部门积极配合万洋企业，政企通力合作，以最快的速度完成土地成交公示、土地出让合同签订及项目备案、用地批准书办理、模拟审批件转换等相关工作，极大地推动了项目进度。

第二，从模式上着手。一是创新模式，模拟审批。模拟审批制度打破了往常项目业主需要先取得土地使用权，再进行项目前期审批的旧模式，对项目业主尚未取得土地使用权，但特定主体相对明确的企业投资项目，各审批部门视其已经取得土地使用权，在企业自愿的前提下，模拟审批相关程序，待企业拿地后，统一把模拟审批文件转换成正式审批文件，实现取得土地当日即可开工。二是提前介入，准备充分。通过为项目业主指导审批流程，多次召开“妈妈式”服务审批协调会，和项目业主、设计公司以及相关审批部门就审批业务进行面对面交流，明确各环节审批要求，让设计尽量做到一步到位。为项目量身定制审批清单表，梳理每一个审批环节，按照审批要素一一列明，使整个审批流程一目了然。

第三，从服务上帮手。一是政府代跑，主动服务。莲都区通过成立指挥部、工作专班等，主动服务重点项目，政府部门工作人员改变了以往坐等业主上报审批的观念，主动送服务上门，充分利用空档时间，在项目公示、文本修改等过程中，并联作业，指导项目把下一个环节能干的事情提前动起来，以此减少审批过程中的等待时间，压缩审批周期。二是上下联动，提高效率。由于项目涉及市、区、镇三级审批，莲都区联动丽水市代办服务中心，到工业园区现场办公，深入研究探讨如何为万洋提供更优质化发审批服务，在后期跟进时，帮其代办了人防、城建、白蚁等审批环节；联动区代办服务中心帮其代办了环评审查、用地批准书、国有建设用地使用权登记等审批环节；联动碧湖镇代办分中心帮其代办了建设用地规划许可证、工程规划许可证、施工许可证等审批环节，各代办层级都积极协同项目，主动为其提供代办服务，让企业避免走弯路，让审批流程更为通畅。

通过模拟审批，大港头综合供能服务站完成了模拟选址意见书、用地预审、可行性研究报告批复、环评批复、初步设计批复、施工图审查等环节，待项目业主取得土地使用权之后，将模拟审批文件转成正式文件项目即可动工建设。提前审批为项目业主至少节省了3个月时间，大大提升了企业的获利感。

丽水万洋低碳智造小镇项目二期8号地块项目，从土地合同完成签订到取得建筑工程施工许可证，仅用了6个多小时（早上摘牌，下午完成所有手续，当晚动工），比以往至少快了3个月，刷新了莲都区建设项目开工新速度。一些兄弟县市纷纷前来模拟学习和交流审批机制，莲都区为推广模拟审批、创新审批机制提供了可供借鉴的经验。

6. 拓展服务领域，实现利企便民制度化

丽水市打通职能部门之间的协作障碍，按照“民事、商事、公事”改革协同推进的目标要求，把机关内部办事提质增效作为服务企业群众“最多跑一次”改革的最坚实基础和最优后端，部门间“最多跑一次”改革举措逐步拓展到政务服务领域，如推行部门间办事首问责任制，要求首问责任人热情接待、答疑解惑，主动引导、精准对接，跟踪负责、解决问题。财政部门深入开展“上门服务”活动，围绕部门需求“送政策、送信息、送服务”，提前互通信息，精准解决问题。以“上门服务至少一次”为载体，向预算单位收集财政管理需求，以及推进机关内部少跑、免跑的意见建议。组织召开预算单位财务人员座谈会，向财务人员征求优化财政办事流程的需求。举办财务人员财政信息系统专题培训班，提升财务人员实际操作能力。针对协同平台财政上线事项，印发通知提醒财务人员通过平台办理，共同推进改革工作。

将“上门服务”“一窗受理”“预约办理”“一次性告之”“承诺制容缺受理”等企业和群众到政府部门办事“最多跑一次”的做法推广应用到部门间“最多跑一次”事项办理中，使得投资项目审批立竿见影。例如，丽水市以“丽水人大会”签约项目等为重点，精准对接服务，总结推广开发区全程代办、莲都区模拟审批、龙泉市开工前“零审批”、景宁飞地产业园“最多跑一次”等模式、积极探索“标准地指标+企业承诺制”、容缺受理、带方案出让土地等机制，推动审批流程再造、审批提速，加快项目落地。试推行分阶段办理审批事项，将一般企业投资项目从赋码到竣工验收审批全流程分为项目立项、规划许可、施工许可、竣工验收四个阶段，每个阶段作为“一件事”申报。按照一个阶段、一个牵头部门、企业只报一次的原则，推行一个阶段、一张清单，实施统一收件、并联办理、限时办结、统一出件。

案例8 颠覆供地模式，以“标准地”制度改革造就“丽水速度”

丽水市素有“九山半水半分田”之称，可供开发的土地资源十分有限，再加上工业企业投资项目用地行政审批等环节耗时费力、效率不高，入园项目监管难、处置难，土地利用效率低等问题，一度制约着丽水市大力发展生态工业、实现绿色崛起。为深化资源要素配置改革，丽水市于2018年5月印发《丽水市企业投资项目“标准地”制度指导意见（试行）》，10月编制《丽水市莲都区新增工业项目“标准地”控制性指标（试行）》，按照“事先做评价、事前定标准、事中作承诺、事后强监管”加快推进企业投资项目“标准地”制度改革，促进生产要素向优质高效领域流动，有效推动了项目审批服务优化。

第一，创新模式，倒逼土地增效。“标准地”是指在完成相关区域评估的基础上，带着固定资产投资强度、容积率、单位能耗标准、单位排放标准、亩均税收等至少五项基本指标出让使用权的国有建设用地。企业对标拿地，政府代办审批，项目实现“明白进门”。“标准地”极大提高了引进企业的质量，有助于淘汰高污染、高能耗以及落后产能等项目，选出高科技、高产出的好项目，进一步强化了“亩产论英雄”导向，通过市场化方式招引遴选高质量项目落地，推动企业“提档升级”，实现土地节约集约化利用。如缙云县在推进“标准地”制度改革工作中，增加单位排放增加值、研发经费支出与主营收入比等指标条件，同时提高了亩均税收，让通用设备制造业和专用设备制造业的亩均产出分别从10.0万元/亩提高到20.6万元/亩和19.2万元/亩。

第二，提前定标，降低企业成本。土地相关指标精细化、透明化，拿到“标准地”后，如业主选择“承诺制”办理有关审批事项，经相关部门“一窗受理”后就可直接开工建设，待建成投产后，按照既定标准与法定条件验收即可，跳过中间烦琐的行政审批环节，减少了政府对土地要素配置的干预，降低企业制度性交易成本。同时，由政府做好先期评价标准，也大大降低了企业的时间成本。如一宗投资 5 亿元的制造业项目，仅施工图审查费一项就可为企业减少支出 8 万元。

第三，重构流程，提速审批服务。“标准地”确定了规划、能耗、环境等指标作为土地“招拍挂”的前置条件，让企业可以根据“标准”提前开展施工图设计，让部门可以提前介入指导开展审批相关服务，作为投资项目施工图设计和开工前审批全流程的起点同步进行，充分利用“等”的时间，为企业拿地后正式审批提速做好前期准备，让部门审批“提前跑”，全面提升审批效率。结合中介超市、代办制等改革“组合拳”，全市各地企业落地审批平均提速 1 倍。“标准地”制度改革颠覆了传统的供地模式，极大地提高了引进企业的质量，不仅缩短了企业“跑项目”的时间和距离，也真正实现了投资业主“最多跑一次”。

在遂昌县，遂昌利和纸业有限公司在 9 月 25 日摘得“标准地”，10 月 26 日办理施工许可证，从土地摘牌到颁发施工许可证只用了 31 天；云和县首批拿到“标准地”的丽水塑洁环保科技有限公司从项目审批到取得施工许可证仅耗时 54 天；总投资 1.2 亿元的年产 200 万套幼教玩具生产项目是景宁县首个“标准地 + 承诺制”项目，从备案到取得施工许可证，仅历时 50 天；在青田县，当地更是提出并落实了“40 天限时高效审批制”；浙江罡达机械制造有限公司法人代表夏礼达从县建设局拿到建筑工程施工许可证，仅用了 38 天……

据有关数据，截至 2019 年 10 月底，丽水市在省级以上经济技术开发区（园区）、高新技术产业开发区（园区）、产业集聚区、特色小镇等省级以上平台累计出让工业用地 64 宗 2464.16 亩；省级以下平台出让工业用地 12 宗 181.99 亩。省级以上、以下两个平台均实现出让工业用地 100% 按“标准地”供地。“标准地”制度改革，已成为丽水市打造最方便、最快速、最满意的政务服务环境和营商环境最优市的重要载体。

7. 统一信息平台，助推事项审批数字化

丽水市全面打通业务平台、自建平台、通用平台，在推进各部门信息平台整合上实现破题，以流程再造为基础，全市统一建设机关内部办事协同平台，并在“浙政钉”上架应用，推动机关内部办事“网上办”。通过统一业务规范和技术标准，打通数据壁垒，整合各部门信息资源，实现全流程办理、各环节监管、全过程留痕，形成部门间办事全流程数字化管理体系。机关内部协同办事平台于2019年7月10日上线试运行，首批112个事项在平台部署，完成协同办事上线准备，打通了包括省政务服务网、OA系统、电子签章、电子档案、数据中心平台、“浙政钉”“全域一证通办”、机构编制实名制管理系统、事业单位人事管理系统、人事工资信息管理平台、金财工程系统等通用系统平台及政府部门业务系统。

截至2019年9月30日，市直45家单位共梳理484项机关内部事项，其中469个事项实现“最多跑一次”，实现率97.0%；405项实现网上办（市本级共有16个部门149项事项依托机关内部协同办事平台，网上办实现率83.7%；94个事项实现了掌上办、掌上批）。青田县83个事项已全部完成部署上线，其余县（市、区）、开发区完成所有区域系统框架搭建，平均每个县（市、区）部署20个事项。县（市、区）及丽水经济开发区共2694项，市直202个事项实现从无规定时限到有时限办理，机关事业单位人员退休“一件事”等事项实现平台部署。

机关内部协同办事平台带来“网上办”的新气象，市级公务交通补贴备案事项原为线下办理，需要跑市委组织部、编办、市人力社保局和市财政局（目前有17个事项）4个部门，改革后变为全流程无纸化线上办理，表单自动生成造册，一次都不用跑。机关单位工作人员职务（岗位）变动工资审批、国库集中支付单位事项变更等首批112个机关内部办理事项均可通过网上办理，在全省率先实现机关内部办事“零次跑”。此外，推出钉钉“掌上办”，已实现所有事项办事指南掌上看，机关事业人员退休“一件事”、请假、往来款拨付、非税收入资金退付等54个办事事项实现“掌上办、掌上批”。

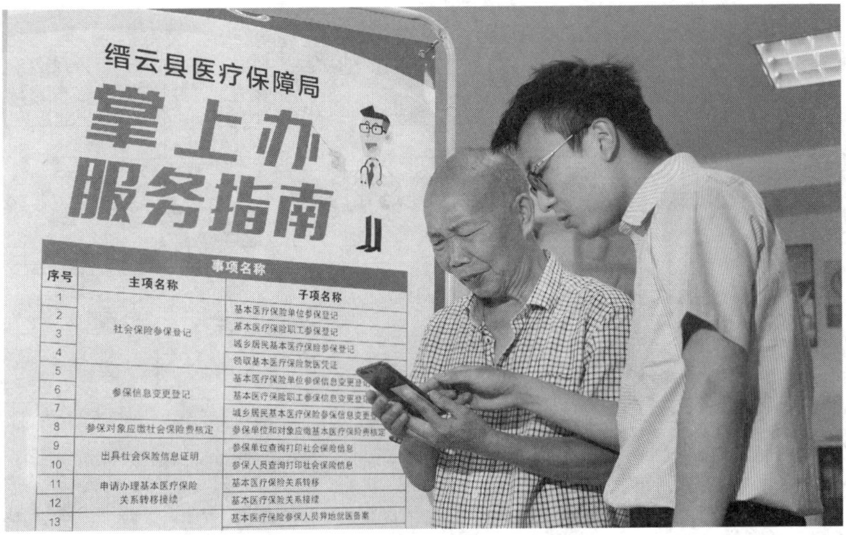

图6　“掌上办”一次都不用跑

案例9　机关事业单位人员跨层级调动“一件事”改革上线运行

长期以来，机关事业单位人员跨层级调动存在流程复杂、涉及部门多、办理时间长等问题。为破解调动难题，丽水市通过表单优化、流程再造、机制创新，实现机关事业单位调动“一件事”“一份材料”“一个平台”全流程“网上办”，在全省率先实现机关事业单位人员跨层级调动“一件事”零次跑。在改革前，办理出编、入编、医保关系转移、社保关系转移、个人公积金转移，行政关系介绍信、工资关系介绍信等至少23个事项分属编办，医保、社保部门、公积金中心等至少16个部门牵头办理，都是“一事一表单”，材料至少17份，填写要素至少264个。

此次机关事业单位人员跨层级调动“一件事”改革将全流程所有表单合并为一张表单，填写材料从原来的至少17份变为一份，填写要素压缩至最多61个。同时，改变以往单独发送的模式，将所有调令、工资介绍信、行政介绍信整合到一张表单，实现全流程8个环节、跑零次。在部门间“最多跑一次”办事门户网站上，申请人单击进入“机关事业单位人员跨层级调动‘一件事’”在线办理，页面就会跳出一张电子登记表，输入相关信息后点击“提交”，部分“串联”环节实行并行审批，申请表自动流转到下一级审批部门，最后自动反馈最终审批意见，变以往的21个环节为8个环节，办事效率大为提高。

值得关注的是，此次改革将所有办事流程全部放在“机关内部协调办事平台”上流转运行，对各环节进行效能监管，压缩办理时间，实现了全流程最多7个工作日就可以完成相关审批手续。机关事业单位人员调动“一件事”改革已通过跨层级选聘选调，最快1个工作日完成所有审批办理。此举将大幅减轻政务工作量，节省更多行政成本，尤其是高频事项办理更高效。今后“单击”鼠标，即可轻松在线办理机关事业单位人员调动。

“不用专门跑市里，电脑上就能搞定。”2019年，机关事业单位人员跨层级调动“一件事”正式在机关内部协同办事平台上线，丽水学院附属高级中学人事干部徐伟琼亲自体验。徐伟琼需要办理人员从青田温溪高级中学选聘调到丽水学院附属高级中学。当天，他在电脑上输入网址后，进入“机关内部协同办事平台”页面，按照办事流程图，一步步填写信息、上传材料，并成功提交审批，整个填写过程仅耗时10余分钟，办事不用跑腿，审批时间还大大缩减。数字化促进政府办事提速增效。

图7 丽水市机关内部协同办事平台

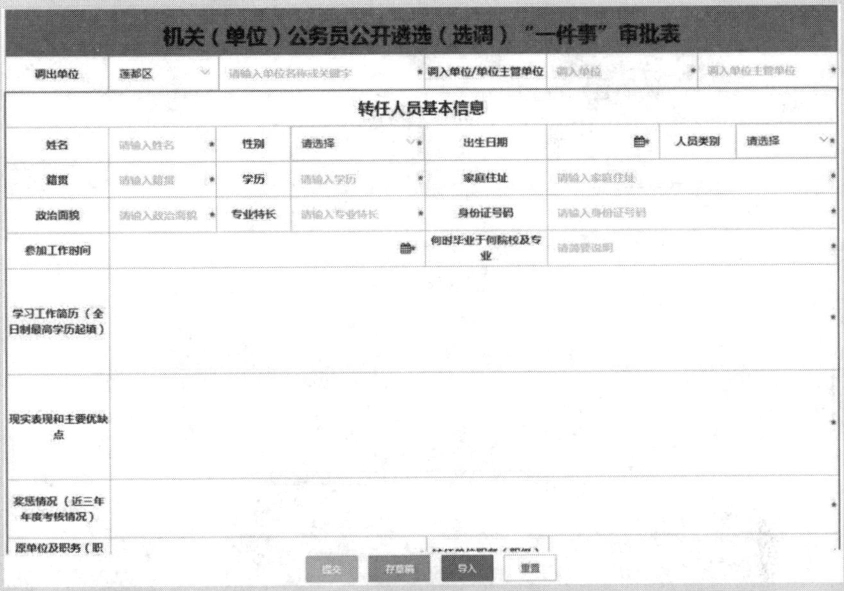

图 8　机关（单位）公务员公开遴选（选调）“一件事”审批表

案例 10　丽水市在“浙政钉”上线机关内部协同办事平台 104 个事项可“掌上办”

2019 年 7 月，丽水市在全省率先搭建数据共享交换平台，上线试运行机关内部协同办事平台，打通浙江省政务服务网 OA 系统、电子签章等 7 个系统及 5 个市级自建平台，包含机关事业退休“一件事”在内的 168 个事项上线平台流转“一次不用跑”。通过“浙政钉”，目前机关事业人员退休“一件事”、请假、往来款拨付等 104 个办事事项实现了“掌上办、掌上批”。“从提交申请到完成审批，只用了不到半天的时间，神速!”丽水市南城幼儿园财务人员王艳通过机关内部协同办事平台完成审批，为平台的高效便捷点赞。当天 12 点 32 分，王艳通过机关内部协同办事平台提交了往来款拨付的申请；15 点 55 分，市财政局综合处干部对该事项进行初审，并提交综合处负责人复审。综合处负责人在外地出差；16 点 23 分他收到了钉钉短信提醒，立即登录“浙政钉”进入机关内部协同办事平台进行“掌上办理”，当天下午就完成了对该事项的审批。“通过‘掌上办’，即使出差在外，也丝毫不影响审批进度。”市财政局同志指出，机关内部协同办事平台上线后，部门间“最多跑一次”已向“一次不用跑”和“办得快”“办得好”转变，大大提高了行政服务效能。

图9 机关内部协同办事平台事项“掌上办”

机关内部协同办事平台事项实现“掌上办”后，不受时间、场所限制，轻松解决以往机关办事签字难、找人审批难等问题，即使出差在外，也能点点手指轻松完成事项申请和审批。随着部门间“最多跑一次”改革的深入，丽水市机关内部信息壁垒、办事梗阻不断打破，机关单位和办事企业群众将享受更多的改革红利。

2020年疫情期间，丽水市依托部门间协同办事平台，大力倡导网上办公、“掌上办公”和不见面审批，取得了良好成效。如疫情防控一线人员公租房租金减免和货币补贴事项，最快的5秒完成申报，2分钟实现审批兑现。

8. 集成共享数据，力促部门信息互通化

丽水市建立保护清单，标准化规范数据采集、使用、开发等环节。对内加强部门业务整合，明确不同处室之间材料一律通过内部流转获取；对外推动部门间信息互联互通，通过“全域一证通办”数据共享平台、部门信息管理系统实现数据共享。财政部门通过信息化平台应用，取消“政采云”系统开户、非税收入账务调整申请等事项的纸质审批流程，实现事项办理“网上申请、在线办理、系统送达”。推进财政管理数字化转型，利用财政各业务信息系统和机关内部协同办事平台的开发上线，推动审批流程网上办理。将金财工程系统接入协同平台，原先15个在金财工程系统上办理的事项实现单击“登录”按钮，实现统一入口，财政资金往来款拨付等17个原来线下提交办理的事项上线协同平台，提升财政服务效能。同时，充分运用钉钉、OA办公系统开展咨询答复、信息对接、材料初审以及请示、函复文件流转等活动，简化部门人员上门办事程序。目前，已通过信息化途径实现“零次跑”事项70项。

丽水市通过协同办公系统实现电子政务跨部门跨层级运用。公文交换平台子系统覆盖市、县、乡三级2200余家行文单位，单位内部通用办公子系统推广780家、注册用户达4.3万人，单服务器峰值在线150人左右。协同办公系统覆盖了公文的起草、审核、签发、电子印章、交换、查询、利用、归档全流程，真正意义上实现了无纸化办公。以市本级的情况统计，公文交换年均发文3万份、收文40万份，OA系统年均发文2万份、收文20万份。协同办公系统促进业务办理效率提升。例如，办理退休事项，改革前，需向相关部门提交9次申请、4份表格，填写内容140余项，跑5次现场。改革后，“线上办”“零次跑”，4份表格整合为1张《机关事业单位人员退休申请表》，指标减少到35项，除姓名、身份证号码须手工输入外，其他均可数据共享。首创虚拟指标派车模式，彻底减去了高频烦琐的资金往来、纸质表单报销等程序，大幅度减少了人力物力。

通过“政采云”平台，公务用车购置更新全流程网上办理、“一次不用跑”，车辆“指标证”发放从原来的1个多月缩短至3天。2019年9月20日，丽水市政府采购全流程电子化全面贯通，实现政府采购供应商无纸化投标、专家无纸化评标、采购人无纸化招标，真正实现了政府采购“一次都不跑”，成为浙江省首个全域贯通政府项目采购电子交易系统的城市。丽水市推进财政医疗电子票据管理改革，截至2019年8月底，全市9个县（市、区）电子票据系统已经实现全面贯通；截至2019年10月25日，全市共开具（生成）医疗收费电子票据近100万份，大幅减少了医疗票据印刷、领用、核销等环节，今后全年减少财政票据印刷成本约200万元，既减轻了财政票据成本高、监管难等问题，又提升了服务效能。通过统一公共支付平台，实现了教育缴费、交通违法缴费的“零跑”办理。

案例11　打破“信息孤岛”　实现部门数据共享

——丽水市在浙江省率先实现献血用血报销“零次跑”

2018年，丽水市数管中心、市卫计委多措并举，打破部门壁垒、共享数据互通，实现浙江全省首个还血经费核发“零次跑”，把方便人民群众办事落实到实际工作中。“还血经费核发”，俗称献血用血报销，这是国家对无偿献血者的一个关爱政策，是激励公民参加无偿献血的一项重要措施。丽水市一直以来都关爱献血者，重视将此项惠民政策落实到位，政策明确，献血者用血报销在社保报销70%的同时，还可同步享受还血经费核发的惠民政策。

长期以来，由于献血者报销程序需要的证件和证明材料繁多，办理程序烦琐，让很多献血者放弃享受此项政策福利。根据丽水市2016—2017年献血用血报销率和报销金额数据分析，2016—2017年丽水市献血用血报销人数仅为841人次，报销率仅为5%左右。如何将此项普惠政策用信息化手段简化流程，便捷群众，并将政策宣贯好，使用好，一直是市政府重点关注、积极推动的工作之一。

丽水市依托社保平台，多举措推动献血者用血报销“一次不用跑”，**一是打破“信息孤岛”，实现互通共享。**原来献血用血报销需要经过4～5个程序，跑到医院、公安部门、市中心血站等地进行办理，群众普遍反映报销程序过于烦琐。现在只要是持有丽水市社保卡的用户，在医院窗口就可以读取相关数据，不需要跑多个部门开证明材料，实现了让数据跑起来，让群众不用跑。**二是统一移动入口，方便使用。**献血者及其家属报销只需扫一扫二维码，下载浙江政务服务App，手机快速注册并登录后，点击浙江政务服务（丽水站）“献血用血报销”即可根据提示办理。点击手机即可办理，让群众不再跑。**三是统筹协调，联通上下级数据。**为方便献血者及其家属用血报销和省内异地献血用血报销，经多次与省血液管理中心、省卫计委信息中心和省政府信息中心对接协调，实现数据共享互通。现在，丽水市献血者在省内异地献血用血报销只需手机办理，群众不用再跨市跑。

案例 12　食安金融征信：“舌尖上”生态信用的“丽水样板”

丽水市借助全国首个生态产品价值实现机制试点市和农村金融改革试点市的机遇，按照生态信用行为正负面清单和个人信用积分管理办法，将食品生产经营者生态信用信息纳入金融征信体系建设，通过“食品安全 + 金融”形成了食品安全信用信息“产生—发布—交换—使用—反馈”的全链条闭环、多层次应用场景，打破过往部门间数据壁垒、数据标准不统一的樊篱，率先建立食安金融领域生态信用守信激励、失信惩戒机制，为生态农产品实现品质溢价和质量安全提供有效支撑。

第一，确定征信对象。将具有完全民事行为能力的自然人、法人和非法人组织，包括市内所有规模食用农产品生产者（家庭农场、农民专业合作社、农业龙头企业）、粮食流通经营者、食品生产经营者（含网络食品经营者、进口食品经销商）、食品相关产品生产经营者、餐饮具集中消毒企业、农业投入品生产经营者等涉及食品安全的生产经营者列为征信对象，建立主体生态信用档案，同步构建食用农产品“全程可追溯”体系。

第二，规范信息归集。按《浙江省公共信用信息管理条例》的要求，各地部门依据本单位职责，将已定案的食品安全监督抽检信息（含抽检合格信息及不合格信息）、违法广告信息、行政处罚信息、刑事处罚信息、严重失信者名单等信息纳入征集范围，信息内容采用标准格式归集。出台全国首个农村信用体系建设地方标准《农村信用体系建设规范》，将食品安全信息作为一级指标纳入农户生态信用等级评定（权重 10%）。

第三，畅通传递路径。一是信息的产生和报送。各地食品安全监督部门将审核后的信用信息通过本级政务服务网进行发布并归集到本级信用信息平台，同时归总至市公共信用库、市信用信息服务平台等系统。二是信息的发布和归总。采集的信息通过市公共数据交换平台汇总至市大数据管理局，由市大数据管理局将行政处罚等信息发布到政务服务网，并同步将所有信息交换给公共信用库。三是信息的使用和反馈。市公共信用库将数据脱敏后通过公共信用信息公示系统向社会展示，同时建立与市人行的时实数据共享机制，通过丽水信用信息服务平台等系统，及时推送信息主体的信用档案和信用评价等，使各金融机构可以及时全面查询掌握相关信用信息。各金融机构将基于信用信息做出的金融奖惩情况，按季报至所在地人民银行，并反馈至食品安全监管部门及市信用办。

第四，实施分类奖惩。对列入食品安全严重失信者名单以及接受刑事处罚、行政处罚（适用简易程序的除外）的食品生产经营者，对其采取融资授信惩戒措施；对有监督抽检不合格、违法广告等食安不良行为的食品生产经营者，金融机构将其失信信息作为业务审核的重要参考因素；对长期诚信经营，无食安不良行为的，鼓励金融机构在贷款授信、费率利率、还款方式等方面给予优惠或便利。同时，探索在政府采购、表彰奖励、市场准入、基础设施和公共事业特许经营活动、消费者信得过单位、著名商标、龙头企业、民宿及农家乐星级评定、专项资金补助等方面依法依规对食品生产经营者进行联合奖惩。

丽水市已归集到各相关部门涉及的生态信用案例20余例，主要为秸秆垃圾焚烧、食安金融联合惩戒、生态公益诉讼、假劣农资处罚等。这一做法取得了显著成效。一是实现征信对象全覆盖。全市3.67万余个食品生产经营主体100%建立了生态信用信息档案。以食安金融征信体系建设为切入口，通过市信用办、市市场监管局、市人行等部门协同，拓展了丽水信用信息服务平台信用信息共享范围，目前该平台已实现了16个政府部门和19家银行的信息共享，涵盖了270万个人、25万家企业信息，是全省信息覆盖面最广的地方信用数据库。二是实现失信行为全惩戒。市食安办联同各部门将警告、立案处罚等5种行政处罚作为扣分项，将非法添加非食用物质、投入国家禁用的农业投入品等6种违法行为作为一票否决项。截至2018年底，全市将被行政处罚和刑事处罚的2066户（其中，2018年为754户）具有食品安全不良信息记录的食品生产经营者记录至相应实施主体的信用报告，并输入“丽水信用信息服务平台”，供金融机构查询参考，实现食品安全不良行为的全惩戒。三是实现信用结果全运用。制定差异化信贷政策，对守信的予以提高授信额度、降低贷款利率等方面的奖励，对失信的予以降低授信额度、提高贷款利率、提前收贷、不予贷款等方面的惩戒，充分发挥守信激励和失信惩戒双向引导作用。目前868户（其中，2018年为288户）有贷款的食品生产经营主体被实施金融联合惩戒；从2016—2018年的数据分析来看，全市有食品安全不良信息记录的主体人均贷款较试点前下降15万元，贷款人数占比较试点前下降7个百分点。四是实现食用农产品品质溢价。以金融支付为入径口，将许可、生产、经营、监督各环节信用信息和各级平台信用信息互联互通，形成从田头到餐桌终端的全过程电子追溯链条，实现食用农产品溯源电子化、交易资金清算自动化、食品监管执法动态化、问题食品召回实时化，农产品消费追溯信息查询便捷化。在此推动下，以“丽水山耕”等为代表的农产品品牌脱颖而出，2015—2018年“丽水山耕”农产品累计销售额达123.22亿元，平均溢价率超过30%。

9. 科学考核监督，强调改革过程留痕化

丽水市建立考核督查机制。由市督查室、市跑改办对改革落实情况进行季考核、季通报，定期跟踪事项进度，每季度对本年度若干项改革重点指标、一域一试点、市级重大改革事项中的滞后事项进行通报。对涉及部门较多、推进比较困难的事项组织成立专班、专题协调、集中攻坚。对改革后部门仍普遍反映问题较大的事项进行点名通报、专项交办、限期整改销号。同时，发挥派驻部门纪检组的监督作用，对各部门“最多跑一次”改革工作进行跟踪问效，保障改革真正落地见效。市跑改办制作了《攻坚破难工作反馈单》，了解改革执行情况，制作了农村“最多跑一次”改革《攻坚破难工作交办单》等，帮助了解基层改革遇到的阻碍并精准施策攻坚。

确立首问导向、协同导向、效能导向，推进“互联网＋全程留痕管理”。依托信息平台启动全程留痕管理，推行机关内部办事首问责任制，要求首问责任单位全流程跟踪负责。参照“最多跑一次”改革模式，创新开展部门间办事“一窗受理、集成服务”，变“串联”落实为“并联”推进。开发协同办事平台效能监管功能，建立部门间办事平台效能监管机制，对各部门办事事项进行全流程跟踪、提醒和绩效监管，进一步明晰部门协同办事责任环节。这里的监控和全程留痕，并非传统意义上要求的签字留痕，而是通过数字化手段的留痕。例如，丽水市首创的机关事业单位人员职业生涯全周期管理“一件事”涵盖了公务员和事业人员从入职到退休的全程留痕。打通“浙政钉”，实现事项待办和超期预警消息提醒，有效约束部门办事人员，提高部门办事效率。同时，对接电子档案系统，有序管理电子材料，形成较为完善的绩效监管体系。又如，丽水市首创虚拟指标派车模式，彻底取消了高频烦琐的资金往来、纸质表单报销等程序，全程网上申请用车、派车，全程网上路线监控。此外，在群众办事方面，丽水市正在探索使用“便利度指数”来衡量群众到部门办事的方便程度，以便对相关部门办事效能进行评价监督，对出现的问题及时督办整改。

案例13 网上办理＋全程督办＝所有办事流程留痕

办理时间是衡量机关效能高低的重要标准。如今，群众和企业到政府办事都有明确的法定期限和承诺期限，而在此之前，部门间办事往往对办理时间缺乏明确规定，经常被人“吐槽”。比如，调动一名干部可能要一个多月才能办完全部手续，挂职干部办理单位的进出通行证、饭卡有时也要两三周。为了改变之前机关内部很多事项办理时限的模糊性、不可预期性，此次丽水市部门间“最多跑一次”改革明确提出：对于办理时间，法规、文件有明确规定的，要落实到位；没有明确规定的，要通过模拟办事、类推比照等方式明确承诺期限。无论法定期限，还是承诺期限，都要以领跑者为标杆，自我加压，不断提速。

当前，通过数据的记录和共享，每一件办事事项都有了明确的办理时限。例如，某县级行政审批服务中心工作人员收到了“浙政钉”发来的通知，有一个电子项目需要他的初步审核。打开机关内部协同办事系统，事项办理的剩余时长就出现在他的眼前，如果15天内未完成办理，他将受到上级的问责。2019年8月，在浙江省委组织部牵头下，浙江省级机关公务员职业生涯全周期“一件事”正稳步推进。改革后，公务员的录用、遴选、调任、转任、辞职、辞退、退休等事项，将实现“一张表单申请、一个平台联办、一次不跑办成”。

通过网上办理，所有办事流程都有留痕，效率高低一目了然。对于这些数据，相关部门负责人接下来将分析每个部门的办事效率，进一步提升机关内部办事的便捷度和机关干部的获得感、满意度。

10. 党群政府联动，推动创新红利共享化

部门间“最多跑一次”改革涵盖党委、人大、政府、政协、纪委监委、法院、检察院、事业单位以及群团组织机关，各部门既是改革的参与者，也是改革的受益者。截至2019年底，市本级机关内部事项涉及45个部门484个事项，做到“应梳尽梳”。例如，公务员遴选（选调）“一件事”，审批时限由3个月压缩到7个工作日。原先办理干部调动涉及组织、人事、编办、社保、医保、公积金等16个部门，至少要提交17份材料、跑17次现场，改革后“一次不用跑”。部分“串联”环节改为“并联”审批，变以往的21个环节为8个环节，办事效率大为提高。丽水市正持续深化部门间“最多跑一次”改革向党委部门、群团组织延伸，实现各个部门、事项全覆盖。此外，丽水市的改革经验正在浙江省内复制推广，从省直部门到各个地市，掀起了新一轮部门间“最多跑一次”改革的机关单位自我革命浪潮。

案例14　“最多跑一次”改革没有局外人，现在实现了大合唱

丽水市早在2018年2月就率先开展部门间“最多跑一次”改革行动。嘉兴市随后也开展了这项改革。2018年，嘉兴市印发了《嘉兴市推进部门间“最多跑一次”改革实施方案》，力争从制度上提升机关效能，通过科学设计部门办事事项优化表及办事指南要素，优化再造机关运行流程。如嘉兴市人力社保局通过合并表单类目、内部流转获取等途径，将申请材料从129份核减至72份，缩减率达44.2%，办事时间压缩55.0%。不仅是丽水市和嘉兴市，浙江省直单位工作人员都对部门间“最多跑一次”改革充满期待。2019年上半年，浙江省委编办的一项面向67家省级单位的书面调查显示，几乎所有部门都认为在与其他部门的协同中，不同程度地存在多头跑、多次跑、签字烦、时间长等现象。

2019年，浙江省提出了“打造机关效能最强省”的工作目标，把“最多跑一次”的理念延伸到机关内部，全省上下齐力研究推进。2019年2月，浙江省委召开全面深化改革委员会第二次会议，将机关内部“最多跑一次”改革列为2019年改革的一项重要工作。2019年4月4日，浙江省召开机关内部“最多跑一次”改革专题会议，专题研究机关内部如何开展“最多跑一次”改革。一场机关内部“最多跑一次”改革攻坚战在全省打响。专题会议后，浙江省委编办会同省委改革办，组织省委办公厅、省政府办公厅、省委宣传部、省直机关工委、省发改委、省科技厅、省财政厅、省人力社保厅、省自然资源厅、省生态环境厅、省建设厅、省农业农村厅、省外办、省国资委、省机关事务局等16个省级部门开展机关内部“最多跑一次”改革试点，省委编办认真审核，逐一列出修改建议，促使各单位查漏补缺。截至2019年8月底，除政策研究部门外，省级74个单位（含群团组织）已初步梳理出1059项部门间办事事项。省“两办”、省人力社保厅、省国资委等均梳理出30项以上事项。省委宣传部将各类群众性创建项目办理时限压缩了一半。省直机关工委第一时间取消本部门转接环节，将党员组织关系接转的权限下放给各基层党委，实现了部门间直接接转。省生态环境厅把原需基层

上门汇报的环节改为电话沟通或赴现场核查，有效减少了基层的负担。根据改革计划，2019 年 9 月底，省级各单位将内部公布办事指南和流程图，同时一并印发各市、县（市、区）相关对应部门。网上办理方面，截至 2019 年 7 月底，在梳理出的 358 项办事事项中，“最多跑一次”实现率达到 75%，网上开通率达到 57%。

成果背后是刀刃向内的决心和魄力。改革就是要自我加压，主动同形式主义、官僚主义做斗争，使机关内部工作人员能腾出手来，更好地为群众企业服务。据悉，这次改革将省、市、县三个层级的党委、人大、政府、政协、纪委监委、法院、检察院机关以及群团组织机关纳入实施范围。“最多跑一次”改革没有局外人，现在实现了大合唱！根据目标要求，2019 年底，浙江省 80% 以上部门间办事事项实现“最多跑一次”，其中年办件量 100 件以上和本部门办件量排名前五的事项 100% 实现“最多跑一次”，60% 以上部门间非涉密办事事项实现网上办理，部门之间一般性文件会签的时间不超过 5 个工作日，力争办事材料精简 30% 以上、办事时间压缩 40% 以上。

案例 15　景宁县检察院借力“最多跑一次”改革增强检察监督刚性

浙江省景宁县检察院将检察建议工作与部门间“最多跑一次”改革深度融合，探索将检察建议发送、流转、回复及督促工作嵌入机关内部协同办事平台，作为办事事项进行办理，检察机关案件承办人只需在办事平台上按下“提交”按钮，平台系统就能显示检察建议已成功送达，在提交页面上能清楚地看到案号、案件承办人、送达时间、发送日期等关键信息。依托改革，旨在实现增强检察监督刚性的目的。目前，检察建议通过办事平台送达的使用情况已得到被监督单位的良好反馈。

检察建议在机关内部协同办事平台流转，将实现四大功能：**一是送达“一次不用跑”，实现检察建议快速送达。**在大数据管理部门的帮助下，区域管理人员将机关内部办事平台管理的单位全部纳入检察机关的推送对象，检察建议推送给各单位指定的管理员后，管理员只需单击“接收”按钮，即完成检察建议送达流程，同时在页面提醒下，管理员只需填写接收人姓名、接收时间，单击“回复”按钮，即时完成送达回证的签收，实现检察建议送达“一次不用跑”。**二是备案“网上留痕”，实现检察建议规范流转。**以往，检察建议书送达的方式主要是直接送达，有时甚至出现被监督单位业务部室与办公室之间推诿接收检察建议的情形，导致文书送达的迟延，而检察建议流转经办业务上线后，该院发送检察建议、接收送达回证及接收回复函均有系统记录，以便确定是否发送成功、是否查阅，真正做到“一案一留痕”“一案一备案”。**三是提醒“实时在线”，实现检察建议及时回复。**在丽水市改革办“最多跑一次”技术服务组的协助下，该院在办事平台上增设了检察建议回复“网上实时提醒”选项，即案件承办人只需点击该按钮，即可通过发送钉钉信息的形式，实时提醒被监督单位的管理员按照规定时间回复检察建议。**四是督促“效能监管”，实现检察建议督促刚性。**机关内部协同办事平台效能模块对办事全流程进行跟踪、监控。检察建议事项在系统流转后，系统会对超时办理提出警告，对满意度偏低提出警示，触发启动效能监管，由效能监察机关对违规行为进行监督处理，在有效提高机关办事效能的同时，增强了检察监督刚性。同时，系统可按地区、时间段、部门、事项类型等进行办件、满意度统计、事项、时效等统计。

三、丽水市部门间“最多跑一次”改革的主要特点与方式方法

（一）丽水市部门间“最多跑一次”改革的主要特点

1. 具有较高政治站位，以习近平总书记指示精神指引改革

习近平同志在浙江工作期间擘画的“八八战略”重要内容之一即加强机关效能建设。党的十八大以来，习近平总书记提出要“提高政府效率和效能”“释

放积极效能”等一系列关于效能建设的重要论述，进一步丰富了治国理政的效能思想。丽水市深入贯彻落实“八八战略”重要指示，大力弘扬习近平同志倡导的“马上就办，办就办好”精神，在服务办事企业和群众“最多跑一次”改革的基础上，掀起了又一场再造政府流程、强化机关效能的革命。以部门间“最多跑一次”改革增强行政效率为基层“减负”，精准精细梳理问题、流程和职责，通过重塑办事流程、压缩办理时限、数据集成共享、“互联网＋全程留痕管理”以及厘清主办代办机制等，破解政府间办事存在的“中梗阻”、不作为、慢作为的历史积弊，破解提高政府部门办事效率、能力的深层次问题；以基于“互联网＋政务”的机关内部协同办事平台实现政府跨层级、跨地域、跨系统、跨部门、跨业务的协同管理和服务，塑造协作有力、高效便捷的全新行政生态，推进政府政务管理与政务服务向集成化、标准化、数字化转型，加快实现政府治理体系和治理能力现代化。

2. 精确把脉精准发力，直击当前改革痛点难点问题

习近平总书记多次强调指出，要坚定改革信心，突出问题导向，加强分类指导，注重精准施策，提高改革效应，放大制度优势。

本届政府大力推进“放管服”改革，截至目前，政府政务服务已从过往各审批部门进驻行政服务中心的线下物理集中到“互联网＋政务服务”的线上线下融合转变，“只进一门”“一网通办”“最多跑一次”等服务理念已深入民心。然而，政府政务服务群众的“最先一公里”与“最后一公里”仍存在阻滞、不到位现象，制约着“放管服”改革深化的“部门本位主义”“信息孤岛”“数据壁垒”等问题仍未得到彻底解决，仅由政府“代办”来代替群众“跑腿”绝非提升机关效能、优化营商环境的长久之计。“靡不有初，克鲜有终”，必须直面改革痛点难点，推动“放管服”改革再深化。

部门间“最多跑一次”改革锚定问题、精准发力，紧紧围绕“事项、流程、材料、时间、次数”五个关键点位，迎难而上、精确打击。一是事项“简”，做到“应梳尽梳、不留死角、锁定基数”，为“网上办、掌上办”打好基础；二是流程“优”，最大限度地精减整合办理环节，再造办理流程，强化协同配合；三是材料“少”，按照精简原则，妥善处置本单位文件自行设立的事项和材料，切实为基层和

办事单位松绑减负；四是时间“压”，明确事项办理时限，自我加压，不断提速；五是次数“减”，以尽量不跑代替部门间往复跑，以数据跑路代替干部跑腿。

3. 做好顶层设计工作，任务分解到位，责任落实到人

部门间“最多跑一次”改革是一项复杂的系统性工程，是一场刀刃向内的自我革命，也是必须要完成的一项“硬任务”。丽水市把部门间“最多跑一次”改革摆上了极为重要的位置，坚持高标准、严要求，明确牵头领导，建立工作专班，健全工作机制，层层分解任务，压实责任链条，实行攻坚交办、限期销号的推进制度，以期形成最大合力，抓紧做好组织实施工作。市跑改办做好统筹协调、督促推进等工作，不断完善部门间“最多跑一次”改革工作方案，跟踪指导各单位做好事项梳理等各项改革试点工作，协调解决系统内和跨系统改革推进过程中的重大问题，做好面向群众企业“最多跑一次”改革、公共服务领域“最多跑一次”改革和部门间“最多跑一次”改革的有机衔接。市纪委、市监委将加强对改革落实的执纪监督，将其作为政治建设和作风建设的重要内容。市大数据局负责改革的数字化技术支撑，推进数据集中与信息共享，与市跑改办协作建设机关内部协同办事平台。市委编办、市市场监管局等部门负责改革标准化建设工作。市司法局负责改革合法性审查等法治保障。各单位落实主体责任，除梳理本单位部门间办事事项外，还督促指导本系统的办事事项梳理工作，组织拟定本系统部门间标准规范的办事事项目录、办事指南和办事流程图等，在改革推进中遇到难点问题需要协调的，及时提交跑改办协调解决。参战单位齐心协力、担当作为、真抓实干，确保改革工作顺利推进。

4. 科学谋划稳步推进，试点示范不断总结推广经验

全面深化改革必须坚持科学的方法论，而改革试点，就是改革的“试验田”。习近平总书记指出，“多出可复制可推广的经验做法，带动面上改革”，“试点能否迈开步子、蹚出路子，直接关系改革成效”。丽水市推进部门间“最多跑一次”改革过程中，科学谋划、注重方法、蹄疾步稳，集成运用多种改革方法，把握规律、绵绵发力、稳扎稳打，使各项改革举措在实施过程中相互促进、相得益彰。坚持点面结合，对于只涉及本部门办理的事项，从办件量大、部门反映问题多、矛盾突出的事项入手，逐项研究、逐个打磨，一份材料一份材料减，

一个环节一个环节压缩，不断优化办理流程，提升办事便利度。在此基础上，努力向其他事项延伸拓展，成熟一批公布一批，稳步推进。对于“一件事”涉及多部门联办的，树立“整体政府”理念，跳出部门立场和思维习惯，坚持用户导向、改善用户体验、强化协同配合，做到全流程“最多跑一次”，由涉及办事事项、环节最多的单位，或者第一个办理单位牵头解决。通过事项分批、单位试点、县区示范形成推动改革的可复制、可推广、可持续经验，不断总结应用。坚持以点带面，选择“组织人事档案管理”“建设项目审批”“财政预算执行管理”“行政许可监督服务”四大类事项先行先试，而后进一步扩大改革覆盖面。全面梳理同一层级与不同层级部门间办事事项、优化办理流程，然后向全市域推开。丽水市青田县率先启动县级深化部门间“最多跑一次”改革试点，先行上线机关内部协同办事平台。2019 年 7 月 11 日，浙江省全省机关内部“最多跑一次”改革部署推进会召开，标志着部门间“最多跑一次”改革在全省范围全面铺开。

5. 持续释放改革红利，以点带面撬动整体行政创新

“发展是最大的民意，改革是最大的红利。”“只有改革，才能去除种种不合理的体制机制，满足人民对美好生活的向往；只有改革，才能营造公平正义的制度环境，激发中国社会的动力活力。”丽水市部门间“最多跑一次”改革，有力地回应了习近平总书记关于网络化、数字化时代政府跨界整体协同治理的未来转型方向。通过机关内部协同办事平台增强数据共享和业务协同，从跨部门、跨层级协办“一件事”，再到跨地域、跨系统办好“共同事”，改革的最终目的是实现跨层级、跨地域、跨系统、跨部门、跨业务的协同管理和服务，构建数字政府、整体政府跨界协同的现代化治理模式，以此倒逼“最多跑一次”改革与“放管服”改革提质增效、持续深化，营造出良好的营商环境，激发市场活力与社会创造力。此外，丽水市从部门间办事“一件事”全流程“最多跑一次”改革入手，找准实现机构职能优化协同高效的着力点，以“小切口”撬动“大改革”，契合了新一轮机构改革“下半场”实现“化学反应”的本质要求，为行政体制改革如何破解机构整合障碍、畅通机构运行脉络找到了治理良策。正如浙江省委书记车俊同志在省委全面深化改革委员会第二次会议上指出的，“最多跑一次”改革是浙江改革的代名词，撬动了各方面各领域改革，各试点单位在推进改革过程中都要体

现“引领撬动”精神。例如，以部门间“最多跑一次”撬动文化产业发展，撬动部门整体绩效预算改革，撬动国资监管机构职能转变和监管方式创新等。

（二）丽水市部门间“最多跑一次”改革的方式方法

1. 权威支撑，制度保障

（1）省市领导非常重视部门间“最多跑一次”改革，将其列为“一把手”工程。把改革放在更加突出位置来抓，勇于挑最重的担子、啃最硬的骨头，做到重要改革亲自部署、重大方案亲自把关、关键环节亲自协调、落实情况亲自督察，自上而下传导抓落实的动力，形成上下贯通、层层负责的主体责任链条。浙江省委书记车俊指出：“丽水市大力推进部门间‘最多跑一次’改革是深化改革的有益尝试，对于提高党政机关办事效能很有意义。”浙江省省长袁家军提出将部门之间“最多跑一次”改革列为2019年浙江省改革的重点。丽水市委书记胡海峰指出：“这是改革中的改革，对创新的创新。希望继续深化，扩大覆盖，加强总结推广，放大红利。”丽水市市长吴晓东多次专题调研部门间“最多跑一次”改革，提出“把该项工作打造成营商环境的品牌”，做出“只能成功不能失败，只能领先不能落后，只能不断升级不能停滞不前”的重要指示，要求市直机关一把手主抓，协同推进。

图10 丽水市委改革办常务副主任王国锋在机关内部“最多跑一次”工作例会上部署工作

（2）做好顶层设计，强化“五个一”的组织保障。“五个一”，即一个领导小组，由市长挂帅，统筹推进改革；一个实施方案，明确目标任务和责任分工；一个攻坚专班，专人专班推进改革攻坚；一个部门试点，以点带面、以市带县铺开；一个督考机制，实行攻坚交办、限期销号的推进制度。成立丽水市部门间“最多跑一次”改革领导小组（以下简称“跑改办”），负责部门间“最多跑一次”改革的组织牵头协调及日常事务处理工作，协调各地、各部门“最多跑一次”改革的重大问题，督促、检查、考核“最多跑一次”各项工作情况，推进工作落实。实施“互联网＋监督”，强化工作推进情况的全流程监督考核。市委改革办组建事项专班和平台建设专班，每月一部署，每周一研判，推进信息化平台建设，设计推进部门间“一次不用跑”（2.0版）改革。市人社局、市公积金管理中心、市财政局、市大数据局、市委办、市府办6个单位进驻专班。

2. 协同联动，整体推进

部门间“最多跑一次”改革的各领域、各环节之间既相互影响又相互作用，各层次、各部门之间既相互依赖又相互制约。随着改革的不断深入，各领域、各部门、各层次、各环节改革的协同越发重要。习近平总书记深刻指出，“改革越深入，越要注意协同，既抓改革方案协同，也抓改革落实协同，更抓改革效果协同，促进各项改革举措在政策取向上相互配合、在实施过程中相互促进、在改革成效上相得益彰，朝着全面深化改革总目标聚焦发力”。丽水市秉持系统性、整体性、协同性思维，坚持上下联动、内外兼顾，在做好本部门事项梳理的同时，加强与上级部门对接，增强同级部门间协作，注重对基层部门的业务指导，把全市力量调动起来，共同学习、共同研究、共同推进，实现跨层级、跨部门、跨业务的改革协同联动。改革实现全覆盖，强化系统集成效应，瞄准从“最多跑一次”到“一次不用跑”。丽水市政府办印发《关于推进丽水市部门间“最多跑一次”改革的实施方案的通知》（丽政办发〔2018〕59号）。市“跑改办”启动部门间事项梳理，印发《关于公布政府部门间“最多跑一次”改革事项清单的通知》（丽政办发〔2018〕91号），公布第一批31个部门310个事项清单。全市绝大部分单位高度重视，协同联动，全力推进，通过业务重整、流程再造、数据共享，达到减事项、减环节、减材料、减时间、减次数的目的。例如，业务协同方面，市人社局牵头推进机关事业单位人员退休“一件事”改革，由主管部门、人社局、编办等6个部门之间提交9次申请、填写4张表单、跑5次现场变为“一次申请，一张表单，零次跑”，140个数据指标压缩至35个，其中33个指标可通过部门间数据共享实现获取，部门数据共享率达94%。

3. 问题倒逼，以小见大

“放管服”改革“中梗阻”、服务群众“最后一公里”打不通、机构改革无法实现“化学反应”等问题直指部门间数据不通、协作不畅、效能低下等历史积弊。为祛除这些痼疾，丽水市通过充分研判大量“办事难、办事繁、办事慢”案例，发现制约政府办事或机关效能的关键在于机关内部事项繁杂，流程环节设置不科学、不合理，囿于缺乏法律法规约束，部门对材料和时间的自由裁量权过大。进而以问题倒逼改革，以事项倒逼改革，选择部门间办事“一件事”全流程“最多跑一次”作为突破口，以“小切口”撬动“大改革”。一是简化事项。事项是机关运行的最小单元，也是检验部门间“最多跑一次”实现率的重要基础。借鉴政务服务“最多跑一次”的经验做法，以法律法规、党内法规、规范性文件和“三定”规定为依据，对机关内部办事事项进行一次大摸排、大起底，坚决取消没有依据的事项，坚决下放能够下放的事项，坚决提升事项精细化水平，做到所有事项可操作可运行。二是优化流程，包括处室间流程、部门间流程、层级间流程等。借鉴“一窗受理、集成服务”的经验做法，对于涉及本单位多个处室的事务，要明确牵头处室，实行内部“一窗通办”，原则上办事单位只与“一个口子”打交道。对于多部门联办的“一件事”，明确一个牵头部门，实行“一个口子”进出。三是简化材料。深入落实“五个一律”要求，凡是没有法定依据的一律取消、由本部门出具的一律取消、能通过现有材料证明的一律取消、能采取书面承诺方式解决的一律取消、能通过网络获取核验的一律取消。四是压缩时间。办理时间是衡量机关效能高低的重要标准。除研究出台重要政策文件等特殊情况外，凡能够明确办理期限的事项，必须予以明确，并以领跑者为标杆，持续提速。五是减少次数。以“跑一次是底线、一次不用跑是常态、跑多次是例外”为目标，借鉴政务服务“网上办、掌上办”的经验做法，依托“浙政钉”平台，建设机关内部协同办事平台，以数据跑代替干部跑。

4. 专业引领，标准先行

标准化作为现代化管理的一种方式和手段，其所倡导的“精简、统一、协调、规范”原则与行政改革所要求的“优化、协同、高效”等理念具有高度的契合性和适应性，在加快推进“放管服”改革，优化提升营商环境方面的纽带作用越发明显。浙江省是国家唯一的标准化综合改革省域试点，作为部门间“最多跑一次”改革先行先试地的丽水市充分运用标准化、系统化思维，迈向专业化推动改革的阶段。注重部门间事项梳理的规范化，率先探索标准化管控，以“八统一”为标准，通过清单化管理、表格式量化、最小颗粒度拆分、模块化、过程化管控、标杆化复制推广等方式，形成全市标准规范的部门间办事事项和办事指南体系。出台部门间“最多跑一次”地方标准，通过标准固化职能，明晰部门责任边界，以标准化促进规范化，以规范化促进优质化，部门间办事效率明显提升。丽水市委改革办会同编办、市场监管局等单位及时总结现有经验做法，按照“事项无漏网、标准全覆盖”原则，编制形成浙江省丽水市地方标准——《机关内部“最多跑一次”工作规范》，以部门间办事事项标准化、办事流程标准化、办事行为标准化、办结时限标准化、管理制度标准化等规范机关内部办事流程，破解“事项杂、多次跑、多头跑、环节多、材料多、时间长”等问题，在一定程度上限制了部门和工作人员的自由裁量权，强化部门执行力，基本实现“认流程不认面孔、认标准不认关系”的无差别办理。截至 2019 年，已推出《机关内部“最多跑一次”工作规范　第 1 部分：总则（征求意见稿）》和《机关内部“最多跑一次”工作规范　第 2 部分：指南编写规则（征求意见稿）》。树立标准化思维，以标准化引领和保障部门间“最多跑一次”改革创新，已成为丽水市打造法治政府、责任政府、高效政府、廉洁政府的有效途径。

5. 技术赋能，数据互通

习近平总书记在党的十九大报告中指出，要“善于结合实际创造性推动工作，善于运用互联网技术和信息化手段开展工作”。丽水市充分借助移动互联网、云计算、大数据等新一代信息技术助推政府治理现代化，以“释放信息红利”“技术赋能治理”突破传统行政管理体制束缚。遵循统一顶层设计、统一开发建设、统一办事平台、统一推进应用、统一数据共享、统一安全保障的“六个统一”原则，建成机关内部协同办事平台，实现部门充分协同、数据充分共享，机关内部事项线上办，办理过程全留痕，业务环节实时监控，推动部门优化办事流程，简化办事材料，力促部门间事项“马上办、网上办、掌上办、随时办、简化办”。2019 年 7 月 10 日，丽水市机关内部协同办事平台上线试运行，市委改革办组织开展“机关内部协同办事平台”管理员操作培训。此外，丽水市梳理业务审批流转需求，探索建立部门间办事全流程信息化管理体系和平台应用支撑体系，其中包括：统一用户中心、统一事项中心、统一表单中心、统一流程中心、统一电子签章、统一消息提醒、统一权限配置、统一数据分析，以“信息化”“标准化”“集约化”手段推动改革落地开花。丽水市着力打通数据壁垒，推进电子化办公模式，对内加强部门业务整合，明确不同处室之间材料一律通过内部流转获取；对外加强部门间信息互联互通，通过“全域一证通办”数据共享平台、部门信息管理系统实现数据共享。充分运用部门业务系统、浙江政务服务网部门统一工作平台、协同办公系统、“浙政钉”平台等开展咨询答复、信息对接、材料初审以及请示、复函文件流转等活动，简化部门人员上门办事程序。例如，财政部门通过信息化平台应用，取消经费转拨、政府采购、经济科目调整等事项的纸质审批流程，实现事项办理“网上申请、在线办理、快递送达”。

6. 人民满意，红利共享

习近平总书记在党的十九大报告中强调，要“建设人民满意的服务型政府”。把以人民为中心的发展思想体现在改革各个环节，做到老百姓关心什么、期盼什么，改革就要抓住什么、推进什么，通过改革给人民群众带来更多获得感。当前一些地方形式主义、官僚主义依然突出，又有新的表现形式。如面对“放管服”、优化营商环境的改革任务，一些地方只强调“门好进、脸好看”，却全然不管“事好不好办”，部门间推诿扯皮，让群众碰“软钉子”。只有掀起一场“刀刃向内”的自我革命，反对形式主义、力戒官僚主义、克服懒政怠政，才能真正提高政府行政效能，建成人民满意的服务型政府。丽水市在党委的坚强领导下，以“建设人民满意的服务型政府”为目标，推出部门间“最多跑一次”改革，持续加强效能建设，全市各市直部门、各县区相关单位密切配合，找准工作方案，拿出务实举措，排出时间表，做出路线图，按照“一个方案、一个专班、一套考核”的工作部署，以实现除特定事项外机关内部办事“一次不用跑”为目标，扎实推进部门间“最多跑一次”改革，以钉钉子精神抓好落实，一个时间节点一个时间节点往前推进，公布市直机关内部办事清单，上线运行协同办事平台，建成市级地方标准，2019 年底前实现机关内部 80% 以上事项网上办，进一步提升机关内部办事的便捷度和机关干部的获得感、满意度。与此同时，丽水市秉持“人人均享改革红利”的目标，不断探索将内部政务管理改革红利拓展到外部政务服务领域，着力便民举措制度化，衔接政务管理与政务服务改革，使部门间“最多跑一次”改革成为突破“放管服”改革“中梗阻”的有效路径，破解“放管服”改革中遇到的“部门本位主义”“信息孤岛”“数据壁垒”以及协作障碍等问题，跑出“丽水速度”，真正实现“数据跑腿，一次办好”，持续增强人民群众的获得感、幸福感与满意度。

四、丽水市部门间“最多跑一次”改革的推广意义

丽水市推进部门间“最多跑一次”改革，是服务企业和群众办事“最多跑一次”改革的拓面与深化，有助于群众、企业办事事项改革提质增效；是一项增强改革系统性、整体性、协同性的重要创新举措，其对于政府治理体系的重塑、政务运行逻辑的再造具有可复制、可推广、可持续价值。部门间“最多跑一次”改革已作为浙江省 2019 年深化“最多跑一次”改革的重要内容，引发各地主动学习跟进。深刻认识丽水市部门间“最多跑一次”改革的重要意义与推广价值，有利于改革者精准施策，破解如何整体性重构政府职能、增强部门间协作、政府履职更加顺畅高效等深层次问题，有助于推进政府政务管理与政务服务向集成化、标准化、数字化转型，加快实现政府治理体系与治理能力现代化。

（一）增强改革的系统性、整体性、协同性，有利于推进政府治理体系和治理能力现代化

2019 年 10 月，党的十九届四中全会审议通过的《中共中央关于坚持和完善中国特色社会主义制度　推进国家治理体系和治理能力现代化若干重大问题的决

定》（以下简称《决定》）中指出，“构建系统完备、科学规范、运行有效的制度体系，加强系统治理、依法治理、综合治理、源头治理，把我国制度优势更好转化为国家治理效能”。丽水市部门间“最多跑一次”改革即是对党的十九届四中全会提出的“坚持和完善中国特色社会主义行政体制，构建职责明确、依法行政的政府治理体系”这一使命目标的践行。

1. 健全部门协调配合机制，有利于优化政府职责体系

实现部门优化协同高效一直是政府改革的追求目标。2019 年 9 月 9 日，习近平总书记主持召开中央全面深化改革委员会第十次会议强调“落实党的十八届三中全会以来中央确定的各项改革任务，前期重点是夯基垒台、立柱架梁，中期重点在全面推进、积厚成势，现在要把着力点放到加强系统集成、协同高效上来，巩固和深化这些年来我们在解决体制性障碍、机制性梗阻、政策性创新方面取得的改革成果，推动各方面制度更加成熟更加定型”。党的十九届四中全会《决定》提出，“以推进国家机构职能优化协同高效为着力点，优化行政决策、行政执行、行政组织、行政监督体制。健全部门协调配合机制，防止政出多门、政策效应相互抵消”。

丽水市部门间“最多跑一次”改革遵循“注重增强改革的系统性、整体性、协同性”这一逻辑，秉持“政务管理与政务服务不是单边执行的而是多边协作的，部门业务不是封闭运行的而是跨界治理的，行政改革不是单向推进的而是横纵联动的”这一思维，以推进机构职能优化协同高效为着力点，以机关内部协同办公平台打破部门间协作的体制性壁垒，以办好“一件事”为目标明确部门间协作事项，实现更好的跨部门管理与服务协作，有助于健全部门协调配合机制，为其他地区改革实践提供了可操作、可复制、可推广、可持续的生动样本。

2. 创新行政管理和服务方式，有利于增强政府协作水平

新时代亟须政府部门更新理念、创新行政管理和服务方式。党的十九届四中全会《决定》指出，“创新行政管理和服务方式，加快推进全国一体化政务服务平台建设，健全强有力的行政执行系统，提高政府执行力和公信力”“建立健全运用互联网、大数据、人工智能等技术手段进行行政管理的制度规则。推进数字政府建设，加强数据有序共享，依法保护个人信息”。丽水市部门间“最多跑

一次”改革，即是充分发挥新一代信息技术的红利作用，推出机关内部协同办公平台，从以“部门为中心”“职能为中心”“手工化行政”转向“业务为中心”“协作为中心”“智能化行政”，实现传统行政管理和服务方式的创新。通过打破部门信息与业务壁垒、实现信息共享数据互通，推动每一件部门协作事项“线上办”“零次跑”。瞄准办事企业和群众的迫切需求，着力解决办事堵点难点，不断增强政府机关的协作水平和执行能力，以此提供更加高效、便捷的政务服务，持续提高政府执行力和公信力。

（二）推进“八八战略”再深化，有助于提升机关效能，净化行政生态

企业和人民群众办事的审批服务有明确的上位法规定办理时限、办理程序、办理要件，而政府内部区域间、层级间、部门间业务往来，缺乏明确的规定时限或办事规范，致使政府内部办事存在效率低、“中梗阻”、不作为、慢作为的历史积弊，机关效能低下成为当前阻碍经济社会高质量发展的主要因素之一。丽水市部门间“最多跑一次”改革，正是当前有效破解机关效能问题的有益探索。

1. 破解部门间办事低效问题，有利于强化政府执行力

干部“不作为、慢作为”问题一直是困扰政府治理现代化的一大难题。针对这一问题，早在20年前，习近平同志就高瞻远瞩地提出并推行效能建设，很好地解决了当地干部不担当、不作为的问题，营造出良好的发展环境和政治生态。1991年，时任福州市委书记习近平在一次福州市委工作会议上首次提出“要大力倡导‘马上就办’的工作精神，讲求工作实效，提高办事效率”，“马上就办，办就办好”的理念逐渐深入人心。2000年，时任福建省省长习近平着力推动效能建设，亲自担任省机关效能建设领导小组组长，在全国率先推进服务型政府建设，并对效能建设的概念、总体思路等进行了全方位的理论实践。2003年到浙江省工作的习近平同志提出面向未来发展的八项举措，即“八八战略”，其重要内容之一便是“切实加强法治建设、信用建设和机关效能建设”。遵照总书记指示，丽水市针对部门间办事多次跑、多头跑、环节多、材料多、时间长、签字烦等问题，掀起一场“刀刃向内”的机关效能革命，现已取得较好成效，

层级间、部门间机构运转更加优化协同高效，决策执行更加有力，政府效率全面提升，能够为其他地区降低办事行政成本，强化政府执行力提供有益参考。

2. 塑造协作有力的行政生态，有利于为公职人员减负

当前机关内部“四风问题”尤为突出，一是形式主义，办事追求形式、不重实效，不抓落实，部门之间、层级之间人为设置诸多“关关卡卡”，美其名曰“走流程按程序”，殊不知这些不科学、不合理的“程序”增添了多少弯道；二是官僚主义，办事推诿扯皮多，效率低下，不作为、不负责任，囿于部门间职责交叉、权责不一等体制弊病，且办事时限缺乏规则依据，使得“拖着办、慢慢办”成为畸形常态。2019 年初，针对当前机关内部办事不方便、要求基层填表报数、层层报材料等问题，中共中央办公厅专门印发了《关于解决形式主义突出问题为基层减负的通知》，将 2019 年作为“基层减负年”，要求为基层干部松绑减负，激励广大干部担当作为、不懈奋斗。丽水市部门间“最多跑一次”改革即是响应中央号召，为基层减负、力戒形式主义和官僚主义的一场除疴治弊行动，持续减少材料报送、减少填表报数、减少跑动时间，清除推诿扯皮与懒政怠政的历史积弊，有效破解部门间办事存在的“中梗阻”问题。

（三）践行习近平总书记关于跨界治理的重要论述，有助于实现整体政府数字化转型

习近平总书记在 2016 年中共中央政治局第三十六次集体学习和 2017 年中共中央政治局第二次集体学习时两次强调，“要运用大数据提升国家治理现代化水平，要建立健全大数据辅助科学决策和社会治理的机制，推进政府管理和社会治理模式创新”“构建全国信息资源共享体系，实现跨层级、跨地域、跨系统、跨部门、跨业务的协同管理和服务”。中央领导明确指出行政体制改革中跨界整体治理、跨部门协同管理和服务的重要性，丽水市开展的部门间“最多跑一次”改革即是关于跨层级跨部门整体协同治理的有益探索。

1. 厘清“上下左右”办事事项与流程，为跨界治理打好基础

当前行政体制改革面临的问题日趋多样化、复杂化，尤其是大量跨区域、跨领域、跨层级、跨部门议题的出现，公共管理者面临着极大的挑战。在这样的背

景下，建立以群众需求为治理导向，以信息技术为治理手段、以跨层级跨部门协同的整体治理模式，通过跨界整体协同治理构建一套与改革发展相适应的跨域协作体制机制及制度安排，联合不同行政区域政府、不同层级政府部门，围绕相关公共事务治理建立合作共识并寻求提高联合行动能力、增进整体利益。地理界限、行政层级、部门壁垒的打破有利于资源无障碍流动，发挥资源最大效用，以期实现规模效应。丽水市部门间“最多跑一次”改革即是遵循这一逻辑，经由“自上而下”与“自下而上”相结合的改革路径，着力增强部门间协作，厘清并优化跨层级、跨部门、跨区域“办成一件事”的流程，逐一场景化清单定责内容，为“业务上线办、数据线上跑”的技术创新打下管理基础。

2. 打造一体化网上协同办公平台，推动整体政府数字化转型

党的十九届四中全会《决定》首次提出“推进数字政府建设”，政府数字化转型已成为完善和发展中国特色社会主义行政体制的必由之路。当前，推进数字政府建设最重要的是以高层改革意志和技术强制力破解“条块分割、部门壁垒”带来的所有不利于跨部门业务协同的权力配置，真正实现信息系统之间的互联互通、数据资源开放共享和开发利用。2017 年 5 月，国务院办公厅印发的《政务信息系统整合共享实施方案》提出推进各部门信息系统整合和数据共享工作，从上到下形成思想共识和行动合力，各级领导干部围绕“抓落实”这一主要着力点做好统筹协调，明确责任、严格问责。丽水市部门间“最多跑一次”改革运用“互联网 +”思维与技术，打造一体化的网上协同办公平台，以“技术强制力”克服政务数据碎片化、信息资源共享程度低等问题，解决系统林立重复建设，服务渠道繁多，集约化程度低，系统难以兼容，资源无法整合共享等“数据烟囱、信息孤岛”问题，将传统办事内容与新的业务流程等进行多维度融合与改造，重构政务管理和政务服务的方方面面，形成政务创新的核心价值链，可谓一场针对政府自身的“转基因工程”。

（四）推动“最多跑一次”向纵深发展，有助于建设服务型政府、责任政府、法治政府和廉洁政府

习近平总书记在中央全面深化改革领导小组第十次会议上指出，要推出一批

能叫得响、立得住、群众认可的硬招实招，处理好改革“最先一公里”和“最后一公里”的关系，突破“中梗阻”，防止不作为，把改革方案的含金量充分展示出来，让人民群众有更多“获得感”。丽水市部门间“最多跑一次”改革是服务企业群众“最多跑一次”改革的延伸和升级，是新时期深化“放管服”改革的必然要求，是打造机关效能最强市的重要抓手。

1. 有效破解“放管服”改革“中梗阻”，真正做到“最多跑一次”

有基层干部总结，互联互通难、信息共享难、业务协同难(“老三难”)是深化“放管服”改革的“绊脚石”。条块分割的管理体制致使政府部门间信息共享与业务协同机制欠缺，电子政务信息系统建设“纵强横弱”形成了大量的“信息孤岛”“数据烟囱”，严重制约着政务管理与政务服务协作。在跨部门基础信息资源共建上，虽然国务院层面已启动四大基础数据库建设工作，但在实际推进过程中尚未建立起信息采集、分类、交换、发布等配套管理制度。过往十多年的信息化建设，普遍存在着政府部门各自为政，仅从自身需求出发开发系统应用，忽视跨部门业务流程设计，导致资源集约化程度低的问题。一些部门出于自身利益考量或信息安全考虑，拒绝开放内部数据，加之格式不统一，标准不一致，甚至文档源码缺失，无法破解供应商锁定，使得数据重复采集、二次输入、效率低下。丽水市自内而外改革，梳理事项、优化流程、打造平台，综合运用管理手段与技术手段破解政府间、部门间缺乏跨界协作的难题，真正做到使企业和群众到政府办事“最多跑一次”。

2. 以标准化、规范化、高质量的政府治理回应市场化改革诉求

新时代中国特色社会主义行政体制改革旨在适应社会主义市场经济体制，建立适合市场经济发展需要、权力优化配置的公共行政体系，将传统的以部门为本位、以职能为中心、以领导意志为出发点的低效率、粗放式、人治型政府管理转变为以人民为中心、以方便办事为出发点、以大数据为依据的高效率、高质量、专业化政府治理。通过部门间“最多跑一次”改革优化办事程序，能简则简、该改则改，着力于发展制定战略、规划、政策、标准等，提高政府政务管理与政务服务履职本领，为办事企业和群众提供优质服务，当好人民群众的“店小二”，建设让人民满意的服务型政府。通过部门间“最多跑一次”改革持续提升

政府执行力，“一分部署，九分落实”，建立部门间办事清单制度，完善考核办法，加强追责问责，确保政府办事有清单、有督查、有考核、有问责，有助于建成责任政府。通过部门间“最多跑一次”改革做到办事事项标准化、办事流程规范化，即机关内部权力授予有据、行使有规、监督有效，切实规范行政行为，有利于建设法治政府。通过部门间“最多跑一次”改革实现政府办事全过程数字化、透明化、可追溯、可监督，破除政府内部的官僚主义、形式主义等“四风”问题，加强作风建设，有益于打造廉洁政府。

（五）从“专业主义”出发重塑政府运行流程，有助于倒逼机构改革从“面上变化”到“化学反应”

2019 年 7 月 5 日，习近平总书记在深化党和国家机构改革总结会议上强调，“要推进改革成果系统集成，做好成果梳理对接，从整体上推动各项制度更加成熟更加定型”。当前深化党和国家机构改革组织实施工作已取得阶段性成果，但推进机构职能优化协同高效、提高履职服务能力水平的改革将会持续进行。机构改革是“硬件”重组，提高政府效能、增强部门协作水平、推进审批服务便民化是“软件”升级。部门间“最多跑一次”改革有助于进一步促进机构职责、部门业务的有机融合。

1. 明晰政府职权边界划分，增强机构改革的协同性、联动性

部门间“最多跑一次”改革最关键的问题是部门间如何协作。当前，政府部门边界不清晰是各地普遍存在的问题，包括部门间职能与权力的分割、责任边界的划分等，不少行政事项、行政行为涉及多个主管部门，那么究竟应该由谁来负责？例如，河道采砂问题，水利部门管理考虑的是采砂之后河道的畅通、水源地的保护以及行洪能力等，但目前采砂的影响主要是对生态层面的破坏，需要环保和自然资源部门参与管理。可见部门职责边界交叉不清是当前公共管理的棘手问题，这也成为部门间“最多跑一次”改革的重点和难点。党的十九届四中全会《决定》提出，“推进机构、职能、权限、程序、责任法定化，使政府机构设置更加科学、职能更加优化、权责更加协同”。丽水市由市委编办、改革办联合行动，参照“三定”方案梳理出各部门主要职责，充分明晰职权边界划分，助

力完善机构设置，增强部门间“最多跑一次”改革与机构改革的协同性。遵循以跨部门“办好一件事”的场景化为基本遵循，明确牵头部门、各分管部门具体管理内容、审批和执法环节的流程安排等，为今后办事事项标准化、数字化、集成化、专业化奠定基础，更加科学地应对日常公共管理问题。

2. 厘清部门与处室职责关系，科学统筹合理使用编制资源

部门间“最多跑一次”改革以法律法规、党内法规、规范性文件和“三定”规定为依据，对机关内部办事事项进行一次大摸排、大起底，做到“应梳尽梳、不留死角、锁定基数”。坚决取消没有依据的事项，坚决下放能够下放的事项，并以此为依据，倘若一个处室没有对内政务管理与对外政务服务的相关事项，这个处室则可以裁撤合并。在同一个部门内，能够由一个处室统筹办理的事项可进行归并整合，符合新一轮机构改革的内在逻辑，即“职责关系进一步理顺，按照一类事项原则上由一个部门统筹、一件事情原则上由一个部门负责的要求，最大限度地解决职责交叉问题”。针对一些单位多个处室存在职责交叉，办事单位需“多次跑”的问题，丽水市将事项梳理成果充分运用到机构改革中，进一步规范部门内设机构设置，大幅精简内设机构，从根源上推进审批环节整合，缩短工作链条。机关内部长期存在的部门职责交叉、关系不顺、多头分散、责任不清、推诿扯皮等问题得到改观。将项目审批机关职能整合到一个处室，统一对上、对下、对外，统筹督促项目推进，形成了“一口管理，一张清单，一抓到底”的项目高效推进机制。从一定意义上可以说，部门间“最多跑一次”改革契合了进一步深化机构改革的内在要求，有助于倒逼机构改革从“面上变化”到“化学反应”。

五、推进部门间“最多跑一次”改革需要解决的现实问题

部门间“最多跑一次”改革作为一次政府自我革命的大胆尝试、一项“破冰式”的重大治理创新举措，尚无先例可循，故而在改革实施进程中面临许多新问题、新挑战，如宏观体制层面，职责同构、条块分割体制阻碍；中观政策层面，缺乏上位法规依据、亟须省级政府为改革授权；微观操作层面上干部自身与单位内

部存在的问题，包括事项梳理不够深化、部分事项没有实现“最多跑一次”“部门本位主义”致使数据共享难、“上热下冷”推进不平衡等现实阻碍。丽水市部门间“最多跑一次”改革已进入攻坚期，面临着改革的升级扩面，将从政府内部到涉及更多经济建设、社会治理领域，联动需求越来越突出，体现出“民事、商事”的公民个人和企业“最多跑一次”改革的迫切需要，体现出“公事”的机关内部“最多跑一次”改革的协同推进，更多未知的难题亦将迎面而来。

（一）当前丽水市改革实施过程中存在的问题

1. 部门间办事事项有待深挖，尚未“应梳尽梳”且不够规范

（1）部门内部处室之间的办事事项梳理还不够到位。事项梳理是一个长期过程，不断有新事项产生，也会有旧事项取消。增事项方面，对照省直单位事项清单，在进一步明晰事项边界的基础上，各单位还能继续挖掘机关内部更深层次、更复杂事项；减事项方面，通过对逐个事项梳理优化，进一步整合、归并、取消部门间办事事项。通过省直单位事项清单和其他地市梳理出的事项数量对比，目前丽水市个别职能部门尚未对部门内、处室间的所有事项进行深度挖掘梳理。此外，一些部门事项梳理不够规范，上报事项质量不高，还未完全符合“减事项、减材料、减时间、减流程、减次数”及“八统一”规定的格式要求。

（2）上下层级政府间的办事事项梳理优化尚未同步展开。“注重改革的系统性、整体性、协同性”是部门间“最多跑一次”改革的方法论要求，当前改革仅停留在同级部门间，较少展开跨层级、跨部门的“一件事”梳理，省、市、县（区）上下层级对口部门在制定“三定”方案时，尚未梳理涉及跨层级、跨部门的机关内部办事事项，做到应报尽报、应纳尽纳，确保部门全覆盖、事项全覆盖。尚未从审批、监管、决策等整体性维度对各项核心业务进行模块化分解，层层分解为子系统、子模块和具体业务事项，做到架构清晰，层次分明。

（3）省市部门对县市区条块指导不够，各地事项标准不统一。当前，各级政府对部门间“最多跑一次”范围边界理解存在差异，具体事项的清单、材料、流程难以确定。省级对事项办事指南准确性的指标解释没有统一口径。市级层面尚未编制机关内部办事事项目录清单，无法以统一规划的形式推动实现同一事项

名称、依据、类型等基本要素在市县统一。市直部门对县市区条块指导不够，县级事项梳理和上线步伐较为滞后，由于缺乏一套完整的、明确的部门间办事事项清单，各地在事项梳理过程中上报的事项出现了内容与标准不统一、口径不一致等问题。同时，个别县重视程度不够，尚未建立工作专班；个别县现有事项主要集中在请假、评优、意见审核等事务性工作上；钉钉“掌上办”目前也还停在市本级，县（市、区）推进缓慢。市县改革步伐不同步，事项标准不统一，平台办事不统一，则无法实现部门间“最多跑一次”改革的全市域覆盖。

2. 跨部门办事流程亟须优化，未完全实现事项“只跑一次”办成

作为“难啃的骨头”，部门间“最多跑一次”改革深度仍需加强，部门间流程尚未“最优”，部分事项在压缩办理环节、精简办事材料、缩短办理时限上仍有较大改进空间。需进一步克服流转多次、多头跑、多头审批、多头盖章等问题。证照、办事材料、数据资源共享互认较难，没有全面实现各环节全流程在线办理。

（1）部门间“点对点”业务流程尚未做到“线上通办”。网上办是实现部门间办事“最多跑一次”甚至不用跑的有效途径，必须做到尽可能多的事项“网上办、掌上办”，真正向“一次不用跑”“办得快”“办得好”转变。而当前部门间“最多跑一次”改革中的很多事项只是物理上从线下搬至线上，受业务限制，网办事项调研人员在调研时也未发现哪些事项可以更为优化。实际上，现有的表单、流程仍有进一步优化的空间，一些不必要的环节、要素可以再优化，这些内容需要专人专班花时间深入研究每个事项如何网办并做好部门间“点对点”业务的上线工作。

（2）纵向多层级多部门“一件事”办事事项流程亟须规范。要想通过部门间“最多跑一次”改革将丽水市打造为机关效能最强市，就必须要实现市县统筹，县、市、区同步发展，缺一不可。目前，还未按照业务协同的要求，对纵向多层级、多部门所有业务流程进行系统梳理，编制标准化办事指南和业务流程图，加强线上线下深度融合，以便实现所有部门业务的全流程“大协同”，纵向多层级、多部门“一件事”办事事项还没有实现“最多跑一次”。

（3）一些单位经办人员尚未熟练掌握简化后的办事流程，一些上报的事项

并没有真正实现只跑一次办成。在实际工作中，部门间办事流程再造工作仍在进行。一些部门同一个事项在处室之间流转多次，多头跑、多头审批、多头盖章，还未实现“事项一口受理、材料一次提交、办结统一出件”的要求；由于专业化培训、轮训以及《业务手册》《工作说明书》的编撰印发、集中学习滞后于改革进展速度，还有一些单位的经办人员尚未熟练掌握简化后的办事流程，办事方式改革前后缺乏较大转变。

（二）其他地方推进此项改革将遇到的共性问题

基于部门间“最多跑一次”改革的“丽水经验、浙江实践”，以及各地服务企业群众“最多跑一次”改革探索过程中遇到的梗阻情况，本书提出其他地方在推进部门间“最多跑一次”改革过程中将遇到的共性问题。

1. 部分创新缺乏上位法授权，改革成果亟须法治化巩固

（1）个别流程创新与行政法规或办事规则相冲突。法律法规本应是行政改革实施的捍卫者，然而不健全、滞后甚至彼此相冲突的现行法律法规制度反而成为掣肘行政改革推进的“绊脚石”。我国涉及行政改革的法律法规“立、改、废、释”工作总体滞后于各地区行政改革创新实践，就丽水市部门间“最多跑一次”改革而言，政府机关内部办事或事项审批依据的法律法规大多属于部门法，而政府部门间的相关规定不系统、不协调甚至相互“打架”，造成部门审批事项互为前置的“死循环”，经办人员往往需要花费大量时间汇报请示，严重影响了项目手续办理进度和政策创新进程。一些机关内部办事事项的下放或者前置审批的取消可能会与上位法相冲突，受限于现行法律法规，地方政府部门不知如何推动改革，改革陷入无法可依或者违法操作的窘境。此外，基层改革创新受顶层制度制约，受到现行法律法规、政策文件制约，基层探索遇到瓶颈。例如，在推进新生儿落户办证“一件事”“只跑一次”改革过程中，出现新生儿制卡县级银行必需根据省人行关于开户实名制的规定，只认户口本、身份证两个有效证件，不认公安局先行出具的《常住人口登记表》的问题。

（2）部分举措缺乏上位法或规章制度的授权依据。近年来，我国大部分地区的行政改革创新举措和制度安排仍停留在政策方面，没有上升至法律法规层

面，致使重大改革创新成果难以固化，复制推广力度与改革可持续性不足。从部门间“最多跑一次”改革实践来看，地方立法机关尚未就部门间“最多跑一次”改革的有效实施进行规范性说明，尤其是部门间办事清单的梳理、办事流程与时限设定缺乏法定权威的标准设计，将会导致各地区改革标准不统一、不规范。一些法律法规没有明确规定的内容，地方政府无法做到应放尽放、精简下放审批权限和层级。由于既没有上位法依据，又没有自身立法权的保障，导致不少改革者想得到做不到、想时易做时难，造成要么改革不深不透，要么改革难以为继，如果硬性推进，一旦出问题又要承担问责性风险。

（3）涉及人事工作的程序简化与党内法规要适应。部门间“最多跑一次”改革的办好“一件事”中有多项涉及干部人事工作。例如，“公务员转任”涉及组织人事部门、编办单位集体过会讨论，全面简化转任程序，取消整合所有调令，压缩材料改革后公务员转任审批办理时间压缩至1个月以内；又如，将需市人社局办理的“事业单位领导人员任职资格审核”和“事业单位双肩挑人员资格审核”两个事项进行合并、精简材料、下放权限；再如，“组织人事档案管理”事项办理时限压缩了68.9%。这些改革举措在出台前，应当经过严格的合规性审查，以便与《党政领导干部选拔任用工作条例》《事业单位人事管理条例》《事业单位领导人员管理暂行规定》等党内法规条例相适应。接下来将增强党委（如组织部）、政府（如人社局）、事业单位等多部门“最多跑一次”改革，协同办好“一件事”，势必要涉及更多人事方面工作，其合法合规性亟须重视。

2. 部门本位主义问题仍存在，配套制度建设滞后于创新

（1）一些部门固守利益不放不愿自我革命。不愿意公开部门权力，不愿意办事事项上线，改革推进缓慢。以丽水市推进过程为例，一些部门仍旧坚持传统的线下批转模式，突出表现在改革以来部门间协同办事平台使用率不高，改革初期平台一周申办量维持在50条左右，2019年7月10日—25日，共有84个单位在协同办事平台有办件，办件主要集中在市大数据局以及市委市政府办公室的日常工作。而涉及部门间行政事项审批、企业投资审批、工程建设项目审批等核心权力尚未充分梳理并纳入协同办事平台实现全程“网上办”。

（2）部门本位主义严重阻碍了跨部门协作。部门间“最多跑一次”改革的

要义是“系统、整体、协同”，需要各相关部门鼎力协作，为“办好一件事”进行事项梳理，打通“前后上下左右”堵点，持续优化跨部门办事流程。然而囿于改革过程中各部门“本位主义”思想的存在，涉及跨部门事项的梳理工作尚未达到预期。例如，丽水市在改革初期，市本级共有“一件事”56 件，明确梳理出的“一件事”有 31 件（包括 20 件机关事业单位人员职业生涯全周期管理“一件事”)，其余未进一步梳理。

（3）制度建设滞后无法配套保障改革创新。目前，除了“工作专班”之外，缺乏一套由主要领导同志牵头强力推进的协作机制或领导小组制度。制度规则建设方面，标准化是部门间“最多跑一次”改革可复制、可推广、可持续的关键所在，目前部门间“最多跑一次”改革标准已制定并向社会公示部分内容，即《机关内部“最多跑一次”工作规范　第 1 部分：总则》与《机关内部“最多跑一次”工作规范　第 2 部分：办事指南编写规则》，但是“第 3 部分：机关事业单位人员退休‘一件事’办理”（暂名）虽然已完成初稿，又陷入停滞状态。此外，各地推开过程中，不同地区改革标准很难统一，会影响创新复制推广以及交流的进行，难以形成“改革一盘棋”。

3. 有干部思想认识存在偏差，一些部门不想改、不会改、不敢改

改革已经进入深水区、攻坚期，面临的矛盾交织叠加、错综复杂，各项改革大都已深度关联交织、相互掣肘，改革将更具专业性、关联性和系统性。在实际推进中，部分领域改革存在“碎片化、部门化、形式化”等倾向。

（1）一些干部对改革的必要性与迫切性认识不到位。当前仍有部分领导干部思想觉悟不够，认识上存在偏差，未能充分领会部门间“最多跑一次”改革的重大意义与重要作用。一些地方、部门改革意识不强，存在改革动力不足、动力减弱等现象。改革试点项目分属于市级不同部门，各方对改革试点的认识不一致，有的地方思路不清，重点不明，措施和工作不细。有的地方则认为自身基础条件差，被动等待上级的指示，对改革试验无所作为或持观望的态度。有的地方抓项目力度不小，但没有找准项目，在较长时间内仍形不成产品等，使改革试点推进受阻。一些部门推进力度不强，滞后于全市，具体表现在工作部署没有完全到位。一些市县（区）筹划了改革行动方案，但仍有一些地方未进行专题部署。

工作环节脱节，业务流程优化不到位，如相关职能部门未能及时制作办事指南和流程图，未能及时按照改革要求做好部门内部业务流程优化工作。

（2）部分干部革新勇气不足，缺乏刀刃向内的魄力。试点就是在不断探索中找寻科学路径，改革就是打破固化利益格局。一些部门的办事事项未做到“应梳尽梳”，根源在于勇气不足，在于私利作祟。在面对国家、省市多方面的考核压力和复杂难解的问题面前，机关工作人员在一定程度上出现退缩心理，不愿干、不敢干，存在一定的畏难情绪。存在不想梳，不敢报，怕麻烦的思想；对事项线上受监管存在抵触心理，抱着“多一事不如少一事”的想法，事项能不报送则不报送，能不上线则不上线。部门间“最多跑一次”改革单位涵盖党委、人大、政府、政协、法院、检察院以及群团组织，各部门既是改革的参与者，也是改革的受益者。但是，一些部门固守利益不放，不愿自我革命，“部门本位主义”严重阻碍了跨部门协作，制度建设滞后无法配套保障改革创新。

（3）一些部门对改革边界和如何改革尚未有清晰思路。由于缺乏大规模、持续性、常态化的改革实施培训活动以及尚未出台工作说明书作为指导性手册厘定各个岗位的改革任务，一些部门对机关内部“最多跑一次”范围边界的理解存在差异，部门主管尚无整体性改革思路，反映出不知道从何处入手，不懂得如何推进改革。部门内部工作人员缺乏对“减事项、减材料、减时间、减流程、减次数”要求的理解，具体事项的清单、材料、流程难以确定。这主要在于当前业务宣传培训少，理解落实不到位。改革初期，培训的内容仅在机关内部协同办公平台的系统操作上，对整个业务流程不熟悉，业务事项调整更新机制不到位，部门人员往往是“知其然，而不知其所以然”，对业务、系统落实方面的工作有脱节。宣传不够，理解不深，缺少应用实例展示，只是公布了一批部门间办事事项清单，对可办的业务、渠道理解不深。

（4）不少干部缺乏跨界思维、网络思维，难以实现创新突破。互联网时代要求领导干部要有跨界思维、平台思维、数据思维、用户思维，居于网络中枢地位，建立网络式的领导。“互联网 +”已成为推动政府改革、改善领导方式的新渠道，习近平总书记关于运用信息技术实现跨层级、跨区域、跨部门、跨系统的协同管理与理念给予了领导干部深化行政改革的指导。然而，当前不少干部缺乏跨界思维、平台思维、数据思维、用户思维等互联网思维，不懂得如何借助新一代信息技术来推动改革。特别是业务协同数据共享不够充分，共享的数据质量不高。对办事材料及其申请表单的梳理不到位，还存在一些“应共享而未共享”的数据项信息或者证明材料；目前已归集的数据虽多，但实际共享数据开发利用较少，数据质量有待提高，存在“聚而不通，通而不用”现象。

4. 各部门信息系统自成体系，跨部门数据共享尚未打通

（1）同级部门间信息共享需要克服各部门自建系统的阻力。与新一代信息技术融合后的政务管理与政务服务模式虽有一定改观，但仍存在各种各样的兼容问题。第一，由于历史原因，各部门条线上自建系统多、源代码缺失、格式不一致、标准不统一，给各部门相关业务上线协同办事平台带来诸多阻碍。当前急需加强系统对接，选取涉及面广、办件量多的部门业务系统，将其纳入协同办事平台，实现效能监管。例如，一些地市县（区）已着手推动对接业务系统改造，特别是人社、财政系统改造，改造完成后关闭原有路径，期望对接好这两家涉及单位面广的系统后，能够增加使用率。第二，各部门在政务信息资源的开发和利用上相对落后，数据零散且共享能力不强，结果数据复用率不高，数据资源价值尚未挖掘。第三，机关内部协同办事平台建设“不协同”，仍有部分单位用户体系和电子签章维护、办理人员配置不到位的问题。第四，县市区进展不均衡。例如，一些县已经完成事项梳理并启动平台建设，而另一些县仍未报送第二轮比对梳理情况，导致平台上线时间延后。

（2）条块部门间信息共享受限于行政体制安排而难以实现。现如今，条块分割的行政体制与运行机制已不适应信息化时代政府跨界治理的需要。尤其是条块部门基础信息的资源建设尚未形成有效的信息采集、分类、加工、存储、交换、发布等配套管理制度，条块部门“各自为政”，省市级部门、垂直管理部门建设和使用自身业务系统、信息平台和数据库，缺乏条块部门间信息资源的有效共建共享机制。一些地区部门间“最多跑一次”改革尚未构建“改革工作联席会议”机制统筹推动跨部门、跨系统协作，所以无法促进政务信息资源跨层级、跨系统、跨部门的畅通流动和业务的高效协同。此外，基础数据的完整性、准确性有待提高，部分事项原始资料没有全部实现电子化，部分历史数据收集不完

整，共享调用困难。省级管控事项在权力事项库的材料维护有误差，存在编码和材料不统一的情况，造成基层同步数据信息不准确。

（3）市级协同办事平台与省级以上部门业务系统对接协调难度较大。改革进程中，协同办事平台建设时间紧任务重，目前各部门各单位都存在大量省建、市建及自建系统，特别是省级以上部门业务系统对接需要市级部门层面向上级提申请，推进力度小，改造难度大，且涉及面广。事项梳理工作不确定且反复影响前期平台开发进度。当前，系统对接不够到位致使业务协同受阻。虽然强调各省建、市建系统与机关内部协同办公平台进行对接，但实际对接上存在一定难度，没有真正实现“受办分离”，或者统一收件码对接跳转后获取不到数据信息，仅有办件数据算是对接成功；系统不稳定，导致对接成功的事项在受理过程中出现信息不全、跳转不成功等问题。各地各部门依然存在数据“不想共享、不能共享、不敢共享”的思想，一些部门出于自身利益考量和信息安全考虑，拒绝开放共享政务信息数据，加之数据格式不统一，标准不一致，形成层级间、部门间的“信息孤岛”，使数据采集重复、二次输入、效率低下，开发利用程度不够，不利于跨部门资源整合、信息共享和业务协同，无益于办事效率的提升。

六、丽水市与全国深化部门间“最多跑一次”改革的对策建议

（一）丽水市持续深化部门间“最多跑一次”改革的思路——1.0 版的改进：当前问题的破解

1. 做好顶层设计工作，省市改革协同推进，增强政府层级间、条块间与部门间改革的联动性与衔接性

部门间“最多跑一次”改革需要“上、下、左、右”（上下层级、同级部门、条块部门）的协同推进、相互衔接，形成整体效应。在接下来的改革中要避免出现以往“上动下不动，下改上不改”局面，使总体改革走样，避免出现“改革浮在表面，落实不下去”的被动局面，影响改革全局。增强衔接性，即强调省级层面对市级改革的支持、回应、衔接，省级层面既要鼓励各地市结合实际

突出特色，做好改革的“自选动作”，做好事项梳理、部门协作，使市级层面的部门间“最多跑一次”改革更加贴近实际，又要将具有普遍意义的做法经验在全省乃至全国范围进行推广。

（1）建立层级间改革协调机制，实现省市改革整体协同。层级间改革协调，应发挥党的政治领导作用，将改革列为“一把手”工程，通过党委领导机制强化层级间改革协调；由各层级相关机构主要领导同志组成工作委员会（管理委员会），通过定期或不定期召开联席会议协调跨层级、跨部门事务或研究制定协作政策；根据专项任务组建临时机构跨层级、跨部门协作小组（专项任务/工作领导小组），根据共享任务分配责任，党委书记及政府主要领导同志分别担任组长、副组长，完成对特定改革事项的跨层级、跨部门协调。部门间“最多跑一次”改革是一次全新探索与实践，改革重要内容的信息管理系统建设又涉及多部门省建系统，建议浙江省发展改革委、省数管中心能持续关注并大力推动这项工作，对系统顶层设计要求或标准提供指导意见，在提升数据共享技术的基础上，使政府系统更加智能化，更加便于使用人员填表。

（2）探索组织协调形式，增强条块间改革联动性与衔接性。探索增强条块部门间改革联动性与衔接性的组织协调形式，持续完善改革网络。例如，可以建立条块部门间改革联席会议的协调模式，由地方部门主要领导同志与垂直管理部门主要领导同志抓总，改革部门牵头，各专项小组、相关职能部门具体推进，形成决策民主、广泛参与、合力攻坚的改革网络。持续完善推进机制，通过改革联席会议布置相关改革方案，明确工作计划、部门分工、实施步骤和时限要求。构筑“数据池”的政务大数据共享平台，打破条块间非涉密“数据壁垒”，实现相关业务数据的互联、互通、互认。强化改革工作的激励、监督和考核机制，加大对改革工作的督查力度。持续强化条块间部门协同，加强各个环节的联系互动，提高执行力，坚决防止各行其是、推诿扯皮，共同落实好专项改革任务。对涉及面宽、关系全局的重大专项改革，依托改革联席会议协调解决跨层级、跨系统、跨部门的重大问题。

（3）优化职权划分，进行纵向政府间职责和流程的再设计。完善机关内部办事事项目录清单。按照统一规划、突出重点、逐步完善的实施路径，推动实现同一事项名称、依据、类型等基本要素在纵向政府间（省、市、县）统一。按照打造“掌上办公”的要求，进一步优化机关内部办事流程，推动证照、办事材料、数据资源共享互认，压缩办理环节、精简办事材料、缩短办理时限，实现各环节全流程在线办理。精简下放办事事项审批权限和层级。对法律政策没有明确规定的，做到应放尽放。参照“最多跑一次”改革模式，创新开展机关内部办事“一窗受理、集成服务”，变“串联”落实为“并联”推进。开发平台效能监管功能，对各部门办事事项进行全流程跟踪、提醒和绩效监管，进一步明晰部门协同办事责任环节。通过流程优化、系统整合、数据共享、业务协同，实现审批更简、监管更强、服务更优。层级政府间办事的表单、流程都有着很大的优化空间，需要抽调相关部门专人组成专班深入研究每个事项，将一些不必要的环节、要素再优化，尽可能将事项整体上线运行。例如，实行内部审批“一站式”服务，减少层级间、部门间反复现象，结合各办事部门反映，各业务部门全面梳理业务，初审、复审阶段互通有无，尽可能给出完整的修改意见，避免反复多次跑。

2. 透视权力运行场景，厘清部门间职责权限，全面梳理办事事项，推出部门办事清单，完善部门间办事的制度依据

遵循打造法治政府、责任政府、高效政府、廉洁政府以及增加人民满意的服务型政府目标，从持续提升机关效能出发，重构政府职能体系与权力运作流程，厘清部门间职责权限，“越位”的要“退位”，“错位”的要“正位”，“缺位”的要“补位”，“欠位”的要“到位”。实现办事事项的深度清理、部门职责的明确归位。把应该由单个部门承担的职能切实履行好，把不该由该部门管理的事项坚决转移出去；把应当由多个部门齐抓的事项共同协作好，把部门间的工作流程尽快梳理清楚。

（1）建立部门办事事项梳理小组，透视权力运行场景。加强顶层设计，建议省级成立部门办事事项梳理工作领导小组，从更高层面推动各部门加强业务对接和协同配合，统一和明确事项调整要求、工作标准，为基层探索提供指导，进一步释放基层改革创新活力。第一，各单位在重新认识本单位工作的改革过程中，以法律法规、党内法规、“三定”规定为依据，按照“应梳尽梳、不留死

角、锁定基数、突出高频”的要求，逐条逐项梳理办事事项，分类编制《办事指南》，将可以精简的流程和办事时间不断精简。第二，省级牵头持续优化办事流程，以“事项名称＋办事情形”为脉络，按照业务协同“最小颗粒度”的要求，对所有业务流程进行系统梳理，全面梳理机关内部办事事项，优化“最多跑一次”改革业务协同模型，编制标准化《办事指南》和业务流程图，做到“一图一册一清单”，加强线上、线下深度融合，实现所有部门业务的全流程“大协同”。第三，推动“标准化＋”贯穿全过程。把“标准化＋”融入现场管理、数据共享、业务流程、运行机制、服务体系等改革全事项、全链条，对部门间办事事项再进行规范化、标准化梳理，实现行政服务事项全生命周期服务标准化。

（2）省市部门协同联动，完善“最小颗粒度”事项梳理。针对“省厅与市直部门事项数量不一、标准不一；地市与地市之间数量不一、标准不一”的现象，应从全省角度强化事项梳理，按照部门“三定”方案，对群众、企业、部门相关业务事项进行全方位、地毯式梳理，并形成详尽的清单。除政府部门外，党委系统、群团组织所属的部门在制定“三定”方案时，也要认真梳理涉及本部门的办事事项，做到应报尽报、应纳尽纳，确保部门全覆盖、事项全覆盖。并继续按照“事项名称＋办事情形”，对事项进行颗粒化拆分，并做到可实行、可操作。深化“一件事”改革，全面开展部门间办事“一件事”梳理，涉及机关内部“一件事”单位要强化部门协同，加强“一件事”在市直部门、县（市、区）试点探索，以“小切口”撬动“大变革”，从省级层面统筹加快事项梳理和流程优化，早日实现上线办理。丽水市按照“最小颗粒度”原则查漏补缺，已将对标材料精简30%以上、时间压缩40%以上，对牵头或联合办理事项再梳理，新增事项持续通过机关内部办事平台提交。

（3）推出部门办事清单，形成部门间办事的制度依据。做好提升扩面，逐步完善部门间办事事项库，制定符合现行规则、地方实际的标准——部门办事清单，发布全国首个机关内部办事的省级层面标准，精准施策进而推动部门间“最多跑一次”改革向纵深发展。坚持全省统一的办事标准，按照“统一规划、突出重点、逐步完善”的实施路径，推动实现同一事项名称、依据、类型等基本要素在市县统一。建议省级出台“部门间‘最多跑一次’统一规范”，涵盖“部门间‘最多跑一次’办事事项清单”“部门间‘一件事’事项清单”，办事依据、所需材料、办理流程、办理时限等内容一目了然。丽水市应加快部门办事“网上办”。按照《关于做好部门间“最多跑一次”事项上线试运行工作的通知》，积极推进平台应用。对标高频办事事项（年办件量100件以上和本部门办件量排名前五的事项）100%实现“最多跑一次”，机关内部非涉密事项实现“60%以上网上办”目标，加快网上办的进度。

（二）部门间“最多跑一次”改革——2.0版的展望：未来的发展方向

1. 以整体政府建设作为目标，增强政务服务与政务管理两类“最多跑一次”改革的衔接性、协同性

整体政府是网络时代背景下对部门职能分割、公共服务碎片化等问题进行变革的一种全新政府治理形态。该治理模式以整体主义为理论基础，以信息技术为平台工具，对传统行政体制与运行机制进行重构，推动了政府业务流程的透明化、服务供给的整体性，提升了政务管理与政务服务效率。服务办事企业群众的“最多跑一次”改革与机关内部的“最多跑一次”改革均为政府打通梗阻、提质增效的体现，两者有着内在耦合。新时期，以整体政府建设和实现政府整体智治作为目标，把经济社会各类事项融入“最多跑一次”改革，增强政务服务与政务管理两类“最多跑一次”改革的衔接性，公事（政府）与民事（群众）、商事（企业）改革的协同性。

（1）围绕整体政府建设规划，深化“一件事”便利化改革。整体政府的治理内容包括互动的信息搜寻和提供，以顾客和功能为基础的组织重建，“一站式”服务提供，重塑从结果到结果的服务。突破传统的组织界限，进行“上下”“内外”“左右”的协调与集成，完成组织整合，以消除层级壁垒、部门壁垒，实现数据整合共享，打通机关内部（公事）与服务群众（民事）、企业（商事）办事数据。此外，重塑组织流程，提供无缝隙的公共服务。可在当前办好“一件事”的基础上深化、实现整体性服务提供的整体政府路径。第一，进一步深化公职人员全职业周期“一件事”，从考录、入职到岗位调动、晋升，再到退休等20多个场景，全流程留痕。第二，升级民事服务“一件事”。从百姓高频办理事项

入手，结合办事事项“颗粒化”梳理成果，研究“一件事”实施细则和操作规范，围绕个人的出生、就学、就业、婚姻、退休、死亡等全生命周期，从便民服务、职能交叉和全生命周期服务三个维度进行办证事项梳理“一件事”。推进电子证照应用，依托政务云大数据平台，建立“一件事”平台全生命周期数据库，通过前期数据归集、办事过程的数据更新，形成“人生”档案，实现群众办事材料零提交。第三，升级商事登记“一件事”。推进全程电子化商事登记全覆盖，实现无纸化、零见面、零次跑、智能化秒批；推动电子营业执照跨区域、跨行业、跨领域的应用。探索“一照一码走天下”改革，将涉企许可审批的各类证照信息归集到电子营业执照内，使电子营业执照成为企业的“身份证”和“资质资格证”。第四，进一步完善项目审批四个阶段（项目立项、规划许可、施工许可、竣工验收）四个“一件事”，涉及相关流程的职能部门之间相互配合，办事企业只需“跑一次”。

（2）以部门间“最多跑一次”深化政务服务“最多跑一次”。以群众诉求为切入点，立足“关键小事”，按照“一件事”标准持续推进部门间“最多跑一次”改革向医疗卫生、教育、养老、金融等公共领域延伸，扩大公共服务事项“即时办”“掌上办”“网上办”覆盖面。全面推行“互联网+”应用，加强数据共享力度，以“一件事”的标准推进公共服务建设项目审批“一窗受理，联审联办”，提升公共服务水平。第一，医疗卫生领域。完善医疗机构窗口服务流程，整合打通预约服务终端，实现号源共享。推行检查检验结果电子化，逐步实现检查检验结果电子化流转、互认和共享使用，实现影像数据集中归档和互联互通。积极推动与上海、浙江省内等地医院实现医学影像数据互通共享。第二，教育领域。进一步优化、简化学籍业务、加分确认、学后托管、教育资助、毕业证明等办理流程，做到全程网上申请、核办。第三，养老领域。加快“智慧养老”建设，完善优化智慧养老服务信息平台，整合各类数据资源，实现居家养老、社区养老、机构养老、养老服务人员、长期护理保险等养老服务信息的数据精准共享，开发办事指南、养老地图等服务功能，为老年人及家属提供“一站式”的养老服务解决方案。第四，金融领域。不断深化“互联网+金融服务”“金融+政务服务”“互联网+金融监管”改革，实现信息数据的互联互通，运用大数据技术加强 P2P 等金融新业态的全方位监管。进一步拓展丽水市公共资源交易金融服务平台，整合保险、天使、创投、担保、再担保等各类金融服务主体和企业信息数据库，打造一站式综合金融服务平台。将信贷模式由传统人工识别转换为数据驱动，创新供应链信贷产品，让处于核心企业上下游的小微企业可批量授信、网上受理、自动审批、即时放款。

（3）以政务服务“最多跑一次”带动部门间“最多跑一次”。接下来，跨区域、跨城市的“最多跑一次”改革将是跨层级、跨部门“最多跑一次”的升级版。丽水市可推进政务服务“跨市域通办”改革。第一，积极参与长三角标准一体化合作。提前对标已开展“一网通办”试点的城市，对接上海高标准市场规则体系，在市场准入、受理要件、操作流程等环节，实现“互联互通”；在服务延伸、功能深化、标准规定、事项拓展上主动对接、挖深做实。推进区域标准一体化合作，在检验检测认证（重点是农产品食药安全监管方面的检验检测）、民生档案、市场监管等领域上实现信息互通、结果互认。积极参与长三角信用体系建设，推动与长三角城市信用信息共享共用和跨区域联动奖惩。第二，打造“飞地”审批“丽水模式”。强化“飞地”审批服务，推广景宁市跨省域外行政服务中心的模式，促进跨区域服务共享，实现异地通办。制定全市飞地项目认定流程和办法，优化行政审批流程，为“飞地”企业项目落地、建设、运营提供优质高效服务。研究梳理“飞地”人才服务“一件事”，支持“飞地”创新科技人才在科技研发、异地缴保纳税、子女入学、医疗卫生等方面享受同城同待遇。与杭州、湖州、宁波等“飞地”城市进行政务服务一体化合作，开展标准统一、异地受理、两地互认的“跨市域通办”试点。

2. 注重改革创新的配套制度建设，以制度形式巩固改革成果，构筑改革执行全流程监管与评价体系

（1）以制度保障改革创新成果可复制、可推广。政府改革需要创新，政府创新需要管理。政府创新是为提高行政效率、改善服务质量、提高人民群众“获得感”而进行的创造性变革，政府创新不是“一锤子买卖”，不能不考量可持续与否，不能一味地追求数量速度而不顾质量效益，更不能当作“晋升锦标赛”考量的“政绩工程”。政府改革创新往往建立在一定的行政成本和社会资源耗费

的基础上，改革失败有时在所难免，但是对改革创新的全流程把控，全面质量管理，加强制度创新的系统集成，对创新效益最大化的追求应该是必要的。政府创新虽然常常表现在某一点上的突破，但其更大的价值在于成为普遍性范例进行复制、推广和创新扩散。创新举措不仅能够可持续、制度化地指导本地区、部门改革工作，而且便于其他地区和部门学习借鉴，更能够自下而上地供中央政府参考并在更大范围内进行推广应用。当前，急需构建一套科学规范的政府创新管理模式，破解行政管理改革创新碎片化、零散性、无序性、不连贯性和重复性问题，系统地解决政府改革创新过程中可能遇到的阻碍，以期促进政府创新的可持续性和创新举措的可操作性、可复制性、可推广性。

（2）完善改革执行全流程的监管制度体系建设。丽水市政府应将创新管理作为推动“放管服”改革、部门间“最多跑一次”改革的一项重要保障机制来看待，在接下来的改革中，建议制定“政府创新管理暂行办法”，给予创新管理以政策依据，规范创新管理的主要内容、具体形式、实施机制，可在“跑改办”设置创新促进处，专注于开展政府创新项目的规划、试验与评估，为政府提供管理创新咨询服务，研议如何改善政府服务质量，提升政府运作效率，协助政府各职能部门完善治理架构和进行改革，推动跨部门、跨地区协作项目，打造协同创新生态链，形成持续创新的有效机制，推动在重要领域和关键环节实现突破。在实际操作时，应对政府创新实施全流程管理，围绕创新（动议）发起、创新（风险）评估、创新（方案）实施、创新（成果）应用、创新（结果）评价、创新（举措）优化的整个过程和各个环节，通过构建创新激励机制、风险评估机制、能力提升机制、执行保障机制、绩效评价机制等，激发各级政府创新行为的主动性、积极性，运用制度化、规范化的管理方式，为实现政府创新的可持续性、可复制性、可推广性提供强有力支撑。

（3）构建科学合理的改革效果评价指标体系。构建一套科学合理的部门间“最多跑一次”改革实施效果评价指标体系，在改革推行后进行全程跟踪与结果评估，一是有助于丽水市全方位了解改革执行情况，即部门间协同模式运行状况，评定改革效果是否达到预期目的，并从中取得可供学习之处，将经验转化为能够共享的知识，用以帮助推动部门间“最多跑一次”改革的下一阶段工作；

二是能够给出一个标杆或建立一套评判标准，通过浙江省各地市之间进行改革效果的横向比较，激励各地方政府改革创新的不断深化；三是有利于改革直接利害关系人——各部门公务员能够直面改革成效，给予客观评判，以利于其加深对改革的理解，激发起干事创业精神，更加积极地投入改革实践；四是部门间“最多跑一次”改革红利将充分释放至企业和群众办事领域，通过“好差评”制度的改革评价持续增进群众的参与度，提升获得感。部门间“最多跑一次”改革实施效果评价指标体系应按照部门间协同需要量身打造，既有利于协同办事平台大数据的“硬指标”的建立，也有利于受众群体观感（满意度）的“软指标”的建立，采取“内部—外部”评估相结合的方式，由第三方机构、受众群体等多维主体多方评价。

（三）全国范围有效开展部门间“最多跑一次”改革的建议

1. 改革与法治双轮驱动，突出改革的合法性建设，加快相关法律法规规章的“立、改、废、释”工作

行政体制改革涉及方方面面，牵扯面甚广，在这个过程中需要法治保障。习近平总书记多次强调，“要实现立法和改革决策相衔接，做到重大改革于法有据、立法主动适应改革经济社会发展需要”。“凡属重大改革都要于法有据。在整个改革过程中，都要高度重视运用法治思维和法治方式，发挥法治的引领和推动作用，加强对相关立法工作的协调，确保在法治轨道上推进改革。”依法治国是坚持和发展中国特色社会主义的本质要求和重要保障。中央深改组第十次会议上，习近平总书记强调要“在法治下推进改革、在改革中完善法治”。

（1）秉持法治思维，注重顶层设计与法治程序，充分发挥地方立法作用，实现立法与改革决策相衔接。用立法回应行政体制改革之需十分必要，应使各项改革创新举措于法有据，遵照法治精神和运用法治思维应对改革问题。立法机关要充分履行其职能，发挥立法的引领和推动作用，加快相关法律法规规章的“立、改、废、释”工作，为行政体制改革提供坚实法治保障，确立政府改革创新“法无禁止即可为”原则。全国人民代表大会关于修改《中华人民共和国立法法》的决定提出：“应当制定地方性法规但条件尚不成熟的，因行政管理迫切

需要，可以先制定地方政府规章。规章实施满两年需要继续实施规章所规定的行政措施的，应当提请本级人民代表大会或者其常务委员会制定地方性法规。”通过地方性法规规章的立改废，响应行政管理改革需求，推动解决发展中难题，适应上位法调整。应当在立法进程上先行先试，做好改革措施涉及的法律行政法规清理修改工作，把部门间“最多跑一次”改革法治化，对部门办事清单等做出规范解释。在对合并取消等办事事项或办事流程涉及的法律行政法规进行修改时，要积极推进整体研究相同领域法律规范设定的内容，“一揽子”修改同一领域的法律法规。

（2）做好改革创新与依法依规的协同关系，完善法律法规制度安排，使各项改革创新举措于法有据。在研究改革方案和改革措施时，要同步考虑改革涉及的立法问题，及时提出立法需求和立法建议。实践证明行之有效的，要及时上升为法律。实践条件还不成熟、需要先行先试的，要按照法定程序做出授权。对不适应改革要求的法律法规，要及时修改和废止。发挥法治在改革中的推动和引领作用，确保在法治的轨道上推进改革，也是提高改革含金量的必然要求。“法无授权不可为”，应从顶层设计高度依法编制部门间办事事项清单，实现部门间办事清单同部门“三定”方案的有机衔接，规范权力运行，确保政府部门依法履职、依法行政。《部门间“最多跑一次”改革管理办法》对管理体制、运行流程、数据共享和开放、协同平台“一网通办”等做出了详细规定，作为统领部门间“最多跑一次”工作的“基本法”，与随后落实落地的若干配套制度措施共同构建“1 + X”制度规范体系。

（3）为部门间“最多跑一次”改革创新授权，同时加强对部门间职能委托授权问题的事中事后监管。创建立法机关与行政部门的联席会议制度或临时工作机构，采取政府部门试验主义决策和司法机关同行审议结合的办法。审查部门间“最多跑一次”改革创新举措与现有行政法律法规相冲突、相矛盾的情况，及时做好相应补充或更新调整，为改革创新授权，以确保改革创新举措本身是依法进行的。加强省市人大及其常委会对部门间“最多跑一次”改革立法工作的组织协调，调动政府、民众和法学专家的参与积极性，对部门间“最多跑一次”改革创新实践情况展开调研，制定有针对性的法律法规，用法律法规制度保障巩固改革成果。

加强对部门间职能委托授权问题的事中事后监管，建构科学合理的监管权责体系，从制度上明确各部门监管职责和权限边界，强调监管主体责任。实施风险评估与监管压力测试，“减事项、减材料、减时间、减流程、减次数”等举措推出以后，一定意义上降低了门槛，放宽了入口，与此同时，必须要严防死守出口，查漏补缺，检视已有部门间“最多跑一次”改革创新举措，通过监管压力测试把脉并预警风险点，针对问题多发领域及关键环节制定监管清单。

2. 转变思维方式，增强干部对改革关乎切身利益的认识，建立容错纠错机制激励干部创新

办好中国的事情，关键在党，关键在干部。习近平总书记指出：“要更广泛、更有效地调动干部队伍的积极性。这个问题极为重要，现在看来也十分紧迫。”总书记多次要求领导干部“既当改革的促进派，又当改革的实干家”。迈向新时代的行政管理改革，应着力发挥干部的能动作用，一方面应转变干部思维方式，增强担当意识与改革本领，尤其是信息时代驾驭互联网开展工作的创新能力。另一方面，要按照“三个区分开来”要求，以健全鼓励激励、容错纠错、能上能下三项机制为抓手，强化正确导向，激发干事创业热情，使干部轻装上阵、大胆工作，形成能者上、庸者下、劣者淘汰的良好氛围，为全面深化改革、加快追赶超越提供坚强保障。

（1）转变干部思维方式，树立净化行政生态的意识。新时代的改革应有新理念新思维，才能有新作为新气象。部门间“最多跑一次”改革是网络化信息化时代“互联网+”思维的集中体现，各级领导干部应该树立整体思维、协同思维、跨界思维、平台思维、用户思维、数据思维，不断加强新理论、新知识、新模式的学习，以便应对全面深化改革时代本领恐慌的问题。必须注重改革的整体统筹谋划，必须强调改革的部门协力协作，必须着力跨层级跨区域全覆盖，必须搭好平台让不同主体参与，必须以人民为中心推进改革。部门间“最多跑一次”改革是一次刀刃向内的自我革命，是打破固化利益、实现“权力瘦身”推动机关效能提升的破冰之旅，党员领导干部应当增强政治站位，明确这次改革是塑造良好行政生态的难得契机。各个部门“一把手”要把部门间“最多跑一次”

改革放在更加突出位置来抓，勇于挑最重的担子、啃最硬的骨头，做到改革规划亲自部署、改革方案亲自把关、关键环节亲自协调、落实情况亲自督察，以期自上而下传导抓落实的动力，形成上下贯通、层层负责的主体责任链条。强化改革执行者的担当与作为，改革执行者要坚持先学一步，学深一层，学研结合，把改革工作做细、做透、做实；要做改革的操盘手，抓得住改革的重点领域、重要环节，抓得清改革的时序和路径，抓得准改革的矛盾和困难。

（2）突出减负成效，将改革阶段性成果可视化呈现。2019 年是“基层减负年”，应紧紧围绕“事项、流程、材料、时间、次数”五个关键点位，迎难而上，精准发力，推出部门间“最多跑一次”改革，对广大党员干部在内的公职人员“减负”成效显著。接下来，一是增强改革动力，营造人人争先改革的氛围。将改革带来的公职人员“减负”的阶段化成果进行数字化、图表化呈现，让党员领导干部和一线工作人员清楚事项减少、流程优化、材料精简、时间缩短、次数降低的实际成效，形成“人人拥护改革，人人倡导改革”的积极场景。二是形成倒逼机制，将破壁垒改革向纵深推进。紧抓改革督导评估工作，对于改革全流程实行跟踪督导，及时对阶段性成果实施评估，通过改革力度与改革成效排名，实施优秀奖励、末位惩罚，形成一种自我革命的倒逼机制。三是改革经验扩散，将基层减负革命进行到底。纵向上，将部门间“最多跑一次”改革经验从省（市）推广到更为基层的县（区）乡（镇）单位，瞄准基层干部普遍反映的问题精准发力；横向上，将部门间“最多跑一次”改革在“减负”方面的经验应用于如何减少不必要的督查巡查、考核评估，减少不必要的发文办会，实现“一次不用跑”就能把事情做好。

（3）建立容错纠错机制，为干事创新者保驾护航。建立健全干部干事创业的激励和保障机制，对于推动行政体制改革而言具有重大意义。一是从制度层面构建保障机制，形成鼓励改革的良好政治生态。建议地方政府根据《关于县以下机关建立公务员职务职级并行制度的意见》《推进领导干部能上能下若干规定（试行）》《关于对落实有关政策措施成效较明显地区予以激励支持的通知》等文件，结合本地区实际制定《党员干部容错纠错实施办法》《支持、保护和激励党员干部改革创新、担当有为的意见》，配套推出“抓落实”的具体方案和保障机制，在各地形成支持改革者、鼓励创新者、宽容失误者、保护干事者这一良好政治生态的土壤，为改革保驾护航。二是优化干部考核方式和内容，形成正确的选人用人导向。明确给出行政过程中的负面清单，划定“一票否决”的行为禁区和触碰底线，制定“规矩”的同时也要允许“过错”，科学区分改革过错与作风腐败问题，扭转过往动辄承担过错责任、连带责任，使得干部思想压力大的情况，保护干部作为的积极性；注重对跨部门协作任务的考核设计，鼓励部门间信息共享与业务协同，避免出现“各自为政”或“相互拆台”等现象；在职位晋升中，选贤任能，提拔那些为民办事、担当作为、协作共赢、干事创新的优秀干部。

3. 加强部门间“最多跑一次”改革与机构编制优化的联动，建立跨层级跨部门协作治理体系

实现权责清单同“三定”方案有机衔接，按照权责对等、权责一致原则，结合机构改革调整完善各级各部门办事事项清单，厘清行政审批和事中事后监管权责边界，强化落实监管责任。统筹考虑部门间“最多跑一次”改革与部门“三定”方案规划，把不该某个部门管的事项转移出去，把该由下级部门管的事项下放，把该由多个部门协作的事项规定到位，同时要厘清部门职责关系，确保跨部门办事事项权责归属清晰。与此同时，结合“放管服”改革要求，把该由市场机构或社会组织承揽的事务交给市场和社会，确保政府机构专注于自身职责事项。

（1）厘清部门职责关系，确保各部门职责关系清晰、权限明确。机构改革与部门间“最多跑一次”改革均聚焦机关内部办事职责的优化，新一轮机构改革在整合机构职能的同时应动态调整权责关系，通过部门间办事清单厘清机构之间的职责权限，解决机关内部、部门之间办事权责模糊问题。第一，由改革办会同编办组成联合专班，对现行职能部门的“三定”方案进行系统梳理，发掘部门间协作事项，建立部门间事项清单，以清单定责任。在实践中，对于遗漏在清单以外的事项执行首问责任制，由被首问单位负主责，并赋予被首问单位跨级、跨部门协调权。比如市民投诉，被首问单位即牵头单位可直接协调相关部门开展联合办理。跨部门齐抓共管事项，执行行政审批服务超时默认和缺席默认制，环节内的某个部门无故不及时参与集中办理或者超时审批的，视为该部门默认该项申请，并承担相应责任。第二，建立部门间动态事项的责任清单，如面对信访办

理等群众反映强烈但却有可能出现部门间责任界定不清、无明确交办部门的重要事项，应当进行“一件事”全流程梳理，通过跨部门办事“最多跑一次”来明晰责任清单。

（2）围绕具体应用场景、再造办事流程，对清单定责内容逐一场景化。吸取丽水市办事事项“场景化改造 + 协同办事平台”的经验，对清单定责内容逐一场景化并全流程上线办理。一是打造场景“直通车”。针对部门间普遍存在的职责交叉、边界不清等“历史性痼疾”，通过编办牵头理职能，改革办牵头上线协同办事平台，逐一打造“直通车”，通过“直通车”来消灭个别交叉事项多头管理或无人管理的问题。对进入“直通车”的事项，根据场景化定责，由平台自动向各责任部门流转，打造责任传递“流水线”，彻底打通各部门协同办理业务链条。二是加快开放场景应用。在场景“直通车”的基础上，围绕应用场景实现，对部门间办事数据共享需求进行梳理，结合今后数据中台的建设，探索建立部门间“最多跑一次”改革数据授权共享机制。在这方面，上海的先行先试值得借鉴。2018 年 11 月起施行的《上海市公共数据和一网通办管理办法》第 28 条提出：市大数据中心根据“一网通办”、城市精细化管理、社会智能化治理等需要，按照关联和最小够用原则，以公共管理和社会服务的应用需求为基础，明确数据共享的具体应用场景，建立以应用场景为基础的授权共享机制。

（3）厘清部门及内设处室经常性办事事项，无事项处室可撤销，事项重复或极少处室可合并。以部门间“最多跑一次”改革为契机，厘清各部门在改革中的权责关系，坚持一类事项原则上由一个部门统筹、一件事情原则上由一个部门负责；厘清部门及内设处室经常性办事事项，无事项的处室可撤销，事项重复或极少的处室可合并，加强相关机构在协同审批、协作监管等方面的配合联动。基于“专业主义”办好“一件事”，分工明确的部门间办事事项清单及改革方案实施后，部门内部的整合急需展开，即按照优化后的职能定位重新拟定办公规程与岗位说明书，实现业务重组、系统重构、业务流程再造，重新按照管理流程分配管理职权，重新整合各子系统并重组各类人员，使之成为一个新的有机整体，这里的难点在于破除权力部门化，打破部门利益化的固有局面。一是对先前职责重复的内设机构，可以组建设置大司局、大处室的大内设机构，扩大管理幅度；

二是对执行性、监管性的内设机构，可作为相对独立的执行机构；三是组建综合性、协调性的机构，完善部门内协调机制；四是统筹部门内设机构的人力资源、组织资源配置，尽可能维护部门内平衡；五是经过一段时间磨合、融合原有机关文化，营造新的部门文化，实现机构整合的“化学反应”。

（4）研究制定人员编制配备的标准、评估和管理的制度，科学统筹合理使用编制资源，做到“人随事走”。编制资源是保障机构职能履行的重要资源，也是新一轮党和国家机构改革的关注重点，部门间“最多跑一次”改革应充分结合新一轮机构改革“三定”方案，深挖如何办好“一件事”。各级政府要遵照“专业主义”行政管理精神，研究制定各类人员编制配备的标准、评估和管理的制度，在科学评估、精准规划的基础上，合理使用编制资源。编制要随着部门间“最多跑一次”改革后部门职能的变化及时调整，有些职能弱化部门的编制需要核减或转隶，有些职能强化部门的编制应当增配。例如，事项通过层级下放的部门编制，一要做到“人随事走”，将人员编制随着办事事项的下放一同转移到承接部门；二要将原来审批岗的编制转移到新设的监管岗位，承担起事项下放后续监督监管工作，以此确保部门间办事事项放得下、接得住、管得好、有监督。随着“最多跑一次”改革深入推进，市“跑改办”、大数据管理局等机构承担的任务越来越重、责任越来越大，应从机构编制和人员配置上加强保障。

4. 完善数据安全治理架构，统一标准和技术规范，以技术强制力破除部门壁垒，力促跨部门信息共享与业务协同

“互联互通，融合协作”是部门间“最多跑一次”改革的内在要求，当今政府数字化转型正朝着平台化、融合化、协同化的趋势发展，政务资源集约化成为政务信息共享与开发利用的重要支撑，它以打破“信息孤岛、数据壁垒”，增加系统互连性、提高资源利用率为目的，不仅是网络基础设施集约，还是数据治理架构的完善、系统的安全保障、信息传播的集约。在接下来的改革中，应用移动互联网、云计算、大数据、区块链等新一代信息通信技术，通过网络基础设施的集约化建设，搭建一体化的协同办事平台、数据共享交换平台、信息资源管理平台等，加之“自上而下”执行意志的强力推进，实现政府部门间数据共享与业务协同。

（1）建立行政协调机制，解决系统联通与数据共享问题。数据共享是实现部门间“最多跑一次”改革的关键，数据共享程度的高低直接影响机关内部办事平台运营的质量和部门间办事的效能。改革中最重要的是以高层改革意志和技术强制力破解“条块分割、部门壁垒”带来的所有不利于跨部门业务协同的权力配置，真正实现信息系统之间的互联互通、数据共享和开发利用。建议成立省市各级政府部门间“最多跑一次”改革领导小组，作为“一把手工程”主抓，提升系统联通与数据共享的实效性，通过“改革工作联席会议”等机制统筹推动跨部门、跨层级协作，全力推进省市县（区）数据共享，坚决破除部门之间数据“共享壁垒”。建议省级牵头，全面梳理现有办事系统，对市县系统打通提供支持。完善数据库建设，制定统一的数据归集标准和使用规则，各级政府部门按照授权级别调取共享数据，全程留痕。省级要加大管控事项核查维护，确保数据信息准确；对《办事指南》需要维护的数据信息明确维护要求。在各部门设立“首席信息官”（CIO）或“首席数据官”（CDO），推动部门内部与部门之间的专业化改革设计。按照“共享为原则、不共享为例外”的要求，以《政务信息系统整合共享实施方案》为基准，强力推进各部门信息系统整合和数据共享工作，从上到下形成思想共识和行动合力，加大督查力度并纳入对部门主管的考核内容，敦促各级领导干部围绕“抓落实”这一主要着力点做好统筹协调，明确责任、严格问责。

（2）建立标准转换机制，统一数据标准和技术规范。一是统一数据标准规范。统一数据标准是实现数据共享、信息交换的基础技术保障。结合改革实际，建立《丽水市部门间“最多跑一次”改革数据标准规范》，涵盖标准数据、通用数据、业务数据、服务企业和群众的数据等各类数据子集，确定除符合国标、部标、行标之外的适用于丽水市内部的某些代码集，特别是制定和统一重要编码规则，为办事事项数据在不同业务系统间的信息共享与数据交换奠定技术基础。二是按需归集，应归尽归。各部门要坚决消除“数据不想共享、不能共享、不敢共享”的思想，牢固树立“共享是原则，不共享是例外”的工作理念，凡是部门间“最多跑一次”改革工作需要的，不管地方部门，还是条管部门，都应该无条件提供非涉密数据，切实做到按需归集、应归尽归。对确因法律法规规定不能共享的数据，要建立保护清单，以标准化规范数据采集、传输、存储、使用、开发、开放等环节，确保涉密数据安全。三是从源头做起，夯实数据采集、整理的基础工作。依托“浙政钉”搭建通用平台，与各专业平台串联互补，将办事门户联结通用平台和专业平台，打通各个平台数据归集通道，政务数据统一纳入“一个池”管理，努力实现“一张网”闭环。建立完善数据归集共享的工作机制，加强数据归集、交换的及时性，通过数据清理及时修正问题数据，全面提高数据时效性和质量。

（3）构建网络安全管理体系，打消部门数据共享顾虑。网络数据安全和用户信息安全关系着部门间“最多跑一次”改革的成败。有些地方和部门存在着顾虑，“把自己的数据提供出去，数据安全如何保障，出了问题谁来担责”。因此，构建网络信息安全保障体系刻不容缓。要坚持安全保障与改革创新并重的思路，重视数据安全风险管理，按照“开放优先、安全例外、分类分级”的原则，实现对信息数据完整、可靠、可用的主动保护。一是严格落实网络安全工作的“一把手”负责制，在“党管数据”的原则下明确网络信息安全相关部门的边界和权责，厘清网信办、机要局、保密局、大数据局之间的职责分工。规范大数据的使用流程和使用权限，并对政府数据的采集、处理、传输、分析等环节面临的风险做出评估，明确相关利益主体的责任。二是借助区块链去中心化、分布式和信用共识等特性，应用基于区块链的智能合约技术增进主体间协作共识，实现跨部门信息数据的开放共享、开发利用、安全与隐私保护。三是建设网络信息安全监测评估、监督管理、标准认证和创新能力体系，注重安全标准规范的研究制定和实施。完善信息数据保护体系，建立网络安全预警防护体系、敏感数据保护体系和网络安全事件应急管理体系，包括建立数据分级分类安全管理制度，构建强有力的数据安全机制，保障数据安全，防止用户信息泄露和个人隐私滥用。四是增强公务人员的数据安全意识，培养数据安全与信息保密习惯，规范数据的访问权限，并对数据的收集、传播和应用进行全流程监督，以确保数据安全使用。

［执笔：刘　祺　贾存斗］

参考文献

[1]习近平．习近平谈治国理政(第一卷)[M]．北京:外文出版社,2018.

[2]习近平．习近平谈治国理政(第二卷)[M]．北京:外文出版社,2017.

[3]本书编写组．中共中央关于全面深化改革若干重大问题的决定单行本[M]．北京:人民出版社,2013.

[4]习近平．决胜全面建成小康社会夺取新时代中国特色社会主义伟大胜利——在中国共产党第十九次全国代表大会上的报告[M]．北京:人民出版社,2017.

[5]本书编写组．中共中央关于深化党和国家机构改革的决定(辅导读本)[M]．北京:人民出版社,2018.

[6]中共中央关于坚持和完善中国特色社会主义制度　推进国家治理体系和治理能力现代化的若干重大问题的决定[M]．北京:人民出版社,2019.

[7]许耀桐．中国政府机构改革40年来的发展[J]．行政论坛,2018(6).

[8]石亚军．简政放权提质增效须加速法律法规的立改废[J]．中国行政管理,2016(10).

[9]沈荣华．国家治理变革视角下深化政府机构改革的重点和思路[J]．行政管理改革,2018(4).

[10]徐志群．依法推进放管服改革 确保改革措施全面落实[J]．中国党政干部论坛,2017(9).

[11]张定安．关于深化“放管服”改革工作的几点思考[J]．行政管理改革,2016(7).

[12]孟川瑾．“互联网+政务服务”:以数据为核心的政务改革[J]．中国行政管理,2016(7).

[13]周民,贾一苇．推进“互联网+政务服务”,创新政府服务与管理模式[J]．电子政务,2016(6).

第二部分

蒙城县“一户一块田”改革研究

一、前言

土地是财富之母、农业之本、民生之源。土地制度是一个国家最为重要的生产关系安排，是一切制度中最为基础的制度。习近平总书记强调，新形势下深化农村改革，主线仍然是处理好农民与土地的关系。进入新时代，我国国内外形势发生了深刻变化，客观上对农村土地制度改革提出了新的要求。

第一，市场化、国际化加快推进，实现农业高质量发展，迫切要求进一步优化土地资源配置。今天的中国农业，已经深度融入世界农业产业体系当中，我国农产品进出口总额自2014年起稳居世界第二，日益加深的国际化、市场化对深化农村土地制度改革带来了深刻影响。土地资源高效利用的要求更加迫切。我国有超2亿的农业经营户，但户均耕地面积只有7亩多，仅相当于欧盟的1/40、美国的1/400，缺乏国际竞争力，部分进口农产品到岸税后价格甚至低于国内价格，有的品质还优于国内农产品。这就需要通过深化农村土地制度改革，引导土地经营权有序流转，发展多种形式适度规模经营，实现小农户与现代农业发展的有机衔接，推进标准化生产，降低生产成本，提高农业发展质量效益和竞争力。

第二，工业化、城镇化进程加快推进，促进农村劳动力分工分业和农业转移人口市民化，迫切要求进一步加大对农民的土地权益保护。近年来，农村劳动力大量转移进城。2018年末，我国常住人口城镇化率达到59.58%，户籍人口城镇化率也达到了43.37%。预计2035年我国常住人口城镇化率将达到70%。大量农民离土离乡、进城就业，农村土地流转、人地分离的现象将十分普遍，这对保护农民的土地权益提出了更高要求。一方面，要保护进城务工者的土地权益。进城务工农民在城镇稳定就业定居是一个长期过程，他们对事关切身利益的承包经营权、宅基地使用权等土地权益更加关注。这就要求在深化农村土地制度改革的过程中，维护好进城农民的合法土地权益，不得以退出土地承包经营权、宅基地使用权、集体收益分配权作为农民进城落户的条件，使他们能安心地在城镇工作生活，提高城镇化发展质量，促进社会和谐稳定。另一方面，要保护在乡务农者的土地权益。我国国情和农情决定了小农户和新型农业经营主体将在一定时期内长期共存。小农户大多是自己经营承包地，新型农业经营主体大多是租赁农户承包地经营。既要保护好农户的承包权，也要平等保护好新型农业经营主体的经营权，才能为解决“谁来种地”的问题奠定制度基础。

第三，实施乡村振兴战略，实现城乡融合发展，迫切要求进一步强化土地制度供给。党的十九大做出实施乡村振兴战略的重大决策部署，要求建立健全城乡融合发展体制机制和政策体系，加快推进农业农村现代化。土地是农民最大的财富，土地制度改革与农民生产生活、乡村产业发展、乡村治理等紧密相连，是推进乡村振兴的关键环节。在土地制度改革过程中，一方面，要加快盘活农村土地资源要素，激发农村活力。无论是加强农村人居环境整治、建设美丽家园、改善农民生活条件，还是发展乡土产业、庭院经济，搞休闲农业、民宿和乡村旅游，都需要通过推进承包地和宅基地“三权分置”等土地制度改革，激活土地要素活力。另一方面，要推进城乡土地要素平等交换，在土地征收、集体经营性建设用地入市等改革过程中，保障农民公平分享土地增值收益；要调整、完善土地出让收入使用范围，改变长期以来农村土地出让收益“取之于农、用之于城”的状况，提高农业农村投入比例，更多地用于农业农村发展。

第四，全面建成小康社会，实现第一个百年奋斗目标，要求尽快补齐农业农村短板，土地制度改革是关键一环。党的十九大报告提出，2017—2020 年，是全面建成小康社会的决胜期。“小康不小康，关键看老乡。”从全面小康社会建设的总体进程来看，农业仍是“四化同步”的短腿，农村仍是全面建成小康社会的短板。只有补齐短板、发扬长处、防范风险、全面推进，才能让农村全面小康如期实现。在农村全面建成小康社会的过程中，要以农村土地制度改革为引领，激活要素、激活主体、激活市场，创新持续发展机制，实现农民附着在土地上的各项权益，拓展农民收入来源渠道，建立健全农民增收长效机制，以农业农村经济发展为支撑，通过农村产业振兴带动人才振兴、文化振兴、生态振兴、组织振兴，确保全面小康与乡村全面振兴有效衔接。

早在1990年，邓小平就提出了中国农业发展“两个飞跃”理论，他指出“中国社会主义农业的改革和发展，从长远的观点看，要有‘两个飞跃’。‘第一个飞跃’是废除人民公社，实行家庭联产承包为主的责任制。这是一个很大的前进，要长期坚持不变。‘第二个飞跃’是适应科学种田和生产社会化的需要，发展适度规模经营，发展集体经济”。“第一个飞跃”已经实现，当前中国深化农村改革的方向，正是要逐步实现邓小平提出的“第二个飞跃”。

安徽省蒙城县是庄子故里，总面积约2091平方公里，耕地确权面积为230万亩，总人口达142万人，其中农业人口为121.7万人，辖17个乡镇（街道）、290个行政村（社区）。作为传统农业大县，如何尽快实现“第二个飞跃”，由传统农业发展为现代农业，使农业大县转变为农业强县，实现农业高质量发展，切实保障农民权益，为全面建成小康社会和乡村全面振兴创造良好的制度条件，成为摆在蒙城县委县政府面前的一个重大课题。经过深入调研，反复论证，蒙城县与时俱进，大胆探索，从解决农村土地细碎化问题入手，在安徽全省率先深入推行农村土地互换并块，形成“一户一块田”新型经营模式，有效解放了生产力，调整了生产关系，盘活了闲置资源，改善了生产条件，促进了结构调整，提升了经营水平，增加了农民收入。

1978年，安徽省小岗村包产到户打响了中国农村改革的“第一枪”，分田到户产生的裂变助推小岗村迈上了现代农业发展的“快车道”，为中国农业“第一个飞跃”提供了起飞的奠基石；40多年后的今天，离小岗村100多公里的蒙城县，正通过“小块并大块，一户一块田”改革创新产生新的“聚变”，为蒙城农业农村现代化和乡村振兴注入了强大动力，成为点燃农业“第二个飞跃”的导火线。

蒙城县“一户一块田”改革创新实践，从本质上看，是在坚持农村基本经营制度的基础上，对农村土地生产关系的适当调整，具有鲜明的问题导向、严格的底线思维，同时汲取了农民的改革智慧，广泛发动了群众，是我国农村土地改革史上具有重要启示意义的标志性创新实践。

二、我国农村土地制度改革进展及试点现状

（一）改革开放以来我国农村土地制度改革进展

1978 年，党的十一届三中全会做出把党和国家工作重心转移到经济建设上、实行改革开放的历史性决策。中国共产党全面把握国内外发展大局，领导广大农民率先发起“大包干”，开启了农村改革新纪元，并以磅礴之势推向全国，谱写了波澜壮阔的历史诗篇。40 多年来，我国确立了以家庭承包经营为基础、统分结合的双层经营体制，这是党在农村政策的基石。从我国农村土地制度改革历程看，经历了确立、完善、深化三个阶段。

1. 确立阶段（从改革开放之初至 20 世纪 80 年代中后期）

这一阶段，广大基层干部和农民群众在党的领导下，走出了一条独具中国特色的农村土地制度创新之路。

（1）探索“包产到户”“包干到户”。1978 年，安徽省发生特大干旱，秋粮无法下种。为了抵御旱灾，11 月 24 日晚，凤阳县梨园公社小岗村 18 位农民在一份不到百字的保证书上捺下了鲜红的手印，开始搞“大包干”。小岗村 1979 年获得大丰收，第一次向国家交了公粮，还了贷款。村民兴奋地说：“大包干，大包干，直来直去不拐弯，交够国家的，留足集体的，剩下都是自己的。”在肥西县山南公社，农民则实行包产到户，由集体根据承包任务的完成情况进行分配。四川、贵州、甘肃、广东等省份一些生产发展较差的社队，也开展了包产到户。

“包产到户”“包干到户”，打破了“大锅饭”“大呼隆”，解决了“出工不出力、种地糊弄人”的问题，可谓石破天惊、打破坚冰。但是，这种做法在当时也引发了激烈的争议，遇到重重阻力。1980 年 5 月 31 日，邓小平在一次谈话中指出：“农村政策放宽以后，一些适宜搞包产到户的地方搞了包产到户，效果很好，变化很快。有的同志担心，这样搞会不会影响集体经济。我看这种担心是不必要的。”1980 年 9 月，中央在北京召开各省市区党委第一书记座谈会，专题讨论加强和完善农业生产责任制，并批准印发了会议纪要《关于进一步加强和完善

农业生产责任制的几个问题》，即著名的中发〔1980〕75 号文件。文件指出：“在那些边远山区和贫穷落后的地区，长期‘吃粮靠返销、生产靠贷款、生活靠救济’的生产队，应当支持群众的要求，可以包产到户，也可以包干到户，并在一个较长的时间内保持稳定。”从此，“包产到户”“包干到户”广泛推开。

（2）确立家庭联产承包责任制。对于各地农村掀起的家庭承包责任制高潮，中央在政策上给予了支持。1981 年党的十一届六中全会充分肯定了联产计酬责任制。1982—1986 年，中央连续出台 5 个 1 号文件，都强调要稳定和完善家庭联产承包责任制。1982 年 1 月 1 日，中共中央发布 1 号文件，肯定了农村各种生产责任制的重要作用：“目前实行的各种责任制，包括小段包工定额计酬，专业承包联产计酬，联产到劳，包产到户、到组，包干到户、到组，等等，都是社会主义集体经济的生产责任制。不论采取什么形式，只要群众不要求改变，就不要变动。”1984 年的中央 1 号文件还明确规定土地承包期一般应在 15 年以上。1985 年中央 1 号文件明确：“联产承包责任制和农户家庭经营长期不变。要继续完善土地承包办法和林业、牧业、水产业、乡镇企业的责任制。”到 1986 年初，全国超过 99.6% 的农户实行“大包干”。至此，家庭联产承包责任制度在我国农村全面确立。

（3）废除人民公社体制。1958 年“大跃进”时期，形成了“一大二公”和“政社合一”的人民公社体制。“大”就是规模大，几千农户几万人口为一个公社；“公”就是生产资料公有化程度高，土地、牲畜、农具都归大队，集体所有、集体使用；“政社合一”就是以乡为单位的农村集体经济组织与乡政府合一，实际上就是乡政府行使管理农村经营活动的权力。人民公社体制后来调整为“三级所有，队为基础”，即实行社、大队、生产队三级组织形式，以生产队为基本核算单位。改革开放后，家庭联产承包责任制的实行，彻底打破了以生产队为单位的“大锅饭”体制。1983 年，中共中央国务院发出《关于实行政社分开建立乡政府的通知》，废除了长达 25 年的人民公社体制。

2. 完善阶段（从 20 世纪 90 年代初至 21 世纪初）

这一阶段，中央强化法律政策保障，土地集体所有、家庭承包经营为主的农村基本经营制度得以巩固和完善，主要表现出以下四个特点。

（1）土地承包关系不断稳定。继 5 个中央 1 号文件出台之后，中央多次强调要进一步稳定土地承包关系。1991 年党的十三届八中全会提出，把以家庭承包为主的责任制、统分结合的双层经营体制，作为我国乡村集体经济组织的一项基本制度长期稳定下来。1993 年《中共中央国务院关于当前农业和农村经济发展的若干政策措施》进一步明确，在原定的耕地承包期到期之后，再延长 30 年不变。1997 年，中办、国办《关于进一步稳定和完善农村土地承包关系的通知》（中办发〔1997〕16 号）指出，在第一轮土地承包到期后，土地承包期再延长 30 年，指的是家庭土地承包经营的期限。1998 年，党的十五届三中全会决定指出，长期稳定以家庭承包经营为基础、统分结合的双层经营体制。2008 年，党的十七届三中全会决定，强调现有土地承包关系要保持稳定并长久不变。土地承包关系从长期稳定到长久不变，凸显了党中央坚持农村基本经营制度、稳定农村土地承包关系的决心。

（2）农业税费全面取消。农村实行家庭承包经营制度后，农民与国家、集体的分配关系，主要是农民以承包地面积作为计税面积向国家缴纳农业税，以农民人均纯收入为依据向乡镇和村缴纳乡统筹、村提留。进入 20 世纪 90 年代，农民负担如同“阴雨天背稻草——越背越重”，有的地方甚至出现因负担过重撂荒土地的情况。21 世纪以来，中央推进农村税费改革，取消了农业税费，征收了 2600 多年的农业税从此退出历史舞台，结束了种田缴纳皇粮国税的历史，每年减轻农民负担达 1335 亿元。免除农业税，实际上免的是土地税，这是农村土地制度改革的进一步深化和发展。与此同时，国家实行农业补贴制度，补贴额度与承包地面积挂钩，过去一些账外地以及后来开垦的“黑地”逐渐浮出水面。这次确权登记颁证试点工作反映，实测面积比账面面积多了约 20%。

（3）土地流转逐步发展。在实行家庭联产承包之初，政策是禁止土地承包经营权流转的。直到 1984 年，中央 1 号文件才提出，鼓励土地逐步向种田能手集中；社员在承包期内，因无力耕种或转营他业而要求不包或者少包土地的，可以自找对象协商转包。1993 年，党的十四届三中全会指出，允许土地使用权依法有偿转让。1998 年，党的十五届三中全会明确，农户承包地使用权可以自愿、有偿流转。2003 年《农村土地承包法》规定，土地承包经营权可以采取转包、出租、互换、转让或者其他方式流转。

（4）土地承包步入依法管理轨道。1993 年宪法修正案指出，农村中的家庭联产承包为主的责任制，是社会主义劳动群众集体所有制经济。2002 年颁布的《农村土地承包法》，对土地承包经营权的取得、保护、流转，以及发包方和承包方的权利和义务等做出了全面规定。2007 年颁布的《物权法》，将土地承包经营权确定为用益物权，明确承包农户对承包土地依法享有占有、使用、流转、收益等权利。2009 年颁布的《农村土地承包经营纠纷调解仲裁法》，对农村土地承包经营纠纷进行调解和仲裁做出规定。目前，我国比较健全的农村土地承包法律法规体系初步建成。

3. 深化阶段（党的十八大至今）

党的十八大以来，以习近平同志为核心的党中央做出了“四个全面”战略布局，将全面深化改革摆上突出位置，对深化农村土地制度改革做出了一系列重大决策部署，初步构建了农村土地制度的“四梁八柱”。

（1）建立农村土地“三权分置”制度。实行家庭承包经营后，农民集体拥有土地所有权，农户家庭拥有承包经营权，实现了所有权和承包经营权“两权分离”。随着工业化、城镇化深入推进，大量农业人口转移到城镇，农村土地流转规模不断扩大，新型农业经营主体蓬勃发展，土地承包权主体同经营权主体分离的现象越来越普遍。习近平总书记指出，深化农村改革，完善农村基本经营制度，要好好研究农村土地所有权、承包权、经营权三者之间的关系；在 2013 年的中央农村工作会议上，习近平总书记强调，顺应农民保留土地承包权、流转土地经营权的意愿，把农民土地承包经营权分为承包权和经营权，实现承包权和经营权分置并行，这是我国农村改革的又一次重大创新。党的十八届五中全会明确要求，完善土地所有权、承包权、经营权分置办法。2016 年，中办、国办印发《关于完善农村土地所有权承包权经营权分置办法的意见》，对“三权”分置做出系统全面的制度安排。实行“三权”分置，坚持集体所有权，稳定农户承包权，放活土地经营权，实现了农民集体、承包农户、新型农业经营主体对土地权利的共享，为促进农村资源要素合理配置、引导土地经营权流转、发展多种形式规模经营奠定了制度基础，使我国农村基本经营制度焕发出新的生机和活力。

（2）开展农村土地承包经营权确权登记颁证。长期以来，一些地方存在承包地块面积不准、“四至”不清、空间位置不明、登记簿不健全等问题，导致农民土地权益依法保障程度低。为把农户承包地搞准、搞清、搞实，党的十八大以后，中央对确权登记颁证工作做出了一系列决策部署。2013 年，习近平总书记指出，建立土地承包经营权登记制度，是实现土地承包关系稳定的保证，要把这项工作抓紧抓实，真正让农民吃上“定心丸”。2014 年中央明确提出用 5 年左右时间基本完成土地承包经营权确权登记颁证工作。截至 2018 年 6 月底，31 个省（区、市）均开展了承包地确权工作，确权面积 13.9 亿亩，超过第二轮家庭承包地（账面）面积；17 个省份已向党中央、国务院提交基本完成报告，其余省份也已进入确权收尾阶段。

（3）发展多种形式适度规模经营。2013 年，党的十八届三中全会提出，赋予农民对承包地占有、使用、收益、流转及承包经营权抵押、担保权能，允许农民以承包经营权入股发展农业产业化经营。2014 年，中办、国办印发《关于引导土地经营权有序流转发展农业适度规模经营的意见》（中办发〔2014〕61 号），要求积极培育新型农业经营主体，发展多种形式的规模经营；并强调要合理确定土地经营规模，现阶段对土地经营规模相当于当地户均承包地面积的 10～15倍、务农收入相当于当地第二、第三产业务工收入的，应当给予重点扶持。2017 年中办、国办印发《关于加快构建政策体系培育新型农业经营主体的意见》，发挥政策对新型农业经营主体发展的引导作用。目前，土地流转、入股、合作以及生产托管等多种形式适度规模经营有序发展，家庭农场、合作社、龙头企业、农业社会化服务组织等新型农业经营主体蓬勃兴起。截至 2018 年底，各类新型农业经营主体超过 300 万家，多种形式适度规模经营占比达到 40%。

（4）明确第二轮土地承包到期后再延长 30 年。习近平总书记在党的十九大上宣布，第二轮土地承包到期后再延长 30 年。会场内，代表们的掌声经久不息；会场外，广大农民心花怒放，奔走相告。从实行第一轮土地承包算起，我国农村土地承包关系将稳定 75 年，这意味着今后土地集体所有、家庭承包经营的农村基本经营制度不会改变，集体经济组织成员依法承包集体土地的基本权利不会改变。无论拥有承包地的农户还是流入承包地的新型经营主体，都有了稳定的预期，有利于促进多种形式的适度规模经营和农村生产力发展，保持农村社会稳定。新一轮承包期再延长30年，时间上大体是在2050年前后，与第二个百年战略构想在时间节点上高度契合，既稳定了农村土地承包关系，也为届时完善政策预留了空间，是一个充满政治智慧的制度安排。

（二）当前我国农村土地制度改革试点现状

党的十八大以后，我国农村土地制度改革进入深化阶段。农村承包地改革向着稳定与放活的方向不断深化，与此同时，农村集体经营性建设用地、农村征地、农户宅基地等其他性质的农村土地制度也开始进行改革试点探索。

1. 农村改革试验区土地制度改革试点现状

党的十八届三中全会提出，建立城乡统一的建设用地市场，在符合规划和用途管制前提下，允许农村集体经营性建设用地出让、租赁、入股，实行与国有土地同等入市、同权同价；缩小征地范围，规范征地程序，完善对被征地农民合理、规范、多元保障机制；保障农户宅基地用益物权，改革完善农村宅基地制度。在党中央精神指导下，2014年，中办、国办印发了《关于农村土地征收、集体经营性建设用地入市、宅基地制度改革试点工作的意见》，经全国人大授权，2015年6月确定方案，在全国33个县（市、区）开展试点，原定试点3年，于2017年底结束，后在多重因素的共同作用下，延长至2019年底。

整体来说，经过4年多的改革探索，各项改革任务取得了积极成效。从试点情况看，农村集体经营性建设用地入市改革已形成相对成熟的规则体系，改革成效最为明显，经济发达地区要好于欠发达地区；农村宅基地制度改革在抵押融资、适度流转、自愿有偿退出等方面做了积极探索，山区、生态脆弱区的结合移民搬迁和精准扶贫工作取得了一些突破；农村土地征收制度改革建立了比较完整的制度体系，在完善被征地农民权益保障机制等方面取得了积极进展。然而，农村土地制度改革涉及的利益范围广泛，与全局的关联性大，在试点过程中面临着很多突出问题，尽管取得了一定的成效，完善了相关工作制度和政策体系，但是相较于十八届三中全会《中共中央关于全面深化改革若干重大问题的决定》提出的“建立城乡统一的建设用地市场”要求，还有许多地方值得总结完善和继续探索。

（1）城乡统一的建设用地市场难以在短期内一蹴而就。在农村集体经营性建设用地入市改革试点中，试点地区按照“同权同价、流转顺畅、收益共享”的目标要求，围绕“入市主体、入市范围和途径、服务监管和增值收益分配”四个核心问题，积极稳妥推进改革，交易比较活跃，初步形成了比较完整的工作制度和政策体系，社会接受程度较高。但是，目前大部分地区农村土地市场基本还处于政府包办境地，市场化程度较低。在具体操作上，大部分地区都参照国有土地出让办法，将入市集体土地纳入国有平台，通过“招拍挂”途径入市，势必造成垄断。同时，入市价格是根据土地整理、拆迁安置成本以及地理位置和用途等因素人为设定的参考价格，并非市场供需关系所形成的竞争性价格。此外，试点范围和政策体系也在一定程度上限制了真实市场的形成。由于全国只有33个试点（县），分配到每省只有一个试点，每个试点只有几块地，很难支撑形成一个真实的市场，也就无法形成真实的市场价格。加之目前规划、税收、土地收益调节金等制度仍带有城乡二元性质，城乡土地制度环境尚不一致，以致“同等入市”“同权同价”难以在短期内一蹴而就。

（2）农村宅基地改革仍然需要足够耐心与政策协同。农村宅基地制度改革在三项试点中涉及权利主体最多，历史遗留问题最为突出，利益关系最为复杂。各试点地区通过精心组织、大胆尝试，在宅基地依法取得、有偿使用、自愿有偿退出、用益物权实现、民主管理等方面取得了积极进展。然而，由于农村宅基地“一户多宅”、超占乱占等问题较多，主体和利益关系复杂，而且大多时间跨度较大、底料资源缺失，导致权属界定困难。针对改革中的这些问题，各地在不同程度上存在着认识不到位的问题，有的地方干部存在畏难情绪，有的地方群众担心自身权益难以保障等。此外，农村宅基地改革涉及面广，关联性强，配套要求高。改革初期，部分试点地区没有将宅基地制度改革与农村土地征收、集体经营性建设用地入市等关联改革统筹开展，影响了改革效果。同时，目前的户籍制度、社会保障制度等仍然带有城乡二元性质，土地改革的制度环境尚不一致，以致宅基地退出改革缺少配套制度支撑。

（3）征地制度改革在平衡各方利益方面亟待制度创新。征地制度改革面临的主要问题是征地范围太宽，补充标准偏低，征地程序不够规范。在农村土地征收制度改革试点中，试点地区在缩小征地范围、规范土地征收程序、完善合理规范多元保障机制、建立土地增值收益分配机制方面进行了系统的政策设计并付诸实践检验。然而，征地制度改革涉及地方政府利益，要缩小征地范围，又要完善补偿机制，这样既减少了地方土地财政收入，又要增加补偿支出，开展这项改革的地方政府积极性必然不高。此外，在推进征地制度改革过程中，如何完善对失地农民的补偿也是一大核心问题，要在总结试点经验的基础上，保障被征地农民原有生活水平不降低、长远生计有保障，要进一步明确落实征收农用地的土地补偿费用、按照补助费用标准和来源，规范补偿程序，这些都需要在实践中继续探索推进。

2. 农村承包地改革进展中的热点问题

经过改革开放40多年的探索与实践，我国农村承包地改革适应新形势、新发展、新变化，稳步推进，成效显著。站在新时代的历史起点上，农村承包地改革仍然需要坚持党在农村的基本路线，通过改革激发土地要素市场活力，使之成为实现农业农村现代化的重要制度支撑。当前我国农村承包地改革进程中的热点问题如下。

（1）如何衔接落实好第二轮土地承包到期后再延长30年的政策。以家庭承包经营为基础、统分结合的双层经营体制，是我国农村基本经营制度。总体来看，当前农村土地承包关系稳定。截至2017年底，全国2.27亿农户以家庭承包方式承包了13.85亿亩集体耕地，其中40%左右由村集体发包，60%左右由村民小组发包。实践证明，这一制度符合我国国情农情，广大农民群众普遍满意、真心拥护。随着经济社会快速发展、工业化城镇化深入推进，统分结合的双层经营体制也面临着新的问题和挑战。在“统”的层面，实行家庭承包经营以后，农村集体经济组织逐步退出农业生产经营活动，但未能找到清晰的功能定位和有效的运转形式，一些地方甚至出现集体所有“虚置”的情形。在“分”的层面，大量农民转移进城到第二、第三产业就业，承包农户与承包地发生分离，一些地方人地矛盾比较突出。巩固和完善农村土地承包经营制度，核心是稳定农村土地承包关系。2018年的中央1号文件提出要落实农村土地承包关系稳定并长久不变政策，衔接落实好第二轮土地承包到期后再延长30年的政策。在研究和落实该项政策时，如何既保持土地政策的稳定性和延续性，又赋予一些人地矛盾十分突出的地方一定的改革完善空间，确保政策衔接、平稳过渡，不仅需要顶层设计，也需要基层探索给出答案。

（2）如何落实好承包地“三权分置”制度。实行承包地“三权分置”，是现阶段解决保护农民承包权与促进土地流转这一矛盾的重要途径。截至2017年底，全部或部分流转出土地的农户超过7000万户，面积达到5.12亿亩，占家庭承包地总面积的37%。作为农村土地制度的重大创新，“三权分置”在理论层面和实践层面还需要进一步完善。一是厘清权利主体的权利边界和相互权利关系。要深入研究土地承包和土地流转过程中，农民集体、承包农户、经营主体的权利边界和相互权利关系，健全“三权分置”的农地产权体系。二是完善所有权、承包权权能内容。要坚决维护农民集体对承包地的发包、调整、监督、收回等权利，探索建立健全集体经济组织民主议事机制，确保农民集体有效行使集体土地所有权。充分维护承包农户使用、流转、抵押、退出承包地等权利，深入研究转让、继承等问题。三是平等保护经营权。要通过流转合同鉴证、交易鉴证等多种方式对土地经营权予以确认，依法维护经营主体从事农业生产所需的各项权利。支持新型经营主体提升地力、改善农业生产条件，允许经营主体以承包土地的经营权依法向金融机构融资担保、入股从事农业产业化经营。

（3）如何稳妥解决适度规模经营与普通农户有机衔接问题。发展多种形式适度规模经营、培育新型农业经营主体，是建设现代农业的前进方向和必由之路。但也要看到，我国人多地少，各地区农业资源禀赋条件差异很大，很多丘陵山区地块零散，短时间内难以实现规模化经营。当前和今后很长一段时期，小农户家庭经营仍将是我国农业的基本经营方式。因此，必须正确处理好培育新型农业经营主体和扶持小农户的关系。一方面，要大力发展多种形式的适度规模经营，发挥新型农业经营主体在现代农业建设中的引领作用。加快培育家庭农场、农民合作社等各类新型农业经营主体，鼓励其通过土地租赁、互换、入股等多种流转方式，扩大经营规模，提高规模效益和生产水平；支持各类服务组织开展土地托管、联耕联种、代耕代种、统防统治等社会化服务，把分散的土地经营主体联结起来，实现规模经营的溢出效应。另一方面，促进普通农户与现代农业有机衔接，让普通农户共享改革发展成果。要加快构建扶持普通农户发展的政策体系，提升普通农户的发展能力，提高普通农户的组织化程度，拓宽普通农户的增收空间，健全面向普通农户的社会化服务体系，完善普通农户扶持政策，促进传统小农向现代小农转变。要把对新型经营主体的政策扶持力度与其带动普通农户数量挂钩，健全新型农业经营主体与普通农户的利益联结机制。

（4）研究探索农村土地承包权的退出机制问题。土地承包权退出是深化农村土地制度改革的一项重要内容。按照中央要求，农业农村部在上海等6个省份的7个县（市、区）开展了试点，部分试点地区探索出一些有益的经验做法。如上海松江区将土地承包权退出与老年农民的退养相结合，既提高了老年农民的退养水平，又提升了土地的利用效率。宁夏平罗县将土地承包权退出与生态移民安置工作相结合，既为退地农户增加了收入，又解决了生态移民的安置问题。总体来看，全国开展土地承包权退出试点范围不大，涉及的农户和退出的耕地数量不多，尚处于初始探索阶段。建立完善科学合理的农村土地承包权退出制度，需要积极稳妥，尊重农民意愿，统筹处理好各方面的关系。在逐步开展试点的基础上，要建立健全配套政策，在切实保障农民权益和利益的基础上，要把具备进城落户的能力和条件作为退地农户的基本“门槛”，加强审核，严格执行，具体的执行措施和退出机制还有待进一步实践探索。

三、蒙城县“一户一块田”改革的主要内容

（一）“一户一块田”改革的发起缘由

蒙城县位于黄淮海平原南端，隶属安徽省亳州市。总面积为2091平方公里，耕地面积为230万亩，辖17个乡镇（街道），290个村（社区），总户数为35.8万户（乡村农户27.2万户），总人口达142万人，其中农业人口为121.7万人，是传统的农业大县，被列为国家商品粮基地、全国粮食生产百强县，连续多年被评为全国粮食生产先进县。

20世纪80年代初，蒙城县农村土地实施了第一轮联产承包责任制，有力地激发了农民的劳动积极性，大大解放了农业生产力，被邓小平同志誉为中国农村改革与发展的“第一次飞跃”。但是，伴随着改革开放40多年来的飞速发展，特

别是在当前传统农业向现代农业转型的过程中，农村土地细碎化对生产力的束缚逐渐显现出来。原因在于上轮土地承包时，由于地力水平、生产力水平相差较大，考虑公平和群众利益，按土地的优劣等次“户均分田到户”，造成了农户承包的地块零星分散、面积较小。多者有十几块地，少者也有七八块。随着生产力和地力的提高，一家一户分散种植的七八块、十几块土地已明显不适应目前生产力和生产水平的要求，不利于大型农业机械的耕作，同时也不利于规模种养业，已经阻碍了农村生产力的发展。

一方面，土地在一定程度上束缚住了农民。随着城镇化进程的加速推进，越来越多的农民离开土地，或外出务工，或移居城市。在这个过程中，“谁来种地”就成了困扰农民的大问题。蒙城县农村人口中农业劳动力约 35 万人，其中约 25 万人常年外出务工。夏、秋两季，一般约有 8 万人季节性回流，收种结束就急匆匆返程。对他们来说，坚持种地更多的是农耕文明传承之下的一种情怀，而不是为了收入。单看收入，种地是远不如打工的。其原因在于，受“工农剪刀差”等因素的影响，传统农作物往往增产不增收，农民不愿意出力气、下本钱，种植方式越发粗放，效益越发低下，形成恶性循环，造成了土地资源浪费。2009 年、2010 年蒙城县秋冬连旱，政府左右发动，急得冒火，群众就是不行动。他们把账算得很清楚，抗旱增加的收入抵不过损失的打工收入和来回路费；如果让家里的老人、妇女去浇水，万一受凉感冒，医药费都比那点庄稼值钱。对于相当大一部分农民群体，特别是小农户来说，土地绑住了他们，成了食之无味、弃之可惜的“鸡肋”。

另一方面，土地在一定程度上束缚了生产力。目前，在第一产业从业群体当中，除了数以亿计的以老人、妇女为主体的小规模兼业农户之外，以专业大户、家庭农场主、农民专业合作社、农业企业等为代表的新型农业经营主体正在兴起。这些新兴农业经营主体才是现代农业先进生产力的代表，是商品性农产品的主要提供者。但是，要培育新型农业经营主体，必须为这些主体提供相应的生产条件。蒙城县在农村土地第二轮承包时，受农田水利等基础设施落后、生产经营水平低下等因素的影响，农村土地按优劣等次分田到户，户均承包土地在 6 块以上，近 1/3 的农户超过了 10 块，小地块面积不足 1 亩，大地块面积不超过 3 亩，俗称“巴掌田”“皮带田”，既不利于机械化耕作和农业技术推广，也不利于连片流转，容易造成土地承包纠纷，成为当前推进农业适度规模经营的制约瓶颈。对想多种地、种好地的大户和新型农业经营主体来说，之前平等均分的土地制度造成的细碎化问题成了发展规模经营的重要障碍。

从提高生产效益、加快农业发展方式转型的角度出发，农民迫切要求进行土地整合和土地流转，有利于规模经营，提高土地利用率和种养效益，增加农民收入。为此，蒙城县从2012年开始，以农户为单位的土地经营权集约化调整为突破口，积极探索实施户均“一户一块田”，扩大了单块土地面积，整合、优化了土地的潜力，有效破解了加快推进现代农业发展的“瓶颈”，有力促进了农业规模化、机械化、集约化经营，取得了积极的成效。

（二）“一户一块田”改革的主要过程

面对土地细碎化带来的困惑和问题，蒙城县县委县政府在充分尊重农民首创精神的基础上，引导、鼓励、支持农村土地“一户一块田”并块调整，催生了“一户一块田”改革创新实践。

1. 群众自发阶段（2010—2012年）

蒙城县“一户一块田”改革起源于当地农民群众的自发探索。

早在2009年，乐土镇双龙村恰逢新农村建设进入整村推进阶段，双龙村规划所占土地采取全村各庄土地滚动聚集的形式，在新村周边统筹450亩规划用地，为此双龙村全村农户承包经营的土地必须全部大动。许多村民提出，既然全村土地都要丈量大动，为何不把零散的小块统一并成大块，以方便土地流转。时任双龙村总支书记柳向阳听后，眼前一亮，当即组织村两委开会，研究将双龙村分散土地调整为“一户一块田”的可行性。“并地”这个做法，听起来容易，但是实施起来难度很大，牵涉村民方方面面的利益，哪一方面协调不好都会影响村子的和谐稳定。“有的地肥，有的地瘦，重新分田的比例问题如何协调；还有1994年以前放弃土地耕种，现在又想要分田的；再有，五保户的田怎么给也是难题。”为此，柳向阳多次组织召开村民代表会议，向有疑虑的群众认真解释，在充分尊重群众意愿的基础上，村两委统一认识，作出在全村实施“一户一块田”的工作部署，制定了“一户一块田”改革工作实施方案，成立了组织，进行广泛宣传发动。具体做法是以 1994 年人口地亩为基础，实行宅田合一，同时开荒地收归集体。2009 年 9 月 28 日，双龙村胡桥庄“一户一块田”改革试点工作圆满完成。其他村庄看到、听到胡桥庄的变化，都纷纷要求赶紧给搞“一户一块田”改革。2010 年，双龙村又对柳桥、邵圩、西代三个自然庄实施了“一户一块田”改革土地并块工作。至 2011 年秋季，双龙村 11 个自然庄的农户全部实现了土地经营“一户一块田”。

零散的地块在经营、流转和租赁过程中，越来越不适应现代农业的生产与发展，双龙村的经验极大地激发了蒙城县各地村民实施“一户一块田”的勇气，他们因地制宜，结合本村特点开始了试验：2010 年 9 月，楚村镇李马村 9 个村民组为解决新农村规划建设置换土地；小辛集乡李大塘村 4 个村民组为了便于耕种，陆续开展“一户一块田”试点；2012 年秋种时，立仓镇炮台沟村 18 个村民组“一户一块田”改革试点成功。

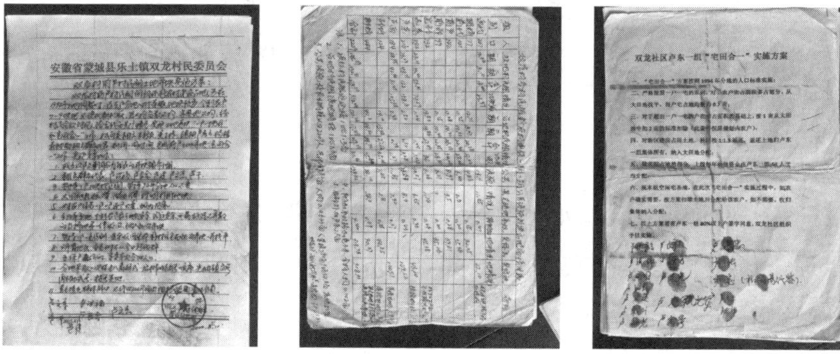
安徽省蒙城县乐土镇双龙村民委员会

双龙社区卢东一组“宅田合一”实施方案

图 1　蒙城县“一户一块田”改革发源地——乐土镇双龙社区“一户一块田”改革手稿、方案

2. 政府引导阶段（2012—2014 年）

在基层群众自发探索的启迪下，2012 年 3—6 月，蒙城县委书记、县长带队，组织县人大、政协、农委、国土、水利、林业、农机、财政等部门负责人先后深入乐土、立仓、许疃、小辛集等乡镇开展“一户一块田”互换并块调研，肯定了各地开展“一户一块田”互换并块的实践做法，并形成了“先并块、后确权”的共识，确立了“一户一块田”互换并块到哪里，县里农田设施治理项目就倾斜到哪里的激励机制。2012 年，县委、县政府将推行“一户一块田”互换并块纳入乡镇年初综合考核范围，要求各乡镇成立领导组织，明确专人负责，年内至少完成 1 个村民组“一户一块田”互换并块改革试点。

2013 年 3 月，县委、县政府印发《中共蒙城县委、蒙城县人民政府关于 2013 年度农业农村工作的意见》（蒙〔2013〕15 号），要求各乡镇继续推进“一户一块田”试点。2014 年 3 月，县委、县政府印发《中共蒙城县委、蒙城县人民政府关于 2014 年度农业农村工作的意见》（蒙〔2014〕8 号），提出 2014 年全县整建制完成 100 个村“一户一块田”互换并块的目标任务，年初将任务量化到乡镇，要求各乡镇结合实际，制定具体行事历，年终绩效考评，完成任务的每亩奖补 10 元，工作不力的除通报全县外，还要限期完成。2014 年 6 月，蒙城县政府办公室发布《关于转发蒙城县推进农村土地互换并块暨农村土地确权登记颁证工作意见的通知》（蒙政办〔2014〕35 号），为该项工作顺利开展提供了政策指导。2014 年 6 月，许疃镇在全县率先整建制完成“一户一块田”互换并块工作。据统计，截至 2014 年底，全县累计 64 个村 1174 个村民组完成“一户一块田”互换并块，涉及 8.7 万户，合并承包地 81.6 万亩。

在蒙城县开展“一户一块田”改革过程中，中央对地方农村采取互换并地的方式推动适度规模经营表示鼓励，2014 年 11 月，中共中央办公厅、国务院办公厅印发的《关于引导农村土地经营权有序流转发展农业适度规模经营的意见》，指出“鼓励农民在自愿的前提下采取互换并地方式解决承包地细碎化问题”。2017 年中央 1 号文件明确提出“积极引导农民在自愿的基础上，通过村组内互换并地等方式，实现按户连片耕种”，为蒙城县的“一户一块田”改革提供了政策支持。

3. 巩固提升阶段（2015—2017 年）

在“一户一块田”试点进展顺利的情况下，2015 年 6 月，蒙城县委县政府印发了《中共蒙城县委、蒙城县人民政府关于 2015 年度农业农村工作的意见》（蒙〔2015〕13 号），明确了“严格把握政策，精心组织实施，在‘先并块后确权’的原则下，坚持‘三个不变’，即坚持农村土地家庭承包经营制度不变，坚持农村土地农民集体所有不变，坚持农村土地第二轮承包关系不变；做到‘四个结合’，即确定地块等级与农田治理相结合，互换并块与宅田合一相结合，预留农村土地与农村公益事业建设规划相结合，落实农户地块与确权登记颁证相结合；9月底前全面完成农村土地互换并块，户均‘一户一块田’工作”。截至2015年9月，全县涉及263个行政村5210个村民组，开展了“一户一块田”改革试点，其中102个村4372个村民组完成试点，合并农地165.76万亩，占全县农地面积的76.60%。

蒙城县“一户一块田”改革得到了上级领导部门认可和业内普遍关注，原安徽省委书记张宝顺对蒙城县推行“一户一块田”改革试点做出“值得全省借鉴、推广”的重要批示。中国改革报、农民日报、安徽日报、中央电视台7套、中国农业新闻网、安徽电视台等权威媒体纷纷报道蒙城县改革实践工作。2017年10月，中国农村杂志社、安徽农经学会等联合举办“一户一块田”发源地（蒙城）学术研讨会，将蒙城县“一户一块田”改革实践上升到理论层面。与会专家认为，作为“一户一块田”改革试点发源地，蒙城县在探索农村耕地零碎化问题过程中，开展的“小块并大块，一户一块田”做法，行动早，措施实，有效盘活了农村耕地资源，既保持了农村土地承包政策的稳定性，又适应了农村发展形势的新变化，为农村基础设施、公益事业建设提供了用地支持，效果显著，一举多得，将在现代农业发展过程中产生“聚变”效应。

图2　蒙城县委书记车照启陪同省市领导在“一户一块田”发源地双龙社区开展座谈

图3　“一户一块田”发源地学术研讨会召开

（三）“一户一块田”改革的实施步骤

蒙城县“一户一块田”改革是在坚持农村土地承包经营制度稳定并保持长久不变，坚持农村土地农民集体所有制性质不变，坚持第二轮承包人口基数和原村民组不变这“三个不变”原则的基础上稳步推进的。改革之初设定的总体目标是从2014年开始，力争利用3年的时间，全面实现农村土地“一户一块田”，在此基础上，圆满完成农村土地承包经营权确权登记颁证任务。

改革的实施步骤主要包括以下六个方面。

1. 宣传发动

坚持试点先行的原则，每个乡镇选择1个基础较好的村进行农地“一户一块田”改革试点，特别强调不搞强行推进。在实施过程中，各乡镇、村利用多种形式，深入村、组、农户座谈交流，召开村、组全体党员、干部、群众代表会议，开展大讨论，吃透政策精神，让广大村民了解“为什么并地，怎么样并地，并地有什么好处”。找准关键问题，及时妥善解决。做到成熟一个村落实一个村，成熟一个组落实一个组。对完成农地“一户一块田”改革试点的村每亩奖励10元，并在现代农业发展、民生公益事业等方面给予政策倾斜，激发干部群众参与并地的积极性。蒙城县广电局等宣传部门充分利用广播、电视、网络等媒体，对“一户一块田”典型事例进行深入宣传和全程报道，营造浓厚氛围。

2. 制定方案

以村民组为单位，在乡镇、村统一组织下，对承包土地现状进行摸底调查，核实承包人口、承包面积、地块“四至”以及流转情况等，逐户登记造册，张榜公示。在充分尊重民意的基础上，统筹考虑方案，做到“四个结合”：实施“一户一块田”与“宅田合一”相结合，以每家第二轮承包时宅基地和承包地总亩数，扣除农户现有宅基地面积，余下面积用承包地亩找补；确定地块等级与农田治理相结合，对地块等级低的耕地，优先安排农田治理项目；预留机动地与美好乡村建设、农田水利、林业生产等农村公益设施用地规划相结合；小块并大块与农村土地确权登记颁证相结合，互换并地后各户形成的“一户一块田”，以确权登记颁证方式予以确认。具体的操作程序和办法充分尊重农民首创精神，做到思路群众出、意见群众提、工作群众做、办法群众想。确保制定方案公开、公平、公正。

3. 互换并块

村级成立以村民组为单位的工作组，成员由各户推荐产生，全程负责该组互换并地工作。首先，摸清底数。组织有关人员对每块土地进行实地丈量，登记造册，摸清农户承包土地面积、地块分布及建房占地、坟地、林地、机井、道路、沟渠等情况，为并块互换土地提供真实依据。其次，评定土地等级。根据土地肥力、地块位置、生产条件等，经过村民评议，确定土地等级和面积折算比例，等级低的耕地1.1～1.3亩折算为1.0亩。最后，抽签互换。第一轮抽顺序签，确定农户抽签顺序。按照第一轮抽签顺序，组织农户抽正式签，通过互换并块，重新确定农户承包一块田的面积和“四至”，调配完成后各户签字认可。

4. 完善手续

整个过程要公开透明，规范操作。乡镇负责对所辖村组进行检查，将村组实施情况报县农委备案，县里组织相关职能部门逐乡镇验收。工作中严审档案材料，每个步骤都要做好文字记录，认真履行村民代表、经办人、审核人、承包农户签字手续。“一户一块田”要逐户登记造册，实行“一户一表，一组一册，一村一卷”，形成完整档案材料（包括电子档案和纸质档案）。统一上报县、乡（镇）集中存档备案，实行专人、专柜规范化管理，为农村土地确权登记颁证奠定基础。

5. 确权颁证

在实现“一户一块田”的基础上，按照省、市农村土地确权颁证的统一部署，严格操作程序，抓好农户申请、现场指界、航拍测绘、张榜公示、审核批准、确认颁证等关键环节，切实做好农村土地确权颁证工作。

6. 检查验收

县组织监察、农委、土地、财政等部门分乡镇考核验收，并将验收结果书面报县政府。乡镇成立专项工作组对所辖村、组逐个进行检查验收，并对村、组实施情况、遇到的问题、解决的办法和取得的成效进行总结，形成书面报告报送县农委备案。

（四）“一户一块田”改革的政策导向

在蒙城县“一户一块田”改革过程中，面对农村五保户、荒地开发、土地质量不均等突出问题，在坚持“三个不变”原则的基础上，明确了处理解决各类问题的政策导向，使改革有据可依。

1. 关于农村五保户及鳏寡户承包土地

按以下情形依法处理：（1）对已经去世的，其承包土地依法收归所属村民组集体所有；其患病、丧葬等费用由其亲属户承担的，可召开本组村民会议讨论通过，原则上同意其承包地由该亲属户在五保户去世后继续耕种1～3年作为补偿，耕种期满后再收归本组集体所有。但不得将其承包地块与该亲属户承包地合并“一户一块田”。（2）对已享受五保待遇在敬老院供养的，根据本人意见，其承包地可暂由本村民组代管，也可由本人继续耕种。（3）对获得第二轮土地承包权、单独生活的五保户及鳏寡农户，其承包经营权仍依法享有。推行“一户一块田”改革时，上述五保户及鳏寡户承包地块应调整在本组预留集体公益事业规划用地或剩余地块内，便于以后收归集体使用。

2. 关于农户开发“三荒四边”增加的耕地

应依法收归村、组集体所有。经村、组农户代表或村民议事代表讨论，可作为新村规划、农田水利、林业生产、集体公墓等集体公益事业用地预留，也可统一纳入集体承包土地进行调整分配。

3. 关于部分外出农户返乡要地问题

按下列情形依法处理：（1）1994年没有参加农村土地第二轮承包的或放弃农村土地第二轮承包经营权的，不得参加本次“一户一块田”互换并块。（2）承包期内自愿放弃农村土地第二轮承包经营权，主动退出承包地的，不得参加本次“一户一块田”互换并块。（3）对已获得农村土地第二轮承包权的，因长期外出，其承包地现由村、组或农户代耕，在本次推进“一户一块田”过程中发生纠纷的，原承包户可通过给予一定的经济补偿，由所在村、组、涉及农户协商解决。协商不成的，由所在乡镇政府、县级农业主管部门调解仲裁，或直接通过司法途径解决。承包地暂由所在村民组统一代管。

4. 关于劣等农田问题

由于道路、水利等农田基础设施薄弱等自然因素，部分沿茨、沿淝河滩地及少数低洼地块旱不能浇，涝不能排，形成部分劣等农田。经过本组村民会议讨论，可通过以下途径解决：一是评定土地等级，按一等地折算劣等土地面积进行分配调整；二是利用“一事一议”财政奖补等现代农业项目资金，对推行“一户一块田”的劣等农田给予优先治理，实现旱涝保收；三是将劣等农田集中预留，通过土地流转，公开发包给农民专业合作社、家庭农场及种养殖大户经营，发包收入由本组参加第二轮土地承包的成员共同享有。

5. 关于流转的土地如何推行“一户一块田”改革问题

已流转的土地经过本组村民会议讨论通过，依法变更土地流转合同，将流转的土地统一调整，由分到流转地块的农户与流转业主平等协商，重新签订流转合同，如分到流转地块的农户不愿流转的，或与流转业主不能协商一致的，可引导愿意流转的农户之间互换土地进行流转。

6. 关于农村宅基地问题

提倡实行“宅田合一”，即农村宅基地和大田地捆在一起调整，对多占宅基地的，减少大田地，对少占宅基地的，增加大田地，进行找平。鼓励推行“一户一块田”改革的村、组结合村庄布点规划、村庄建设规划及农户申请建房实际，预留农村宅基用地。严禁私买私卖农村宅基地，已经买卖的依法处置。对符合“一户一宅”的按有关程序依法颁证。

7. 关于农村坟墓占地问题

鼓励推行“一户一块田”改革的村、组预留农村公用墓地。没有预留的，按照农村风俗，对确需合葬的，经过协商，殡葬户给予承包祖坟地块农户一次性的经济补偿，承包农户应允许安葬。

案例 1 蒙城县推行“一户一块田”工作相关问题“十问十答”

一、五保户耕种土地如何处置？

“五保户”去世后承包耕地应收归集体所有，若去世时办理出殡事宜的为女儿或侄子，根据村民组意见可由办理出殡的人耕种 1～3 年作为补偿，期满必须收归集体所有。现未去世或去世不满 3 年或 5 年的，分地时与剩余土地合并一起，便于及时收回。

二、1994 年放弃土地分配，现又申请参与分配，怎么办？

按照农村土地政策和相关法律法规，1994 年没参加分地的农户或放弃参加分配的农户，本次“一户一块田”合并，仍不能参加分地。

三、土地等级不同，“一户一块田”合并时如何处置？

有些村民组确定存在旱不能浇、涝不能排，暂时又无法治理的地块，根据群众意见，可以进行折算，但最多不能超过 1.2∶1。折算过的农户田地，填表时填写实有地亩数，并备注应分地亩数。针对“一户一块田”合并彻底的村，优先进行治理，确保旱涝保收。

四、代耕的农户在“一户一块田”合并时如何安排？

让别人代耕的土地，本次合并时，仍按 1994 年户头，单独作为一农户参与合并。代耕户不得要求归其一起合并。

五、涉及宅基地问题，最好的解决方法途径是什么？

宅田合一，有利于解决农村宅基地纠纷，应大力提倡。但不能任由农户随意要宅基地，符合条件的经群众同意，并符合规划，且经土地部门批准，方可解决宅基地分配。

六、“一户一块田”合并后，按1994年承包土地数，丈量后剩余土地如何处置？

剩余土地可作为美好乡村建设村庄布点预留地，使用面积根据规划、批复面积而定。在未使用前，集中起来的剩余土地向外发包，发包收入仍属于原村民组所有，可用于村庄的公益事业配套或分到农户。

七、涉及流转土地，如何解决？

若是粮食作物，随新合并地块，由发包方和承包方商定，同时调整。若为设施农业和药材、苗圃等作物，经群众同意，先把流转的土地留出，其余土地再进行合并。

八、农户1994年承包耕地后，本户外出或多年未归，由别人耕种的，如何处置？

本次“一户一块田”合并时该户仍作为一单独户头参与分地，可由组长或亲属代替抽号。本户未回来之前，根据先前土地处置情况，由原代耕户耕种或向外发包用于本组公益事业。

九、涉及征用土地的村组，“一户一块田”合并如何执行？

若征地款平均分到本组农户的，按现有土地面积平均分到户。若征地款属于本户所有的，征用面积应从该户扣除，剩余土地参与“一户一块田”合并。在土地确权换发证上，该户征用土地面积仍要填上，并备注说明。

十、1994年以后放弃已承包耕地，由村民组分配给本组群众种植的，本次合并时又申请参加，如何解决？

分两种情况，一是因农业税、“三提五统”负担较重而放弃已承包的耕地，有文字依据的，本次“一户一块田”合并时依法不能分配耕地；二是放弃耕地，无确凿依据，本户又有承包合同书、经营权证等有效证件的，应慎重解决，既要符合政策规定、合情合理，又要照顾大多数群众利益。

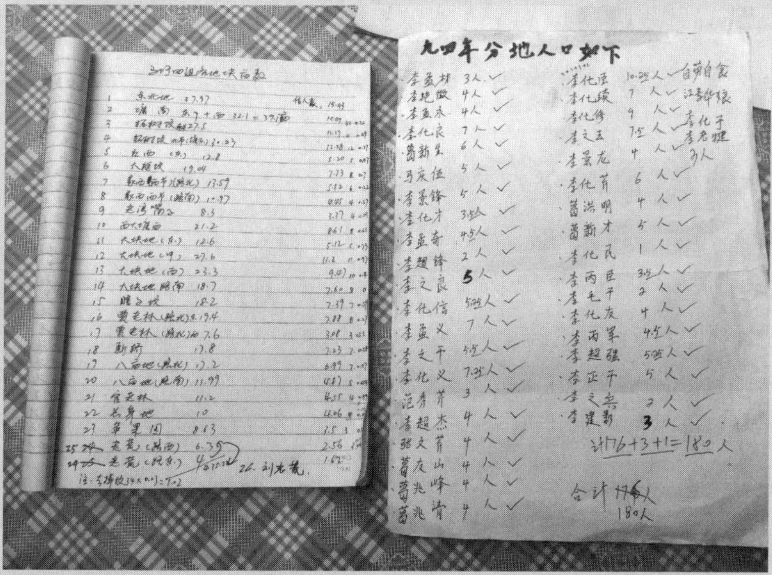

图4　1994年蒙城县二轮承包及“一户一块田”调整农户地亩清册信息

四、蒙城县“一户一块田”改革的成效经验

（一）蒙城县“一户一块田”改革的主要成效

“一户一块田”改革将农民承包地合并为一个整体，为农业机械化耕作和土地规模经营创造了良好的资源条件，极大地解放了农业生产力。随着农村土地改革的逐步深化，农业生产关系也将适应生产力的变化随之进行调整，土地改革的红利将得到进一步的释放。

1. 促进新型农业经营主体蓬勃发展

蒙城县“一户一块田”改革为土地适度规模经营提供了良好基础，促进了土地流转，新型农业经营主体快速发展。据统计，自推行“一户一块田”改革以来，截至2017年9月，全县流转土地面积达到117.02万亩，农民合作社达到3488个，家庭农场达到1674个。特别是创新实施了土桥、楼山、老王圩三个行政村整村推进土地流转，农民通过“带地”“带机”“带资”入社，创办了3家现代农业合作社，采取“保底收益+按股分红”等方式，由合作社统一经营管理。农户入社土地保底金每亩每年800元，另外参加分红，正常年份每亩每年收入在1000元以上，真正实现了“农民不种地，收入不减少”。

“一户一块田”的推行，也吸引了越来越多社会资金和工商企业投资农业生产经营。蒙城县小辛集乡李大塘村全村2/3的土地已合并流转，从事西蓝花、青刀豆、毛豆、蚕豆等十余种农产品冷冻加工贸易的精益诚食品有限公司自入驻以来，产品出口欧美、日韩、东南亚等国家和地区，年生产能力达5000吨，日吸纳周边留守妇女和老人就业400余人，人均日工资可达70元。该公司董事长陈文芳说：“小块并大块后，土地流转方便快捷，基础配套设施完善，目前我们自营的基地已达4000多亩，仅去年一年支付给周边农户的务工工资就达600多万元。”

表1　蒙城县新型农业经营主体年度发展统计　　单位：个

主体类型	一块田改革前					一块田改革后						
	2008年	2009年	2010年	2011年	2012年	2013年	2014年	2015年	2016年	2017年	2018年	2019年
农民专业合作社	36	162	340	476	564	662	901	1732	2863	3584	3950	4064
家庭农场	—	—	—	—	88	171	369	755	1178	1620	2179	2433
产业化龙头企业	—	—	—	29	48	72	96	102	103	—	—	—
产业化联合体	—	—	—	—	—	—	—	20	26	—	—	—

注：数据截至2019年8月。

如表1所示，“一户一块田”改革前（2008—2012年底），蒙城县农民专业合作社达到564家，年均增加106家。“一户一块田”改革后（2013—2019年8月底），蒙城县农民专业合作社达到4064家，累计创建各级示范社260家。其中国家级5家、省级15家、市级106家、县级134家。家庭农场达到2433家，创建各级示范家庭农场224家。其中省级25家、市级58家、县级

141 家。经营范围涵盖粮食、蔬菜、畜禽养殖等主导产业，还延伸到农机托管服务、秸秆收购、稻虾共作、花卉苗木等生产、服务领域。基本上涵盖了农村经济的各个领域，实现了农村资金、土地、技术、劳动力等生产要素的合理配置，推进了小生产与大市场的连接，为促进农业产业化发展和促进农民稳步增收发挥了巨大作用。五年来，合作社年均增加 604 个，家庭农场年均增加 418 个，规模经营面积年均增加 8.34 万亩，均保持了较快的增长速度。可见，自“一户一块田”改革后，蒙城县各类新型农业经营主体进入了发展的“快车道”。例如，乐土镇双龙村“一户一块田”的实施，提高了适度规模经营水平，提升了社会化服务能力，有效解决了土地纠纷与集体公益用地问题，同时为土地流转，调整农业产业结构创造了条件。该村先后引进了乐双、阿土部落、绿满园、金桥农业等 10 多家新型农业经济主体入驻本村，发展特色种养、休闲观光农业，带动农民发家致富。

2. 加快土地流转助推农业产业结构调整

蒙城县“一户一块田”改革进展较好的地方，是带动了一大批新型农业经营主体进入农业，通过土地流转形成规模经营，并根据当地农业资源禀赋和市场动向，发展特色优势产业，助推了农业产业结构调整。据统计，蒙城县土地流转面积达到 117.02 万亩，其中规模流转面积超过 50 万亩，100～200 亩以上的农民合作社有 574 个，家庭农场有 323 个；500～1000 亩的合作社有 31 个，家庭农场有 19 个；1000～5000亩以上的合作社有 13 个，农业产业化龙头企业有 6 个。实践证明，凡是“一户一块田”改革较好的地方，土地流转成效都十分明显。如乐土镇双龙村、坛城镇楼山村、许疃镇土桥村、小辛集乡李大塘村、立仓镇老王圩村等，“一户一块田”改革起步较早，土地流转率均为 100%，实现了农民不种地，收入不减少。坛城镇韩寨村、漆园办事处前王村、双涧镇老集村、乐土镇丁堂村、岳坊镇岳东社区、庄周办事处后楼村、篱笆镇孙圩村、楚村镇陈桥村等，土地流转率均在 60% 以上。目前，全县 17 个乡镇均已形成一批依托当地资源优势、自然禀赋为支撑的特色产业、支柱产业，构建了“一村一品”“一乡一业”的发展格局。如立仓镇的小龙虾、岳坊镇的莲藕、坛城镇的樱花、篱笆镇的黄花梨、双涧镇的杜仲、板桥镇的葡萄等，基本形成了“一乡一品”。

图 5 坛城镇韩寨村千亩樱花园俯瞰

此外，农业产业的兴旺发达为第一、第二、第三产业融合发展提供了广阔空间，带动了农村生态文化旅游的蓬勃发展，“荷花·龙虾节”等乡村旅游节庆活动也越办越红火，拉动旅游收入近千万元，第一、第二、第三产业融合发展的势头开始显现。另外，蒙城县发挥皖北六市中心的区位优势，引入新发地项目，于 2015 年建成了皖北地区最大的农产品批发物流交易中心，目前日交易量在 1500 吨以上，年交易额超过 23 亿元，有效带动了蒙城及周边地区的设施农业发展和农业产业结构调整。

图 6 蒙城县立仓镇薛庙村虾稻共作产业基地内举行的龙虾节评选“虾王”活动

案例2　以土地流转为抓手 强力推进现代农业发展

土桥村位于安徽省蒙城县许疃镇南部，现有835户3716人，耕地7260亩，辖10个自然庄20个村民小组。在县委、县政府大力促进土地流转政策的指引下，该村围绕“一户一块田”工作，按照农民专业合作社法规定，采取“民办、民管、民受益”的原则，于2014年11月成立了蒙城县土桥现代农业种植专业合作社，李平担任合作社理事长，把全村的耕地全部流转到合作社名下，该村是全县土地流转整村推进重点村，村民采取土地入股分红的方式，不仅获得土地租金收入，年末还能获得分红收入。

在发展现代农业进程中，合作社始终坚持依靠科技、面向市场、多种经营、抱团经营，主要采取“五个统一”为成员服务，即统一良种供应、统一技术指导、统一机械播种、统一施肥标准、统一收获销售。2016年实现销售收入2900万元，实现利润500多万元。合作社在尊重市场的前提下，广拓思路、广开财源，创新经营模式和方法，越办越红火。一是与安徽省省级农业产业化龙头企业——安徽丰硕种业有限公司合作开展订单小麦良种繁育6500亩，接茬种植1260亩优质水稻。二是大力发展经济作物，合作社现有水果种植面积260亩，苗木150亩，钢架大棚蔬菜100亩，种植中药材决明子2050亩，还与安徽强英鸭业集团合作，兴建了6座标准化鸭棚，年出栏肉鸭190只。三是开展粮食烘干项目建设，合作社投资1200万元新建了日处理500吨的粮食烘干线，不仅解决了合作社粮食收获的烘干问题，还辐射带动全镇乃至周边村镇农民粮食收储问题。四是发起成立了蒙城县远望农机服务专业合作社，积极为合作社成员及周边农民开展机耕、机播、机收和代管服务，实现了农业全程社会化服务。五是与大北农集团合作，兴建了大北农集团土桥测土配肥站，对合作社流转的土地全部开展测土化验，同时采用配方肥，实现优质、高产、高效，该配肥站辐射全镇范围，社会效益极为显著。

3. 节约成本、提高农业生产率

蒙城县“一户一块田”改革，让大型农机装备、先进配套作业机有了用武之地。2014 年以来，蒙城县累计投入各级财政农机购置补贴资金 5 亿余元用于补贴各类农业机械。目前，全县拥有各类农业机械 7.4 万台套，其中大型农机具 5.3 万台套，农作物“耕种收”综合机械化水平达到 90.7%，农机装备水平位居全省前列。2016 年 5 月，蒙城县被评为全国首批“主要农作物全程机械化示范县”。与此同时，蒙城县积极探索农民“带地、带机、带资”入社，成立了许疃镇土桥村、坛城镇楼山村、立仓镇老王圩村三大土地股份制经营合作社。与普通农户相比，通过核算，每亩年生产成本降低 150 元，其中种子降低 40 元，肥料降低 45 元，农药降低 10 元，机械耕作降低 55 元。三大合作社经营土地面积为 2.2 万余亩，仅生产成本一项，每年可节约 300 万余元。许疃镇土桥现代农业种植合作社 2013 年合并“一户一块田”之前玉米单产为 510.5 千克，2014 年合并后达到 565.3 千克，当年共增产玉米 31.7 万千克。立仓镇张长营村村民刘建喜说：“过去因为田亩分散，午收时收割机都不愿来，现在争着收。而且收割价格也降了，原来收割一亩要 60～70 元，现在40～50元还抢着干，仅收割费一年就可以减少 600 多元。”过去受农机“马力小”“数量少”等因素影响，农作物耕种仅是“浅耕”，秸秆还田较浅，易造成农作物“扎空”，俗称“吊死鬼”，这样的种苗吸收水分不足，既影响生长，也容易放大干旱的危害。由农委牵头组织大型拖拉机

图 7 “一户一块田”改革后，土地较为集中，为机械化收获提供了方便

进行深耕、深翻，不会形成隔离层，减少了危害，秸秆还田利用率大幅提高。

4. 促进农业社会化服务快速发展

随着土地规模经营的逐步扩大和农业机械的广泛使用，蒙城县逐步探索形成了“耕种收”农机社会化服务全程托管工作模式，开辟了一条“农机托管走在前，农民外出多挣钱”的新路子。目前，全县农机专业服务合作社达296家，托管服务率达96%。实施托管后，行政村与合作社有效对接，根据托管作物种类、面积及作业环节合理配置机械，落实“人地机管”四结合，使农民由原来的农忙季节到处找机械到现在的季前村社统一配置机械，农机合作社由原来的无序无固定地点的流动作业到现在的订单式规模化的有序作业。同时，托管与秸秆禁烧的有机结合，使秸秆禁烧有了强有力的抓手，大大地缓解了禁烧压力，实现了经济、社会、生态“三大效益”明显增长。经济效益方面，托管后合作社实现了规模化订单作业，作业价格低于周边市场价格5~10元，降低了农民的种地成本；托管后在外务工农民农忙时可以不用返乡，据测算可节约农民工农忙返乡支出2亿元；托管后季前各类机械合理配置、连片作业、整村推进，收得快、种得早，作业周期缩短3天左右，为广大农机手在本地作业完成后进行跨区作业创造条件，有利于农机手利用南北收获的时间差增加收入。社会效益方面，蒙城县农业部门针对常发的农作物疾病提前布防，控制到位，有效提升了农产品质量；缩短收获时间，也减轻了禁烧压力；播种速度快，避免了天气变化对之前人工播种带来的不利影响，为丰收打下了坚实的基础。生态效益方面，实施托管后，农民不再直接种地，农机合作社成为落实秸秆禁烧和综合利用工作的有力抓手，实现了“零火点”目标。农事托管服务环节延伸，促进了秸秆综合利用的开展，全县小麦种植面积达194.71万亩，实施秸秆打捆面积为102.02万亩，秸秆打捆离田率为52.4%，秸秆综合利用率显著提高，为变废为宝，实现秸秆肥料化、能源化、饲料化、工业化、基料化提供了原材料，有效保护了生态环境。

通过“托管”的实施，农机合作社增加了效益，农民降低了成本，缓解了禁烧压力，促进了产业扶贫，实现农民、合作社和政府“三满意”。

5. 助力脱贫攻坚增加农民收入

蒙城县推行“一户一块田”改革前，每户平均有4~5块承包地，种植成本较高，投入劳动工时多，耕种、收割、灌溉等环节投入增大。实施“一户一块田”改革后，两季作物种植亩均节约成本30~50元，每年全县农业投入减支近2000万元。土地互换整合后，从土地上解放出来更多的农民成为产业工人，促进了农村劳动力转移，多渠道增加了农民收入。“一户一块田”的推行，整合出一部分土地，预留为村队集体土地，一部分用作发展用地，其余由村队集体公开进行发包，通过大面积流转土地和基础设施投入，吸引众多企业和合作社入驻，通过土地租赁、入股等方式，增加了集体收入，壮大了集体经济，拓宽了农民增收渠道，全县新型农业经营主体带动合作社成员共12万户。例如，小辛集乡李大塘村在实行“一户一块田”改革后，以安徽省精益诚食品有限公司为龙头，建立5000亩无公害蔬菜出口基地，生产加工保鲜蔬菜20余个品种，出口日韩、北美、欧洲等国家和地区，提供农民就业岗位2200余个，常年带动周边群众300余人就业，仅2018年就发放新型职业农民薪酬800万

图8　小辛集乡李大塘村的安徽精益诚食品有限公司的生产车间内，
工人在分拣刚刚采摘的新鲜蔬菜

余元，年人均增加工资性收入 2 万 ~3 万元。带动 327 户贫困群众共 1670 人持续增收、稳定脱贫。产业兴旺为脱贫攻坚注入了源源不断的动力，蒙城县于 2018 年 8 月正式退出了省级贫困县序列，脱贫户产业就业收入占总收入比例提高到 78.97%，真正实现了稳定高质量脱贫。

案例 3　发展特色产业　走出红薯脱贫路

近年来，蒙城县脱贫攻坚突出"产业、就业"，解决贫困户生产、生活困难，依托地方资源，发挥能人效应，实施产业脱贫，取得了良好的成效。蒙城县马集镇李魏村有加工红薯粉条的传统，返乡创业能人李凯成立合作社，引导群众大力发展红薯生产和粉条加工，走出一条发展红薯产业助脱贫的新路子。

合作社瞄准特色产业做文章，坚持"红薯富民，粉条脱贫"的发展理念，在"一户一块田"改革的基础上，采取"基地+合作社+农民（贫困户）"的模式，通过代种、代收托管，吸纳留守老人务工，参股分红，订单保护价收购等措施，对广大种植户提供从种苗供应、技术指导到收购销售的一条龙服务，通过种苗统一集中供应，产中统一技术服务，产后统一价格收购，真正实现了农民节本、增产、增收，有效调动了农民发展红薯产业的积极性。

特别是在带动贫困户致富路上，丽凯种植专业合作社更是走出了一条红薯脱贫的新路子。一是土地代收代种解决了因病致贫、无劳力致贫的增收难题。马集镇三关村贫困户王友玲，家中 4 口人 6 亩土地，儿子肝癌，一年的收入不够儿子看病的支出，致使儿媳妇远走他乡杳无音讯。2016 年丽凯专业合作社对其土地进行了代收、代种托管，签订每亩保底 2000 元收入合同，按照最低收入算，一年可收入 12000 元，同时把 59 岁的王友玲吸纳到厂里做包装工人，每天收入 80 元，一年又可以获得 28000 元的收入，这样算下来仅产业发展和就业这两项人均年可支配收入就达到 1 万元，脱贫不成问题。二是吸纳务工解决了偏远农村如何不养懒人难题。2016 年，合作社用工辐射马集村、李魏村、太平村、马庙村 4 个村 139 户贫困家庭。其中，每年长期用工每天都在40人，其中包括贫困户8人，生产高峰期每天需要用工300人，其中贫困户有60多人。贫困户李奎学今年72岁，家中5口人，妻子年迈多病，生活拮据。2016年，李老汉老两口都进入厂内务工，每人每天收入80元，这一项每年就直接增收超过5万元。三是参股分红解决了无资源、无老力、无收入“三无”家庭稳定增收问题。2015年，合作社运用太平村参股分红扶贫专项资金100万元，扩大红薯生产规模，同时按照合同约定为村集体经济分红10万元，通过评议给25个贫困家庭每户分到2000元、3000元不等的红利，村集体经济壮大了，也解决了“三无”人员的分红问题。2016年合作社又使用金融扶贫贷款200万元，其中为10个贫困家庭每户帮扶1000元。

6. 盘活土地资源、深化农村改革

蒙城县“一户一块田”改革有效盘活了农村耕地资源，既整合优化了农村土地资源，又为农村基础设施、公益性事业建设提供了用地支持，为农村综合改革预留了空间。

（1）摸清了耕地底数，核实了土地面积。“一户一块田”改革减少了垄沟、水渠、生产道路等占地，对一些荒废地、闲置地进行了整理，增加了土地面积。据统计，全县原二轮承包土地面积达183.86万亩，推行“一户一块田”改革后，核实耕地面积为216.4万亩，增加耕地面积达到17.69%（不包括村、组预留公益事业用地3.73万亩及2014年以来蒙城县城区规划建设征用土地等）。例如，乐土镇丁堂村原二轮承包土地面积为5200亩，推行“一户一块田”改革后，核实土地面积为5980亩，增加了780亩。立仓镇炮台沟村原二轮承包土地面积为6800余亩，推行“一户一块田”改革后，核实土地面积为9200余亩，增加2400余亩。

（2）奠定了农村土地确权登记颁证基础。推行“一户一块田”改革，不单是把农户细碎分散的小地块合并成连片集中的大地块，还须做好宣传发动、矛盾排查、纠纷化解、现场指界、丈量土地、“四至”定界、问题修补、结果公示、农户确认等工作，整个过程由村民代表监督，每户并块结果张榜公示无异议后，要经户主签字确认，然后逐户登记造册，最终形成完整的原始档案资料。这项改革奠定了农村土地确权登记颁证基础，为保障农村土地“确实权、颁铁证”提供了客观真实的依据。

（3）盘活了农村闲置宅基地。以乐土镇双龙村为例，通过“一户一块田”改革，全村统一规划集中建设新居占地450亩，节约耕地733亩。

（4）为未来发展农村公益事业留下空间余地。经过政府引导，村民讨论通过，村、组预留机动地7.23万亩，在推行“一户一块田”改革过程中，主要用于修建乡村道路、水利设施、植树造林、镇村开发及其他农村公共服务设施等。其中修建乡村道路1.6万亩，农田水利设施0.91万亩，植树造林1.01万亩，农民建房1.55万亩，镇村开发0.99万亩，其他农村公益设施1.17万亩。

7. 促进农村社会和谐稳定

蒙城县“一户一块田”改革能够有效减少农民邻里之间的矛盾冲突，过去每家至少要与6户以上承包地相邻，承包期内为“争地边”抢收强种现象时有发生，信访矛盾持续不断。“一户一块田”改革后，每户最多与2户承包地相邻，且地块面积、“四至”已经厘清，有效化解了农户之间地界不明、面积不实引发的信访积案，户与户之间因田埂地沟“多吃多占”等产生的矛盾纠纷大大减少。据蒙城县信访局提供的数据，该县推行“一户一块田”改革前后农村土地纠纷信访量对比，总体呈明显下降趋势。2014年群众上访379批628人次，2015年群众上访308批516人次，2016年群众上访275批406人次，2017年1—10月群众上访141批196人次。信访内容也有所变化，2014年“一户一块田”改革没有全面推行前，信访内容主要集中在农户承包地之间“四至”不明、地界不清、面积不准等承包纠纷，以及农民建房、修路、挖沟、建桥、造林等公益事业设施占地等矛盾纠纷。2016年蒙城县“一户一块田”改革全面推行后，农村土地纠纷信访案件大幅度下降，信访内容主要体现在尚有不足30%的地方，因没有推行“一户一块田”改革，农户承包地之间因墒沟地界不清、“四至”不明等纠纷引发信访问题，以及个别乡镇、村因结构调整、产业扶贫等，强行规模流转、集镇开发等农村公益事业建设占地补偿不到位等问题。

同时，随着土地的大面积流转，部分农民转化为农业工人，农闲时间更充足，对精神文化生活提出了更高的要求。“一户一块田”改革助推了农村产业兴旺，增加了农村集体经济和农民收入，村集体通过建设农民文化礼堂、社区居家养老中心，发挥乡贤能人、文化辅导员、体育健身辅导员作用，丰富了群众业余文化生活，提升了群众的精神文明素质，为农村和谐稳定奠定了基础。

（二）蒙城县“一户一块田”改革的典型经验

蒙城县开展的“一户一块田”改革创新实践，是在坚持国家农村基本经营制度的前提下，顺应民心民意进行的农业生产关系的适当调整。实践证明，该项改革有效地促进了农业生产力发展，持续有效地释放出制度红利，经验弥足珍贵，值得总结、发扬和推广。

1. 始终坚持尊重农民主体地位和首创精神

纵观中国40多年农村土地制度变革，历次重大创新都是从人民利益出发，顺应民心民意，尊重农民首创精神，把选择权交给农民，由农民选择而不是代替农民选择。改革之初搞家庭联产承包制，土地所有权归集体，承包权归农户，就是尊重农民群众自己的选择。现阶段，把农民土地承包经营权分为承包权和经营权，也是顺应农民保留土地承包权、流转土地经营权的意愿。蒙城县推进的“一户一块田”改革实践，正是蒙城县委县政府在已有基层农民自发实践探索的基础上，对农民首创精神的肯定与推广，是党和政府充分尊重农民意愿、创造和选择的产物。例如，2013年蒙城县委、县政府准备在全县19个乡镇各选1个基础较好的村进行试点时，就特别强调不搞强行推进。试点实施过程中，县、乡两级组织村干部、党员代表、群众代表谈心，让他们了解“为什么并地、怎么样并地、并地有什么好处”，让参与试点的农民和干部充分了解改革的意义、方法与步骤，充分尊重农民的知情权。在具体操作过程中，也充分征求群众意见，制定实施方案。此项涉及农村基本经营制度和农民最切身利益的改革实践，从计划全县推进到改革基本完成，仅用了4年时间，改革完成率达90%以上，不能不说与蒙城县正确地坚持群众路线，充分发挥农民的主体地位和农村自治村组的主导作用是分不开的。

2. 始终坚持处理好稳定与放活的关系

土地制度是我国农村基本经营制度的核心和基础，在深化农村土地制度改革过程中，要注重把握好变与不变的关系。历史告诉我们，改革绝不能在根本性问题上出现颠覆性错误，一旦出现就无法挽回。新形势下，农村改革的主线仍然是处理好农民与土地的关系，其中最大的底线就是坚持农村基本经营制度，这是党在农村工作的基石。不管怎么改，都不能把农村土地集体所有制改垮了，不能把耕地减少了，不能把粮食生产能力改弱了，不能把农民利益损害了。蒙城县在推行“一户一块田”改革的过程中，始终将“三个不变”原则作为前提和底线，即坚持土地农民集体所有性质不变，稳定农村二轮土地承包关系不变，坚持原村民组互换并块范围不变。正是有了这“三个不变”作为农村土地承包关系稳定的基础，才能在保障土地流转以及实现“三权分置”的过程中，给农民吃上“定心丸”，并且更好地探索放活土地经营权的有效路径，实现土地资源在更大范围内的优化配置，使农民利益得到切实保障。正是这种稳中求变、以活促稳的改革举措，使得蒙城农业产业实现了稳步发展，并带动农村文化、生态、治理等各方面出现欣欣向荣的良好局面，体现出我国农村基本经营制度的制度优势。

3. 始终坚持市场化改革方向

土地是资源，也是要素。在“一户一块田”改革的过程中，蒙城县始终坚持发挥市场在资源配置中的决定性作用，更好地发挥政府作用，提高土地要素的利用效率。在“一户一块田”改革之初，正是由于家家户户零散的地块越来越不利于大型农机耕作和规模种养业发展，出于提升蒙城县农业市场竞争力的压力和需求，当地农民自发探索合地并块的实践。在改革过程中，政府以市场为导向，对有利于农业生产力发展、有利于农业生产关系调优的改革举措给予大力支持，不仅具有鲜明的问题导向，而且体现出明确的市场化改革方向。“一户一块田”改革之后，农业企业、家庭农场、农民专业合作社、农业社会化服务组织等新型农业经营主体呈现出蓬勃发展的势头，以市场为导向带动土地流转和农业规模经营，蒙城县农村产业呈现出勃勃生机，农村集体经济和农民收入实现了快速发展。可以说，蒙城县“一户一块田”改革创新较好地处理了政府与市场的关系，通过市场这只“看不见的手”和政府这只“看得见的手”各司其职、优势互补，激发出市场活力。

4. 始终坚持统筹兼顾、分类指导

我国农村地域广阔，即使在同一个区县，各地资源禀赋、生产力发展水平差异仍然较大。深化农村土地制度改革，要始终坚持从实际出发，因地制宜、分类施策，做到“对症下药”“量体裁衣”。要立足各地资源条件、经济社会发展阶段和区域发展战略定位，开展符合当地实际的实践探索和制度创新，要坚持统筹兼顾，不搞“一刀切”，不搞“齐步走”。蒙城县在推行“一户一块田”改革时，统筹兼顾农村各项公益事业用地，分别按照美好乡村、道路、水利、林业等规划进行预留，预留土地属于集体所有，为将来深化改革预留了空间，为集体经济发展做出了储备。同时，蒙城各地推行“一户一块田”改革时，坚持分类指导，先易后难，稳步推进。选择村级班子强，群众基础好的地方率先突破，通过典型引路，示范带动，逐步推开，做到有的放矢，确保有序推进。在“一户一块田”改革过程中，也遇到了很多棘手的问题，如部分农户因外出经商、居住等原因，把原承包地退给组里或转让给其他农户耕种，后来又返乡要地等问题。对于这些问题，当地政府认真进行梳理分析，有法律政策依据的，严格按照法律政策办事；尚无法律政策依据的，本着公平、公开、公正的原则，充分发挥农民主体协商作用，由承包方给予代管方一定的经济补偿，使问题得到了妥善解决。

5. 始终坚持试点先行、循序渐进

蒙城县“一户一块田”改革过程中始终坚持稳中求进总基调，试点先行、由点及面、审慎稳妥推进，这样的改革步骤确保了“不翻烧饼、不走弯路”，使改革平稳有序地持续推进。一是先易后难，总结经验。改革试点开始时，选择条件较好的村民小组率先进行。各乡镇、村制定的具体实施方案需报经县农委审查后，方可实施。坚持用事实向群众宣传，引起群众反响。总结经验后，再全面推开。二是一鼓作气，全面“开花”。在条件成熟和群众普遍接受后，鼓起勇气，下定决心，全部村民组同时展开。让问题充分暴露，在解决问题的基础上，成熟一个，合并一个。三是化解矛盾，把握分寸。“一户一块田”改革推行成功与否，化解矛盾是重中之重。问题解决了，群众没意见了，工作也就好做了。所以改革推进过程中，基层干部把大部分精力都用在了化解矛盾、解决问题上。至于运用什么办法，要充分发挥基层智慧。只要有一个问题没解决都不能强行抽号，要分清轻重缓急，把握好分寸，在解决问题和政策运用上拿捏得要准。既不能急躁，也不能放弃；既不能激化，也不能听之任之，没有主心骨。四是公开公平，阳光操作。所有环节均在阳光下进行，公开、公平、公正。在干部把握政策的前提下，“一户一块田”改革推行小组由群众选，合并方案由群众讨论，矛盾问题听取群众意见，由群众评判，抽号打桩由群众参与。无论是党员干部还是普通群众都毫无掩饰，这也是“一户一块田”改革推行能否成功的关键，也是群众是否满意的关键。

五、蒙城县“一户一块田”改革的推广价值

（一）“一户一块田”改革是农村基本经营制度的完善与发展

农村土地制度是农村基本经营制度的基础和核心，改革农村土地制度必然涉及农村基本经营制度的坚持、发展与完善问题。蒙城县在新的历史条件下，根据群众意愿进行了“一户一块田”的改革试点，对当地的农业发展和农民增收起到很好的作用，对于其他情况相似的地方也有很好的参考和借鉴价值。

（1）在广大的北方平原地区有推广的价值。北方平原地区土地平整、连片，推广蒙城县的做法具有同样的效果，也很有必要。但对于南方的丘陵地区，其推广的价值就要因地制宜，具体分析，不宜“一刀切”。当然，如果通过农田整治与水利建设，平整大片土地，这时的土地承包就可以按照蒙城“一户一块田”改革的方式进行。

（2）要选择有利时机推进改革。蒙城县对“一户一块田”改革的改革起步较早，赶在土地确权之前，这样就与土地确权颁证相结合，在确权中一并解决家庭承包“一户一块田”的问题。可以说改革时机与政策之间实现了无缝对接。如果土地确权颁证后才推行，就会涉及太多问题，实施起来成本过大，即使有许多好处也有待考虑。

（3）通过“一户一块田”改革，完善了土地承包关系，实现了以家庭为基

础的规模经营。改革适应了农业生产力发展要求，同时符合民意，有利于集体，对我国农村基本经营制度的完善与发展具有积极意义。

（二）“一户一块田”改革是实现乡村振兴的重要引擎

党的十九大提出实施乡村振兴战略，习近平总书记提出了实现乡村振兴的五大路径，即乡村产业振兴、乡村人才振兴、乡村文化振兴、乡村生态振兴、乡村组织振兴。蒙城县“一户一块田”改革，激活了农村土地市场，促进了农业农村要素流转，直接或间接地带动了乡村产业兴旺、生态宜居、乡风文明、治理有效、生活富裕，成为乡村振兴的重要引擎，具有重要的推广价值。

1. 带动产业振兴，实现强村富民

农村最大的资源是土地，蒙城县通过实施“一户一块田”改革，为农业规模经营创造了条件，带动了农业产业振兴。例如，蒙城县双涧镇东岳村将蔬菜产业作为当地脱贫致富的主导产业，2015 年建立了蔬菜基地，后将蔬菜基地承包给兴岳种植专业合作社，合作社负责提供与蔬菜种植技术有关的服务，供应种植基地所需的生产资料，组织收购、销售种植基地生产的蔬菜，引进新技术、新品种，开展蔬菜种植技术培训、技术交易和咨询服务等。目前，该合作社已发展成为国家级标准化蔬菜种植园、安徽市场质量信誉消费者满意推荐单位、省级示范社，并通过安徽省无公害农产品产地认定，成为当地推动农业生产结构调整与促进农民增收的重要产业。经初步估算，该蔬菜基地上的每个贫困村每年实现集体经济收入达 10 万 ~ 15 万元，在保证村级正常财务开支的同时，每年可拿出3 万 ~ 5 万元用于村级公益事业，5 万 ~ 10 万元用于扶持 10 ~ 20 户因病、因残等无劳动能力的贫困户脱贫。承包蔬菜大棚的农户，按每个农户承包 2 个蔬菜大棚计算，每棚每年可实现净收益 6000 元以上，每户每年可增收 12000 元以上；进入基地务工的家庭成员，按每年务工 100 天、每天工资 50 元计算，每人每年在不影响本户生产生活、学到技术的同时，增加工资性收入 5000 元以上。

2. 带动人才振兴，增强发展活力

人才振兴是乡村振兴的重要动力来源。只有扭转城乡人才单向流动的局面，吸引人才回流农村，实现城乡人才均衡有序流动，乡村发展才有希望，城乡和谐友好的局面才能实现。蒙城县“一户一块田”改革，对土地资源及其附着在土地上的生产关系进行调整，释放了生产力，并通过合理的政策设计，将资源变成资产，为人才在乡村施展才能提供了平台。

李晓峰是阿土部落生态农庄的创立者，该生态农庄坐落在蒙城县乐土镇，占地600多亩，从小小一枚土鸡蛋开始创立品牌，并一步步向集生态农业、休闲旅游、康养教育为一体的田园综合体目标迈进。李晓峰2001年参加工作，起初在外资企业。2008年开始，他自主创业投身精密机械加工行业，开始几年行业发展迅速，生意也很红火，但因竞争激烈，事业发展遭遇瓶颈。2013年，在“一户一块田”改革的基础上，蒙城县政府实行新农业改革，大力推行土地流转，实现农业规模化生产，再加上政府推出创业优惠政策号召在外创业青年返乡创业，而有着“做生态农产品”梦想的李晓峰选择了返乡创业。阿土部落在流转土地后，返聘农户到农庄务工，农庄平均每日用工40余人，其中贫困户有21人，年发放农户务工人员工资约100万元。除了带动附近乡民就业外，阿土部落还吸引了一些年轻人回到家乡，施展才能。农庄招聘了6位“90后”返乡青年从事网络电商运营工作，带动200多人参与农产品销售。“家乡的发展越来越好，我特别开心，因为我也是其中的参与者。”李晓峰说，走得再远也不能忘记回家，而且家乡的创业条件和政策那么优惠，能够把自己在外面学到的东西带回来，参与家乡的建设，是一件特别幸福的事儿。

3. 带动文化振兴，弘扬乡贤文化

蒙城县文化底蕴深厚，人才辈出。结合“一户一块田”改革，蒙城县努力建设乡贤文化，发挥新乡贤作用，在广大群众中形成了崇德向善的良好氛围。农村优秀基层干部、道德模范、身边好人等先进典型，成长于乡土，奉献于乡里，在乡民邻里间威望高、口碑好，正日益成为“新乡贤”的主体，成为落实社会主义核心价值观的践行者，为乡贤文化注入新活力。在乡贤文化的促进下，新乡贤层出不穷，几年来，蒙城县共涌现出“中国好人”（41人）、“安徽好人”（30人）、“亳州好人”（55人）等各级身边好人、道德模范3200余人，被誉为“全国好人第一县”，被安徽省文明办确定为全省三个“身边好人榜设立试点县”之一，有力地推动了蒙城县精神文明建设。

4. 带动生态振兴，建设美丽乡村

蒙城县通过实施“一户一块田”改革，将耕地资源集中在一起，提高了耕地资源使用效率，为发展生态和美丽乡村建设留出了空间。李大塘村通过发展蔬菜、苗圃、花卉产业，将原有村庄打造成为省级美丽乡村示范村，并通过发展乡村旅游，吸引周边市民到现场观光、采摘，让李大塘村旅游示范村的名声更加响亮。村民宋桂侠说，从十几年前嫁入李大塘村，村子里的环境从来没有这么漂亮过。陶庙社区在“一户一块田”的基础上，通过实施“一乡一业”“一村一品”“一村一韵”和名优农产品“品牌”战略，激发村庄内在活力。通过着力打造中心村内的水系景观、广场绿地，营造出“林在村中建、人在园中居”的人居环境。大力提倡居民生活垃圾分类减量，垃圾“户投放、村收集、镇转运”机制运转正常，环卫保洁实行网格化管理。

5. 带动组织振兴，增强示范引领

蒙城县“一户一块田”改革创新实践，为乡村组织振兴提供了契机。一是新型农业经营主体快速发展，农民组织化程度迅速提高。据统计，自“一户一块田”改革以来，蒙城县农业龙头企业、农民专业合作社、家庭农场、新型产业化联合体等各类经济组织呈现出蓬勃发展势头，在这些组织的带领下，农民以各种方式进入农业产业化、农业现代化的发展格局中，为农民组织化程度的提升起到了很好的引领作用。二是创新社会管理，乡贤文化深入人心。蒙城县各乡镇在乡贤中选出有时间，愿意为群众服务的代表成立“乡贤理事会”，根据当地实际情况制定《理事会章程》和《管理制度》。引导大家逐步参与理事会开展的各种活动。理事会成员像一根红线贯穿于政府和群众之间，既为群众服务，也可为政府提出相应的意见和建议，提高群众参与的积极性和主动性。2016 年，王集乡率先在杨沟村试点，以古贤、近贤、今贤为依托，建设乡贤文化广场、乡贤馆，让广大群众尊崇乡贤、学习乡贤有目标、有对象。该乡在前期推行“两代表一委员”服务和管理的基础上，积极引导乡贤参事员参与村级事务管理、化解基层矛盾。目前，全乡每一个自然庄作为一个网格、一个服务区域，都设有乡贤参事员，实施网格化管理。三是党建引领有了抓手，党组织领导核心地位巩固加强。蒙城县通过“一户一块田”改革，释放了土地要素活力，为农业农村经济快速发展创造了空间，为农民脱贫增收致富提供了有效路径，基层党组织开展工作有了好的抓手。亿兆种植专业合作社结合大学生村干部创业、精准扶贫等，成功走出了一条“合作社 + 支部 + 村干部创业 + 精准扶贫”的新型产业经营之路。合作社坚持党员先行、示范引领，2015 年 6 月成立合作社党支部，共有 5 名党员，将党支部政治上的优势和合作社经济上的优势“合二为一”，合作社从开始的 230 亩耕地发展到现在的 2300 亩耕地，呈现出党建和经济发展双赢的良好局面。

（三）“一户一块田”改革是实现农业现代化的可行路径

按照邓小平同志“两个飞跃”的思想，我国要实现农业现代化，在家庭承包经营“分”的基础上，还要发展农业规模经营“合”的作用，通过市场化的手段和方式，提高农业竞争力。我国现代农业发展的实践证明，开展农业适度规模经营，可以有效提升农业生产效率、生产效益和市场竞争力。蒙城县开展“一户一块田”改革后，激活了土地要素市场，农业规模经营迅速发展。据了解，蒙城县的农业规模经营主要有以下五种模式。

1. “整村流转集中居住”模式

该模式将宅基地集中后，能够整理出很多耕地，有效增加了耕地面积，同时便于流转，整理出的耕地可以留作集体经济发展。例如，乐土镇双龙村从 2009 年实行“一户一块田”改革以来，在村中心划出 450 亩的宅基地，以户为单位等面积分配给各户，由各户按照统一标准建造双层住房，并且在村中心建设了广场和休闲设施。集中居住前，双龙村总共的宅基地占地面积为 1200 余亩，仅仅集中居住这一项，就节约耕地 700 余亩，这 700 余亩土地的收益归全体村民所有。2009 年，双龙村开始引进农业企业，村委会作为中间人，对接农户和企业等新型农业经营主体。土地集中形成规模以后，由村委会出面招商引资，对企业看中的地块由企业和村委会签订租赁合同，村委会和农户签订租赁合同。

2. “新型农业经营主体 + 农户”模式

该模式中的新型农业经营主体可以是农业龙头企业、农民专业合作社等，相应地可以发展为“农业企业＋农户”“农业企业＋合作社＋农户”“合作社＋农户”“合作社＋企业＋农户”等多种模式类型。该模式较为常见，是蒙城县“一户一块田”改革后引进和培育新型农业经营主体的主要方式。例如，蒙城县辛集乡李大塘村现有耕地7800余亩，并且大多数青壮年劳动力外出务工，只是在播种和收获季节返乡进行耕作，农业收入不是他们收入的主要部分，“一户一块田”改革后，土地规模经营的基础条件逐渐具备。安徽精益诚食品有限公司成立于2005年6月，位于亳州市蒙城县辛集乡李大塘村，以60亩地开始从事蔬菜出口产业，由于适销对路，规模不断扩大，但是由于土地分散在不同的农户手中，企业的发展面临生产能力的瓶颈，土地规模化、集约化经营提上了议事日程。在企业的需求和耕地规模经营条件逐渐具备的前提下，该公司下属的禾兴出口蔬菜种植专业合作社与李大塘村签订长期土地租赁合同，流转了4000亩地到合作社，再由合作社与企业签订供货合同。当地村民把土地流转出去以后，就可以到精益诚食品有限公司上班，通过培训可以掌握一门技术，使每一个人都有就业的门路。同时，禾兴出口蔬菜种植专业合作社只是安徽精益诚食品有限公司下属的合作社，为了满足海外的市场需求，安徽精益诚食品有限公司也和周边的农业合作社进行合作，目前给精益诚食品有限公司供货的土地面积达到8000亩。

3.“土地托管或半托管”模式

该模式的托管主体主要是农机合作社，农户将自己土地耕种的部分或全部环节托管给农机合作社，由农机合作社提供相应的服务，农户交付合作社相应的服务费用，土地上的收益归农户所有。这种模式体现了生产专业化分工的要求，是目前与土地规模经营并行的较为流行的另一种规模经营方式。例如，2017年代敏农机合作社与三义镇三义社区签订协议，甲方是三义镇三义社区，乙方是蒙城县代敏农机专业合作社，协议约定的作业面积是4500亩，作业地点是三义镇三义社区，作业时间是夏秋两季农业生产主要环节的作业服务，作业服务标准为320元/亩，并且规定实际作业时按照当地的市场价不高于市场农机作业价格，结算方式由甲方代收，并且在作业完成后由甲方一次性付给乙方，其余对作业标准进行了要求。在与农户签订的作业合同中，则详细地规定了每个作业环节的收费标准以及出现风险时的责任划分。比如，服务的项目及收费标准是小麦植保每亩 8 元，小麦机械化收获每亩 70 元，小麦秸秆粉碎还田每亩 20 元，玉米板茬直播每亩 40 元，玉米植保每亩 8 元，玉米机械化收获每亩 80 元，玉米秸秆粉碎还田每亩 20 元，小麦旋耕播种每亩 50 元。合同中约定作业服务的质量要达到《蒙城县农业生产全程社会化服务作业标准》，合同也约定由于自然原因或者其他人为原因（如冻害、倒伏、家畜践踏）导致的农业生产风险，甲方不承担责任。

4. 政府引导的“反租倒包”模式

该模式下先由政府根据当地资源禀赋和市场条件选定农业产业发展方向，然后进行前期投入建设，等到条件成熟后再将土地租给愿意经营的农户。例如，蒙城县立仓镇由于地势低洼，土地规模经营只能在水资源上做文章，蒙城县结合立仓镇低洼地、湿地等水资源优势，努力变“水患”为“水利”，开展稻虾共作、藕虾共作和小龙虾精养等特色养殖业，实现了“一季双收，一水两用，循环高效，绿色发展”的目标。由于政府对养殖小龙虾的各地公司和农户没有信心，第一个稻虾共作项目由蒙城县城市投资有限公司主导，2016 年，通过与村里签订

图 9　“一户一块田”改革后，立仓镇形成了独具特色的虾稻共作产业基地

土地流转合同，流转土地8000余亩，每年每亩土地的租金是1000元，由蒙城县城市投资有限公司进行投资，充分利用水资源的优势，根据不同地形开挖池塘，做好所有稻虾共作的前期准备工作，然后再以每亩每年1200元的价格租给当地愿意进行稻虾共作的农户。

5．“村社合一”模式

该模式最大的特点就是从事农业产业成员的边界清晰，合作社的社员就是本村村民，这也是集体经济发展的典型模式。例如，蒙城县土桥现代农业种植专业合作社是以蒙城县许疃镇土桥村为基础成立的，土桥村现有农户835户3768人7260亩耕地。2014年村委会开始组织“一户一块田”改革工作，合作社也于2014年3月成立，村党总支书记兼任合作社社长，合作社成立以后，就作为一个独立的实体进行运作，合作社共有理事7人，每人投资30万元作为注册资本。全村7260亩耕地全部加入合作社，农民以土地入股分红，保证每亩地每年最低收益800元。合作社现年产优质小麦4000吨，年产优质玉米4350吨，有大型农机具20余台套，并有大型烘干塔一座。

在以上五种模式的带动下，蒙城县农业规模经营有序开展，标准化、集约化等生产方式迅速与农业生产经营有机结合，现代农业发展具备了坚实基础，有些地方已经成功实现了传统农业向现代农业的转型。

（四）“一户一块田”改革是脱贫攻坚与农民增收的重要抓手

到2020年，我国要实现全面建成小康社会，就必须加快补齐农业农村这个全面小康社会的“短板”和“短腿”。蒙城县通过推动“一户一块田”改革，促进了农村特色产业发展，使之成为农村脱贫攻坚和农民增收的有效抓手。据了解，蒙城县把发展特色产业作为村强民富的源头活水，走差异化发展道路，研究制定了《蒙城县产业精准扶贫规划（2016—2020）》，强化对有条件发展特色种养业的贫困村进行支持；编制了《蒙城县特色种养业“菜单”式扶贫参考手册》和《特色种养扶贫项目指南》，规范蔬菜、食用菌、水果等10类57项产业项目操作技术，印发了《蒙城县关于新型农业经营主体扶贫贷款担保有关事宜的会议纪要》，出台了《关于印发蒙城县农业产业扶贫奖补方案的通知》。同时，在

“一户一块田”改革成果的基础上，蒙城县加大对发展特色产业的扶持、奖补力度，于2016年投入2700万元支持42个贫困村发展特色产业，奖补特色种植业贫困户1140户，特色养殖业贫困户705户，户均奖补2000元，全县所有贫困村都达到了省规定的特色种养业标准。农民增收方面，蒙城县通过产业带动，农民收入实现了持续较快增长。据统计，蒙城县第一产业产值从2008年的54.427亿元增加到2018年的99.402亿元，年均增幅6.2%；农民人均收入也从“一户一块田”改革前（2008年）的3995元增加到2018年的13091元，年均增幅12.6%。

（五）“一户一块田”改革是深化农村改革的有效切入点

在所有农村改革中，农村土地制度改革具有基础性地位，牵一发而动全身，土地制度改革的成功与否将直接或间接决定其他各项改革的进展和成效。蒙城县“一户一块田”改革，不仅盘活了农村土地要素资源，而且对深化农村其他改革均具有重要意义。一是培育发展了新型农业经营主体，奠定了现代农业发展基础。土地零散承包，如果新型农业经营主体流入上百亩土地，可能就要涉及几十户农民，若农户一次土地流转不完，其流转土地的主动性就会减弱。实行“一户一块田”改革后，彻底改变了这一被动局面，加快了土地流转进程，促进了农村承包地“三权分置”新格局的形成，奠定了现代农业发展的基础。二是推进了农田基础设施建设，改善了农业生产、农民生活和农村生态条件。实现“一户一块田”改革后，为土地整治创造了条件，推进了土地平整工程、田间道路工程、农田水利工程和生态防护工程的落地，改善了农田生产条件、农民生活条件和农村生态条件。三是提高了农业效率，提升了现代农业的市场竞争力。“一户一块田”改革使在农田上使用农业机械、专业社会化服务成为可能，提高了农业生产效率，同时专业化生产与市场对接，直接面向市场需求，参与市场竞争，久而久之将大幅提升我国现代农业的市场竞争力。四是实现了承包经营权的集中，为发展农村土地金融和农业保险创造了条件。土地零散承包，给土地确权造成了极大的不便。即使确权发证了，金融或保险部门也无法对一户承包的几块、十几块乃至几十块零碎土地进行现场确认，办理贷款或保险手续。“一户一块田”改革将土地更好地从资源形态转变为资产形态，有利于金融保险的介入。

六、蒙城县“一户一块田”改革存在的问题与挑战

（一）蒙城县“一户一块田”改革存在的主要问题

蒙城县“一户一块田”改革取得了积极成效，受到了广大农民群众的普遍拥护，但在改革过程中和改革完成后，仍然存在一些问题，需要引起重视和改进。

1. 农田基础设施配套有待加强

“一户一块田”改革解决了蒙城县土地零散细碎化问题，提升了耕地资源价值，为耕地从资源转变为资产提供了必要条件。然而，要实现土地资源的市场价值，除了改变土地形态之外，还需要进行土地整治、农田水利建设、土地产权市场建设以及交易制度设计等一系列配套措施改革。据了解，当前蒙城县农田基础设施建设还有待加强，建设标准还有待提高，部分农田实现整块连片之后的基础设施还满足不了新型农业经营主体的要求。例如，部分地方反映高标准农田建设项目没有得到有效落实，有些高标准农田还没有实现电灌配套、修水渠的配套，影响了农业生产。

2. 发展现代农业的人才较为缺乏

人才振兴是实现乡村振兴的重要引擎。蒙城县“一户一块田”改革后，农业龙头企业、农民专业合作社、家庭农场等新型农业经营主体快速发展，带动乡村产业实现了质的跨越。然而，从调研了解的情况来看，目前留在农村从事农业生产经营的仍然以老年人和妇女居多，与现代农业发展要求相适应的新型职业农民队伍、农业科研人才队伍、农技推广人才队伍、农村实用人才队伍、农业技能人才队伍等均处于供不应求的状态。如何完善蒙城县在农业人才的培养、引进、使用、激励等方面的政策措施，营造良好环境，促进人才向农村集聚，仍然是现代农业发展过程中不能回避的重要问题。可以说，人才问题解决的好坏程度，决定了蒙城农业现代化的未来。

3. 农村金融支持不能满足现实需求

农村金融是现代农业的血液。蒙城县“一户一块田”改革后，针对农业龙

头企业、家庭农场、农民专业合作社等新型农业经营主体在发展壮大过程中对金融的需求，蒙城县加快创新金融产品，率先在全国实施农业产业化联合体贷款，率先在亳州市启动“劝耕贷”创新试点，并通过“税融通”、“4321”新型政银担、“532”小额贷款保证保险等方式，为涉农中小微企业发放贷款。虽然取得了一定成效，但是与现实中新型经营主体的贷款需求相比，还存在较大差距。调研了解到，凡是处于发展壮大过程中的农民合作社、家庭农场等，均存在贷款需求没有得到有效满足的情况，在一定程度上制约了蒙城县“一户一块田”改革的后续效果。

4. 土地政策的模糊地带有待明确

蒙城县“一户一块田”改革是在现有家庭承包经营的基础上，对农地生产关系的局部调整，改革必然涉及现有土地利益的重新分配，从改革以后农民群众和各级干部的反馈来看，仍然有一些政策处于模糊地带，造成了基层矛盾，亟待进一步明确。例如，“五保户”的土地继承使用问题。2014 年，蒙城县出台了《关于转发蒙城县推进农村土地互换并块暨农村土地确权登记颁证工作意见的通知》（蒙政办〔2014〕35 号），对“五保户”的土地继承使用问题进行了明确。“对已经去世的，其承包土地依法收归所属村民小组集体所有”，有些特殊情况继续使用的也明确了使用条件、期限和范围，但是由于国家相关土地法律法规没有明确此方面的内容，于是出现了五保户去世后，其承包地被亲属无偿占用的情况。据了解，目前蒙城每个乡镇都存在上述情况，成为“一户一块田”改革的遗留问题。此外，还有些存在于农村田边、沟边、路边、宅边的“四边地”，改革前农户为扩大种植面积，纷纷种上了作物，改革后“四边地”都收归集体所有，但是收回集体后的土地使用权却没有明确，群众对此议论较多。

5. 农地托管整体服务质量有待提升

农地托管服务是实现农业适度规模经营的有效途径。蒙城县“一户一块田”改革后，农地托管逐渐具备了条件，在政府和市场的双重作用下，托管服务逐渐发展起来，但由于乡镇缺乏统筹合一的农事服务管理运行平台，整体服务质量仍然有待提升。蒙城县农机作业托管是在政府主导下进行整村推进的订单作业模式。即在镇、村两级的组织和领导下，通过村社双向有效对接，选择有条件的农机合作社与农户签订农作物耕种收托管作业合同，开展订单服务的模式。通过这种模式，实现农忙季节从托管前的农机无序作业到现在的有序作业，从托管前的农民找机械到现在由合作社统一安排配置机械的转变，从而避免了机械使用的重复浪费现象，使农机作业效率达到最大化。但对于乡镇来说，由于缺乏统筹合一的农事服务管理运行平台，一方面，行政村作为托管实施的一方主体，由于村组干部对托管工作的认知和重视程度的不同，没有从本村生产实际出发彻底领悟农事托管政策的导向、目标，责任落实、工作组织、宣传发动等跟不上应有的工作节奏，而仅仅是被动执行；另一方面，作为托管实施的另一方主体——农机合作社，由于其运营管理、服务能力、组织调度、技术应用等方面的不均衡，托管实施各干各的，从而导致全镇托管的整体质量、农户满意度不高。

（二）蒙城县“一户一块田”改革面临的主要挑战

随着我国工业化和城镇化的快速推进，农业农村面临着巨大的变革和转型。蒙城县“一户一块田”改革后，土地制度变革本身和土地制度变革带来的挑战同样需要引起重视。

1. 农业规模经营中的政府与市场关系问题仍需理顺

政府与市场的关系问题是农业经济中绕不开的基础性问题，由于农业与其他产业相比相对弱势，同时农业领域还存在市场失灵的情况，所以政府介入进行补贴和干预是必要的。世界上农业经济较为发达的国家，政府都或多或少地对其有补贴和干预。蒙城县在通过“一户一块田”改革实现农业规模经营的过程中，从改革到助推土地规模经营、服务规模经营（农事托管），政府的积极介入起到了重要作用。但是，仍要清醒地看到，农业规模经营仍然要发挥市场的决定性作用才能持续，政府介入的度是否合理，直接影响规模经营的质量和未来发展。例如，在土地规模化这个问题上，规模化初期，政府通过优惠政策吸引各类新型农业经营主体进入，推动效果非常明显，随着经营主体的引入，后续的经营则要交给市场，政府要做好服务，建立有利于各类要素顺利、有序流转的平台和机制。如果过多干预市场，那么最终造成的损失还是要由政府来埋单。在全国其他地方有很多政府过度干预农业规模经营而导致产业发展失败的例子，蒙城要引以为戒。

2. 农业规模经营的风险规避与保障机制不健全

“一户一块田”改革后，从事农业规模经营的主体增加，在扩张过程中必然面临着自然风险和市场风险扩大的情况。这其中存在的风险主要有以下三点：一是盲目追求过大的土地流转规模而忽视农业生产根本和市场容量，从而导致成本上升，产品滞销，造成规模不经济；二是规模经营排斥传统小农户，对小农户形成挤出效应，不利于社会稳定，如有些地方发展资本和技术密集型产业，对劳动力的需求较少，土地流转出去的农户找不到合适的工作岗位，久而久之形成社会问题；三是工商资本进入后从事非农化、非粮化生产经营，背离“一户一块田”改革初衷，对农村土地资源造成破坏，这种情况较为极端，必须严令禁止，但是在实践中却经常出现。综合上述规模经营容易引发的风险，蒙城县在深化“一户一块田”改革过程中，应建立农业规模经营的风险规避和风险保障机制，如发展农业政策性保险，针对特定农产品建立“保险＋期货”风险规避体系，加强产前、产中、产后的监管体系，系统性地降低农业规模经营带来的各项风险。

3. 集体预留土地和“宅田合一”存在不稳定因素

蒙城县“一户一块田”改革允许集体预留部分机动地作为储备，用于发展公共或公益事业，然而对于留多少，预留土地如何确权，如何使用却没有明确规定。这就容易形成新的矛盾。例如，有的村将集体预留土地有偿或无偿分配给农户使用，有的村则留在集体手中用作统一用途。前一种情况可能导致村内兴办公益事业时无地可用，后一种情况则可能导致分配不公引发群众不满。究竟集体应不应该预留土地，以及集体收回的土地是应该继续发包给农户，还是留在集体手中统一使用，目前尚有争议。但是从蒙城实践看，基本上集体都有预留土地。这样一来，集体预留土地的分配权、收益权应该予以明确，分配给谁、收益归谁也应该形成一套制度规则，这样才能避免引发群众之间新的矛盾。此外，蒙城县“一户一块田”改革时实行的“宅田合一”做法，即将宅基地和承包地捆绑在一起进行统筹分配的方式，导致有的村改革无法顺利推进，有的村随着人口增长出现无宅基地问题。可以预料，在未来宅基地改革以及征地制度改革时，实行“宅田合一”的村庄必然会因利益问题而引发新的矛盾，这一点值得重视。

4. 城镇化进程中的承包地退出问题亟待明确

蒙城县“一户一块田”改革后，耕地的要素作用凸显，对耕地流转的需求增加；同时，随着城镇化的快速推进，越来越多的农村人口离开农村，对耕地流转的供给也将增加。这就面临着承包地是否应该退出以及怎样退出的问题。土地承包权退出是深化农村土地制度改革的一项重要内容。总的来看，全国开展土地承包权退出试点范围不大，涉及的农户和退出的耕地数量不多，尚处于初始探索阶段。随着“一户一块田”改革的深入，蒙城也面临这一问题。总体来看，还是要尊重农民意愿，统筹处理好各方面的关系。一是试点先行，采取渐进退出方式，允许先部分退出，达到一定条件后再全部退出。二是建立健全配套政策。要把具备进城落户的能力和条件作为退地农户的基本“门槛”，加强审核，严格执行。要制定退地农户的补偿政策，为退地农户在养老、住房、非农就业技能培训等方面提供支持。三是切实保障农民权益。要充分保障农民对退地程序、退地方式、补偿标准等关键问题的知情权，及时、足额地将退地补偿款兑付到农民手中，及时兑现就业、医疗、教育等相关支持政策，使他们无后顾之忧，不给社会稳定留下隐患。

5. 土地规模经营中的粮食安全问题凸显

“一户一块田”改革的目的就是要盘活土地资源要素，促进流转和适度规模经营，进而发展现代农业，提升农业效益。调研发现，蒙城县“一户一块田”改革完成后，在吸引新型农业经营主体、促进规模经营方面与改革前相比有了质的变化，但很多新型经营主体反映，仍然有些配套政策亟待跟上。对新型农业经营主体的支持力度不够，特别是对从事粮食生产的农民合作社、家庭农场的支持力度难以有效保障粮食生产面积。与种植经济作物相比，粮食作物生产的利润空间较小，种粮补贴较少，如果不加大对种粮主体的扶持，很难保障粮食生产面积不减少，粮食生产不滑坡。历史经验证明，粮食产量降下去容易，恢复起来则需要很长的过程，要时刻紧守保障粮食安全的底线，确保饭碗牢牢端在自己手上。

七、深化蒙城县“一户一块田”改革的思路、任务与建议

蒙城县“一户一块田”改革为我国新形势下深化农村土地制度改革提供了很好的基层实践，其启示与经验值得总结和借鉴。在即将实现第一个百年奋斗目标和乡村振兴战略的大背景下，继续深化蒙城县“一户一块田”改革，巩固改革成果，把握改革方向，厘清改革思路，具有重要意义。

（一）深化蒙城县“一户一块田”改革的主要思路

在工业化和城镇化快速推进的背景下，蒙城县农业农村发展面临着农业生产从传统向现代转型，农村社会从封闭向开放转变，城乡关系从割裂向融合转化的新形势。新形势下深化“一户一块田”改革，主线仍然是处理好农民与土地的关系。党的十九大提出，农村土地第二轮承包到期后再延长30年，这是保持土地承包关系长久不变的重大举措。要严格保护农户承包权，任何组织和个人都不能取代农民家庭的土地承包地位，都不能非法剥夺和限制农户的土地承包权。在“一户一块田”基础上的土地流转，无论流转时间多长，农村土地承包关系都要保持稳定。

新形势下深化“一户一块田”改革，目标是不断探索农村土地集体所有制的有效实现形式，健全农村土地要素市场化配置机制。要在“一户一块田”的前提下，完善承包土地的所有权、承包权、经营权“三权分置”制度，在依法保护集体土地所有权和农户承包权的前提下，平等保护土地经营权。要提升土地要素的市场化配置能力，加强土地经营权流转管理和服务，推动土地经营权等农村产权流转交易公开、公正、规范运行。在“宅田合一”的背景下，要探索宅基地所有权、资格权、使用权“三权”分置，落实宅基地集体所有权，保障宅基地农户资格权和农民房屋财产权，适度放活宅基地和农民房屋使用权。

新形势下深化“一户一块田”改革，重点是要从辩证的角度科学把握农村土地制度变与不变的关系。坚持和完善农村基本经营制度，决不动摇。农村土地属于农民集体所有，是农村基本经营制度的“魂”；集体土地承包权属于农民家

庭，是农村基本经营制度的根本。要以农村土地集体所有、家庭经营基础性地位、现有土地承包关系的不变，来适应土地经营权流转、农业经营方式的多样化，推动提高农业生产经营的规模化、集约化、专业化、组织化、社会化，使农村基本经营制度更加充满持久的制度活力。

新形势下深化“一户一块田”改革，路径是走出一条适合蒙城县地域特点的农业现代化道路。要从“一户一块田”改革后蒙城县的自然资源禀赋、农业生产条件、农村社会发育、乡村振兴进程、城乡关系转变等重要特征和关系出发，更多地考虑如何推进蒙城的农业和农村现代化问题，既要解决好农业问题，也要解决好农民问题和农村问题。要处理好培育新型农业经营主体和扶持小农生产的关系，农业生产经营规模宜大则大、宜小则小；要把握好土地经营权流转、集中、规模经营的度，与城镇化进程和农村劳动力转移规模相适应，与农业科技进步和生产手段改进程度相适应，与农业社会化服务水平提高相适应。

新形势下深化“一户一块田”改革，底线是坚持农村土地集体所有制底线、坚持粮食生产能力底线、坚持农民利益不受损害底线。农村土地制度改革涉及农业农村根本，牵涉的主体、包含的利益关系十分复杂，牵一发而动全身，必须坚持稳中有进、健康有序的基调，审慎稳妥推进。无论怎么改，都不能把农村土地集体所有制改垮了，不能把耕地改少了，不能把粮食生产能力改弱了，不能把农民利益损害了，决不能犯颠覆性错误。

（二）深化蒙城县“一户一块田”改革的主要任务

新形势下深化蒙城县“一户一块田”改革，主要任务就是要在坚持农村基本经营制度的基础上，以市场化改革为方向，立足保护农民土地权益，完善现代农地产权制度，不断提高土地资源要素利用效率。

1. “一户一块田”改革与落实农村土地“三权分置”有机结合

明晰的产权关系是农村土地实行“三权分置”的核心。“一户一块田”改革后，要处理好农地所有权、承包权、经营权关系中各个权利主体与土地的关系，界定各个权利主体的权利边界，明确其所享有的权利范围，以维护各自合法权益。要认真总结“一户一块田”改革的经验和不足，深入开展农村土地确权登记颁证“回头看”，彻底整改纠正在推行“一户一块田”改革和农村土地确权登记颁证中引发的各类问题，通过明晰土地所有权、稳定承包权、放活经营权，真正让农民吃上一颗长效“定心丸”，放心流转土地，真心入股经营，安心分红获利。

2. “一户一块田”改革与农村宅基地改革、集体经营性建设用地改革、征地制度改革协同共进

农村承包地、宅基地、集体经营性建设用地、征用土地属于不同性质的土地类型，目前后面“三块地”的改革也正在试点推进，改革过程中不能将每块地的改革孤立对待，而应该统筹兼顾各类土地制度改革。例如，蒙城县“一户一块田”改革涉及的土地为承包地，土地性质属于集体所有制的公有制形式，就是说在一个集体所有制群体中“农村一块田”“农村宅基地”“农村集体经营性建设用地”都是该集体经济组织的共有财产。根据新的土地管理法规定，“农村集体经营性建设用地”在一定条件下和国有土地一样“同地同价”，可以入市，而即将入市的这部分“农村集体经营性建设用地”若被一小部分人管理使用受益，则存在着本集体经济组织利益调整的问题；蒙城县“一户一块田”在改革过程中，通过“宅田合一”的方式调整了农户承包地和宅基地之间的利益关系，若宅基地改革后实行“三权分置”，则宅基地上获得的收益与“宅田合一”时的利益分配有了联系，这其中也存在着利益调整问题；当国家为公共利益需要征收集体土地时，若不是全部农户土地被征收，仅是一部分农户的“一户一块田”被征收，也存在着本集体经济组织土地调整的问题。这样看来，集体经营性建设用地的入市过程、宅基地使用权的流转过程、土地征收过程都冲击了农村“一户一块田”的暂时平衡。因此，上述“四块地”改革应该统筹考虑、协同推进。

3. “一户一块田”改革要促进农村“三变改革”持续深化

蒙城县“一户一块田”改革实现了农村土地资源的重新整合，整合后的土地更加具有市场价值。深化“一户一块田”改革，就是要将农村的土地从资源变成资产，土地上投入的资金变成股金，农民变成股民，即农村“三变改革”。下一步，要不断完善农村社会保障体系，逐步将农村劳动力从土地上转移出来，逐渐让新型经营主体取代承包农户，实现土地资源变成经营资产；要不断拓宽农

村产权交易市场服务功能，保障土地价格实现机制切实发挥作用，深入推进农村土地承包经营权、宅基地使用权、农民房屋财产权等市场交易，广泛吸纳农村闲置资金入股经营现代农业，实现资金变股金；要不断创新农村土地承包经营权入股、抵押、担保和股份合作收益分配等机制，通过“劝耕贷”农村融资模式、“保底分红+盈余返还”等收益分配模式，保障农民不种地，收入不减少。让农民放心参股入股发展规模农业，由农民变成股东。

4. “一户一块田”改革要推动农业组织化程度稳步提升

从我国城镇化发展趋势来看，即使城镇化达到发达国家80%的水平，仍然有好几亿农民留在农村，如何将这些农户纳入现代农业的发展轨道，使之与新型农业经营主体一样同步实现现代化，是当前中国农业农村发展面临的重要挑战。蒙城县同样面临着这个问题，这就需要通过改革带动，提高农业组织化程度。下一步，要将“一户一块田”改革与农业生产、经营、服务体系建设结合起来。一方面，“一户一块田”改革必将促进农业规模经营，对农业生产、经营、服务体系建设提出更高的现实要求；另一方面，“一户一块田”改革也将为农业生产、经营、服务体系建设提供更好的条件。在此基础上，把承包农户连片集中的大地块，与植保组织、农技推广、产品营销和农村经济能人等新型经营主体有效对接，积极探索土地托管、代耕代管、转包转让、合作经营等模式。着重提升新型经营主体的管理能力、经营能力，培育一大批懂技术、善经营、会管理的新型农业经营主体，扩大农业适度规模经营，同时加强产品品牌化建设和产业链条建设，提升产品科技含量，促使更多经营主体上规模、上水平，带动周边农户加入生产、经营、销售体系中，通过合理的利益连接机制，实现共赢共享。

5. “一户一块田”改革要有效带动乡村全面振兴

乡村振兴战略是党的十九大提出的我国农业农村发展的宏伟蓝图。要实现乡村振兴战略提出的产业兴旺、生态宜居、乡风文明、治理有效、生活富裕总要求，需要不断深化农村改革。蒙城县“一户一块田”改革改善了农村土地的资源禀赋，随着附着在土地上的生产关系的调整，必将极大地释放农业生产力。当前蒙城县的农村产业振兴已经迈出了实质性步伐，下一步，要在乡村产业兴旺的基础上，充分发挥集体经济优势，将乡村的人才振兴、生态振兴、文化振兴、组织振兴带动起来，实现乡村的全面振兴。

（三）深化蒙城县“一户一块田”改革的政策建议

深化蒙城县“一户一块田”改革，要站在农业农村综合改革和乡村全面振兴的角度，分类指导，统筹推进，加快完善政策体系，促进改革再出发。

1. 统筹制定“宅田合一”改革后续政策

蒙城县推行“宅田合一”，解决了“一户一块田”改革推进过程中多占宅基地的问题，平衡了宅基地和承包地的关系。但是，随着土地制度改革的深入推进，农村宅基地改革已经拉开序幕，宅基地改革同样面临着确权和“三权分置”的问题，所以在深化“一户一块田”改革过程中，要将宅基地改革与“一户一块田”后续改革结合起来，出台政策时要统筹考虑承包地改革、宅基地改革、集体经营性建设用地改革以及征地制度改革，充分尊重农民意愿，充分发动群众，明确政策导向，将矛盾化解在最基层。

2. 完善农村基础设施与公共服务

农村基础设施和公共服务落后，是城乡差距最直观的一个表现，也是农民反映强烈的一个民生痛点。深化“一户一块田”改革，要下大力气完善农田基础设施和农村公共服务，补齐农村基础设施和公共服务短板。要在“一户一块田”改革的基础上实施村庄基础设施建设工程，加强农村饮用水、道路、用电、住房、物流、信息网络等基础设施建设，提升农村教育、医疗、卫生、社会保障、文化体育等公共服务水平，加强农村污染治理和生态环境保护，推动农业农村绿色发展，建设山清水秀、天蓝地绿、具有蒙城特色的生态宜居乡村。

3. 加快发展壮大农村集体经济

村级集体经济是保证农村经济发展的基础，是强化农业基础，增强农业发展后劲，促进农村精神文明建设的经济保证。深化蒙城县“一户一块田”改革，要将发展壮大集体经济作为重要任务来抓。蒙城县要以“一户一块田”改革为契机，挖掘自身优势，鼓励各地采取不同经济发展模式，为增强集体经济拓宽发展渠道。要加快推进制度创新，利用引进新型农业经营主体，发展农业规模经营的有利时机，完善村集体、村民与新型农业经营主体的利益连接机制。要合理开发集体资源，引导各村立足资源、区位等优势，发展村级集体经济。

4. 强化农业风险保障与风险管控

蒙城县“一户一块田”改革在助推农业规模经营的同时，也带来了更多的农业风险。深化“一户一块田”改革，要多措并举，防范和降低土地经营权流转带来的风险。一是强调风险管控，鼓励有条件的地方探索建立土地经营权入股风险防范制度。鼓励实行“保底收益＋按股分红”，让农民特别是贫困户在土地经营权入股中有稳定收益。二是探索风险防范措施。集体经济组织应对承包农户土地经营权流转情况进行书面备案，对公司、农民专业合作社使用承包地进行监督。探索“优先股”，让农民在让渡公司经营决策权的同时享有优先分红的权利；探索“先租后股”，让农民先出租土地，在公司、农民专业合作社具有稳定良好的经济效益之后再入股。三是发挥保险化解风险的作用。扩大农业政策性保险覆盖面，增强公司、农民专业合作社抗风险能力。探索多种土地经营权入股保险和农产品“保险＋期货”试点，提高农民抗风险能力。四是强化政府部门风险防范工作。加快完成农村承包地确权登记颁证，建立完善土地经营权价格评估体系，建立健全土地经营权流转市场，做好土地承包经营纠纷调解仲裁工作，为土地经营权流转提供保障。

5. 加快发展农村金融服务

蒙城县“一户一块田”改革后，农村金融服务滞后成为新型农业经营主体最迫切需要解决的问题。要明确金融服务方向，不断加大对乡村振兴起重要作用的农村产业融合、新型农业经营主体、乡村旅游等重点领域的金融支持力度，推动农业农村新产业、新主体、新业态在乡村振兴中的发展速度，助力“三农”转方式、调结构、增收入。要创新农村金融产品和服务，在土地经营权抵押贷款上有所作为，要围绕脱贫攻坚、粮食安全、绿色农业，以及第一、第二、第三产业融合等乡村振兴重点领域，强化金融产品和服务方式创新。要鼓励金融机构通过发行绿色金融债券等方式，筹集资金用于污染防治、清洁能源、节水、生态保护、绿色农业等绿色领域。要围绕助推金融精准扶贫，以全面开展普惠金融业务为抓手，着力提高金融服务的普惠性，改善民生能力。

6. 以农业农村信息化引领改革再出发

信息化作为现代农业的基础特征之一，必将成为蒙城深化“一户一块田”改革，促进改革再出发的重要抓手。一是鼓励农业农村信息科技创新。要加快农业农村信息化科技创新，深入实施农业物联网试验示范，加快建设农业农村大数据，为农业技术推广创新提供更好、更全面的在线服务。二是完善农村网络物流等基础设施。要加强农村地区信息化基础条件建设，加快电信普遍服务试点进度，强化农村物流体系建设，大力推动农业农村电子商务发展。三是加大农业信息化培训力度。加大农业农村信息化人才培养，加大新型职业农民信息化培训力度，推动蒙城县农村信息化和农业农村电商人才培养取得新进展。

［执笔：谭智心　贾存斗］

第三部分

分宜县“县级融媒体改革”研究

概要：县级融媒体中心建设是媒体融合重大战略的下沉和重要组成部分，旨在打通宣传和服务的“最后一公里”，更好地引导群众和服务群众。

在全国的县级融媒体中心建设中，江西省分宜县融媒体改革形成了自身的方法论，具体说来，一是基于科学顶层设计的系统化改革，在顶层设计、理念、机构、技术平台、人才、激励约束机制、公司化运营、商业模式重构等方面进行了系统化的改革。二是具备两个优秀的“一把手”，使融媒体改革既能获得足够支持，又能有效落地。三是敢于啃体制机制改革的硬骨头。一方面，启动以薪酬改革为抓手的激励约束机制改革；另一方面，成立融美文化传媒公司，真正解决“造血”机制。四是快速迭代创新，秉持永远在路上的心态，在技术平台、人才、产业运营等方面快速迭代创新。

研究发现，由于外部环境和发展基础不同，在进行县级融媒体中心建设时，东部发达地区先进融媒体中心的建设经验难以全面复制到广大的中西部地区县级融媒体中心建设当中，而地处中西部地区的分宜县融媒体中心建设的经验，对广大中西部地区、经济欠发地区县级融媒体中心建设则具有很大的借鉴价值和推广价值。从这个意义上讲，深入总结、推广分宜县融媒体改革意义重大。

未来，以分宜县融媒体中心建设为代表的县级融媒体改革应把自身定位为“新时代治国理政新平台”，以“智媒体、智慧政务、智慧城市”为抓手，建设现代传播能力和重构商业模式与盈利模式，为我国基层治理体系和治理能力现代化探索更多经验与路径。

关键词：融媒体　改革　中西部　治理体系和治理能力现代化

互联网对传统媒体造成了根本性冲击，二次销售的商业模式坍塌，传播能力和影响力都大幅度削弱，严重影响了引导群众和服务群众的能力。针对传统媒体陷入困境的现状，习近平总书记多次指出“过不了互联网这一关，就过不了长期执政这一关”，并于2014年8月提出了媒体融合的重大战略和工程，以抢占互联网尤其是移动互联网的舆论主阵地。此后中央级、省级和地市级媒体按照习近平总书记的指示积极推进媒体融合，在爆款新闻开发、移动新闻客户端、体制机制改革等方面都取得了显著的效果。但是长期以来，作为治国理政“最后一公里”的县级媒体却没有得到足够重视，融媒体发展严重滞后，引导和服务群众的能力弱，不利于国家的长治久安。

为了彻底改变这一现状，习近平总书记在2018年8月召开的全国宣传思想工作会议上指出，“要扎实抓好县级融媒体中心建设，更好引导群众、服务群众”。此后，全国各地县级融媒体中心建设轰轰烈烈展开，而地处我国中西部地区的江西省新余市分宜县成为其中的佼佼者，在县委书记李逸翔等领导的大力支持下，早在2016年就开始谋划融媒体改革，进行了系统化的改革，在舆论引导、服务群众、产业发展、人才提升等方面都取得了实实在在的效果，形成了县级融媒体改革的“分宜样本”，为中西部地区的县级融媒体中心建设提供了很好的借鉴样本。

一、媒体融合深化是分宜县“县级融媒体改革”的时代大背景

分宜县“县级融媒体改革”是我国媒体融合战略下沉的具体实践，深层次原因是传统媒体传播力和影响力大幅度下滑，而融合目标就是占领互联网尤其是移动互联网舆论主阵地。

（一）媒体融合提出的背景

自1994年4月20日互联网正式进入我国以来，互联网媒体经历了PC互联网、移动互联网和智能互联网三个发展阶段，在快速发展的同时也给传统媒体带来了严峻挑战，传统媒体陷入了受众大量流失、“二次销售”商业模式和盈利模式坍塌、骨干员工大批离职、传播力大幅度削弱的恶性循环中。

1. 受众大量流失

在互联网的强力冲击下，传统媒体的受众开始大量流失，用户开始快速转移

到互联网尤其是移动互联网上。根据中国互联网络信息中心（CNNIC）发布的《第44次中国互联网络发展状况统计报告》，截至2019年6月，我国网民规模达8.54亿人，互联网普及率达61.2%；我国手机网民规模达8.47亿人，网民使用手机上网的比例达99.1%。由于受众大量流失，传统媒体用户连接失效，传统媒体已经不再是用户获取信息的第一入口，这就导致传统媒体的传播功能大幅度丧失，进而造成广告收入断崖式下滑。

2. “二次销售”的商业模式和盈利模式坍塌

所谓“二次销售”商业模式和盈利模式，即第一次把传统媒体的内容销售给受众，同时具备传播功能；第二次把传播功能销售给广告主，进而实现商业模式和价值变现的闭环。由于受众不再把传统媒体当成获取信息的第一入口，甚至不再当成重要入口，必然导致传统媒体的传播功能大幅度下降，进而造成广告收入断崖式下滑，传统媒体的二次销售模式自然就坍塌了。2012年，我国报业广告就开始出现断崖式下滑，此后期刊、电视广告的断崖式下滑也开始出现，目前不少传统媒体已经入不敷出、陷入严重困境。

3. 骨干大量流失

由于传统媒体陷入困境，难以给员工尤其是骨干员工提供具有激励性的薪酬和激发创新创业活力的事业平台，造成骨干大量流失。

（1）传统媒体骨干离职现象严重。传统媒体的骨干流失从21世纪初就开始了，先是采编骨干，后到经营骨干，再到创始人。而目前传统媒体骨干流失现象尤为严重。

（2）看不到希望是骨干离职大潮形成的根本原因。一是传统媒体的市场地位江河日下，难以提供足够有市场竞争力的薪酬水平；二是传统媒体的体制弊端使得事业心难以得到有效满足，传统媒体的“大锅饭”式的平均主义、激励约束不足、对失败的苛求等体制性弊端让创新创业难以发生。

4. 传播力严重削弱

受众的大量流失导致传统媒体的传播功能严重削弱，传统媒体的舆论引导能力和传播力也不可避免地受到严重影响。经过25年多的快速发展，互联网媒体已经从传媒业的边缘走到中央，成为真正的主流媒体，而传统媒体则逐步边缘化。

对于传统媒体传播力、影响力的严重下滑，习近平总书记有很好的总结。他在2013年8月19日召开的全国宣传思想工作会议上指出，很多人特别是年轻人基本不看主流媒体，大部分信息都从网上获取。必须正视这个事实，加大力量投入，尽快掌握这个舆论战场上的主动权，不能被“边缘化”了，要解决好“本领恐慌”问题，真正成为运用现代传媒新手段新方法的行家里手。

（二）媒体融合的提出

为了从根本上改变传统媒体的困境，促进传统媒体升维为互联网媒体，党中央和习近平总书记审时度势，及时提出了媒体融合这一重大工程，以构建基于互联网的现代传播能力。

2014年8月18日，在中央全面深化改革领导小组第四次会议上，审议通过了《关于推动传统媒体和新兴媒体融合发展的指导意见》。习近平总书记指出，推动传统媒体和新兴媒体融合发展，要遵循新闻传播规律和新兴媒体发展规律，强化互联网思维，坚持传统媒体和新兴媒体优势互补、一体发展，坚持先进技术为支撑、内容建设为根本，推动传统媒体和新兴媒体在内容、渠道、平台、经营、管理等方面的深度融合，着力打造一批形态多样、手段先进、具有竞争力的新型主流媒体，建成几家拥有强大实力和传播力、公信力、影响力的新型媒体集团，形成立体多样、融合发展的现代传播体系。习近平总书记的讲话为媒体融合做出了初步的顶层设计，一是在融合思维上要强化互联网思维，彻底转型为互联网媒体；二是融合目标是建成几家拥有强大实力和传播力、公信力、影响力的新型媒体集团。

在媒体融合这一重大战略性工程提出之后，中央级媒体、省级媒体以及地市级等各级媒体开始大力推进媒体融合。在具体实践中，“中央厨房”成为重要抓手，在技术平台建设、爆款新闻开发、移动新闻客户端打造等方面取得了一定进展。2016年2月19日，习近平总书记在党的新闻舆论工作座谈会上指出，近几年，新闻媒体在融合发展方面做了大量工作，取得令人可喜的成绩。但是，从总体上看，发展还很不平衡，有的是“＋互联网”，而不是“互联网＋”，只是将传统媒体和新媒体作简单嫁接，没有实现融合。融合发展关键在于融为一体，合二为一。在这次会议上，针对前一阶段媒体融合的实践及存在的突出问题，习近平总书记着重指出，要尽快从相“加”阶段迈向相“融”阶段，从“你是你、我是我”变成“你中有我、我中有你”，进而变成“你就是我、我就是你”，着力打造一批新型主流媒体。

此后，各级媒体根据习近平总书记的指示进一步深化媒体融合，取得了较好的效果。在新闻客户端方面，中央级媒体打造了人民日报客户端、央视影音客户端、新华社发布客户端等移动新闻客户端，省级媒体打造了澎湃新闻、封面新闻、“南方+”、浙江新闻等移动新闻客户端；在爆款新闻方面，《人民日报》、央视、新华社等打造了一批数以亿计传播量的爆款新闻；在体制机制改革方面，中央电视台、中央人民广播电台、国际广播电台整合为中央广播电视总台；人民日报社等推出了新闻工作室等改革措施；天津、辽宁、浙江等省份整合当地的广电和报刊资源组建传媒集团；为数不少的传媒单位开始推进薪酬改革等，以起到更好的激励约束作用。

（三）县级融媒体中心建设的提出

随着我国媒体融合的进一步发展和深化，相比中央级、省级和地市级媒体，县级媒体融合进展相对滞后，在舆论引导和服务群众方面存在严重不足。习近平总书记审时度势，及时提出了县级融媒体中心建设这一时代命题，把媒体融合这一重大工程下沉到县级区域。

1. 提出建设好县级融媒体中心

2018年8月21日至22日，全国宣传思想工作会议在北京召开，习近平总书记在会议上指出，要加强传播手段和话语方式创新，让党的理论“飞入寻常百姓家”。“要扎实抓好县级融媒体中心建设，更好引导群众、服务群众。”① 除了舆论引导功能之外又提出了服务功能，这是习近平总书记对马克思主义新闻观的进一步丰富和完善，为媒体融合改革深化提供了坚实的理论支撑。

---

① 习近平．关于推动传统媒体和新兴媒体融合发展的指导意见［EB/OL］.（2014-08-18）［2019-04-06］. http://media.people.com.cn/n/2014/0818/c120837-25489622.html.

2. 制定出县级融媒体中心建设的时间表和路线图

2018 年 9 月 20 日，中宣部在浙江省湖州市长兴县召开县级融媒体中心建设现场推进会，对在全国范围推进县级融媒体中心建设做出部署安排，要求 2020 年底基本实现县级融媒体中心在全国的全覆盖，2018 年先行启动 600 个县级融媒体中心建设；并且要求“努力把县级融媒体中心建成主流舆论阵地、综合服务平台和社区信息枢纽”。[①] 一方面，制定出了县级融媒体中心建设的时间表和路线图；另一方面，对县级融媒体中心的功能进行了科学界定。

3. 颁布相关建设规范，指导县级融媒体中心建设

2019 年 1 月 15 日，中共中央宣传部、国家广播电视总局联合发布了《县级融媒体中心建设规范》（以下简称《规范》），国家广播电视总局发布了《县级融媒体中心省级技术平台规范要求》。[②] 《规范》提出要整合县级广播电视、报刊、新媒体等资源，开展媒体服务、党建服务、政务服务、公共服务、增值服务等业务，而省级技术云平台则为县级融媒体中心提供技术支撑、运营维护。

4. 指出县级融媒体建设路径：利用制度化优势践行“互联网 + 跨界”

2019 年 1 月 25 日，中共中央政治局在人民日报社就全媒体时代和媒体融合发展举行第十二次集体学习，习近平总书记强调，全媒体不断发展，出现了全程媒体、全息媒体、全员媒体、全效媒体，信息无处不在、无所不及、无人不用，导致舆论生态、媒体格局、传播方式发生深刻变化，新闻舆论工作面临新的挑战。而对于如何创新新闻舆论工作，习近平总书记指出：“媒体融合发展不仅仅是新闻单位的事，要把我们掌握的社会思想文化公共资源、社会治理大数据、政策制定权的制度优势转化为巩固壮大主流思想舆论的综合优势。”[③] 习近平总书记的讲话，不仅为媒体融合改革的下一步深化指明了方向，也为县级融媒体中心建设充分利用制度优势进行跨界融合指明了方向，即充分整合各类资源打造新时代的治国理政新平台。

---

① 浙江新闻客户端．县级融媒体中心建设全面启动 中宣部这样部署［EB/OL］.（2018 - 09 - 21）［2019 - 04 - 20］. https://zj. zjol. com. cn/news/1036366. html.

② 闪电新闻．中宣部等发布《县级融媒体中心建设规范》［EB/OL］.（2019 - 01 - 15）［2019 - 04 - 20］. https://baijiahao. baidu. com/s? id = 1622708828806466127&wfr = spider&for = pc.

③ 习近平．加快推动媒体融合发展 构建全媒体传播格局［J］. 求是，2019（3）.

（四）县级融媒体中心建设加快铺开

县级融媒体中心建设主要分为省级技术平台和县级融媒体中心两部分，在省级融媒体平台上主要表现为各类“云”，在县级则表现为县级融媒体中心建设。

1. 省级融媒体技术平台方面初见成效

各省市的省级媒体在推进自身的媒体融合时，基本上搭建了具有延展性的融媒体技术平台，为了更好地适应省级融媒体技术平台的要求，基本上采取“云化”的方式来为县级融媒体中心提供技术支撑和运营维护，做得较好的省级融媒体技术平台如下。

（1）浙江日报报业集团在“媒立方”的基础上推出了省级媒体融合技术平台“天目云”，目前已经有超过 80 家机构入驻。

（2）湖北广电集团的“长江云”平台。该平台目前聚合了 119 个地市级媒体端口，如“云上恩施”“云上孝感”“云上黄石”“云上潜江”等。[①]

（3）整合天津所有媒体资源而打造的“津云”。

（4）山西广播电视集团和山西报业集团联合投资打造的山西云媒体平台。

此外，还有江西日报传媒集团的“赣鄱云”、四川日报报业集团的“四川云”、湖南日报报业集团的“新湖南云”、中南出版传媒集团旗下红网推出的“红云”、广西日报传媒集团的“广西云”等。

2. 很多县已经挂牌县级融媒体中心

在中央大力鼓励和支持县级融媒体中心建设的政策大背景下，各省都在快速推进县级融媒体中心建设，目前已经有大量的县级融媒体中心挂牌。其中，北京市、福建省等地已经实现了县（区）级融媒体中心建设全覆盖：2018 年 7 月 21 日，海淀区融媒体中心挂牌成立，16 个区级融媒体中心全部挂牌，北京成为全国第一个实现融媒体中心全覆盖的省级行政区；截至 2018 年 12 月 17 日，福建省 84 个县（市、区）融媒体中心全部挂牌成立，实现县级融媒体中心全覆盖。[②]

---

① 宋建武，乔羽．建设县级融媒体中心 打造治国理政新平台［J］．新闻战线，2018(23)．

② 唐瑞峰．多地已实现“县级融媒体中心”建设全覆盖（附十大模式案例）［EB/OL］．(2019－01－26)［2019－04－20］．http://dy.163.com/v2/article/detail/E6G1ISO805148MKI.html.

浙江、河南等地在2019年实现全覆盖，截至2018年10月，浙江省已有42个县（市、区）挂牌成立统一的传媒中心或传媒集团，2019年底基本实现了县级融媒体中心在全省的全覆盖。①

（五）县级融媒体中心的主要探索

目前，经过多年的融合探索，媒体融合逐步形成了相对成熟的“模式”。在省级融媒体技术平台方面，浙江日报报业集团（以下简称“浙报集团”）的“天目云”和湖北广电集团的“长江云”成效明显；在县级融媒体中心方面，浙江的长兴传媒和瑞安日报都走在全国前列。

1. 浙报集团基于“媒立方”的“天目云”

浙报集团秉承“传媒控制资本，资本壮大传媒”的理念，定位为互联网枢纽集团，以“重建用户连接”为目标，按照互联网规律，提出了“新闻+服务”的商业模式，其中服务包括政府服务和生活服务。尤其是为了倒逼浙报集团进行彻底的互联网转型，以更好地建设现代传播能力和重构商业模式与盈利模式，与大数据上市公司拓尔思深度合作打造出了融媒体平台“媒立方”，成为国内真正实现采编流程再造的传媒集团，融合转型取得了实实在在的效果。

浙报集团基于集团内使用的“媒立方”，推出了面向浙江省乃至全国的“天目云”，是全融合、智能化的新型内容生产与传播服务平台，它以开放式云架构和微服务的形式，提供基础数据服务、大数据分析服务、内容生产服务、舆情服务、指挥监测服务、产品运营服务、流量变现服务和数据交易服务八大类功能。不仅能够帮助县级融媒体中心提升传播能力，而且能够帮助其沉淀用户和重构盈利模式，更能够帮助地方政府提升其治理能力，进而成为当地治国理政新平台的重要组成部分。

2. 湖北广电集团“长江云”的政务服务探索

“长江云”是湖北广播电视台旗下的移动新媒体平台，重点实施“新闻+政

---

① 浙江新闻客户端. 县级融媒体中心建设全面启动 中宣部这样部署[EB/OL].(2018-09-21)[2019-04-20]. https://zj.zjol.com.cn/news/1036366.html.

务 + 服务”的商业模式，将舆论引导与意识形态管理、政务信息公开、社会治理和智慧民生服务三者融为一体，实现了由单纯的新闻宣传向公共服务领域的延伸拓展。

“长江云”平台通过技术创新打通后台，使多个产品共享一个后台，按照“一地一端”布局。截至目前，“长江云”平台汇聚了湖北全省 17 个市（州）及所辖县（市）、省直厅局 119 个官方客户端，新媒体产品 8112 个，平台综合用户 8192 万人。依托“长江云”省级“中央厨房”，实现了媒体“一次采集，多样编辑，多种产品，多端分发”。“长江云”的融合，突破了媒体边界，实现了跨行业、与各级党政部门的打通与跨界融合。目前，湖北省省市县三级已有 2220 个政务部门入驻“云上系列”客户端的移动政务大厅。①

3. 浙江长兴传媒集团的全媒体融合

浙江长兴传媒集团由长兴县广播电视台、宣传信息中心、县委报道组、政府门户网站整合而成，是全国第一家整合县级广电、报业资源等全部媒体资源的县域全媒体传媒集团，具体策略如下。

（1）对组织架构进行设计重构，实现机构、人员的彻底融合。目前，集团在党委会领导下，设董事会、编委会、经营管理委员会，分别负责重大决策、新闻制作、经营创收等工作。

（2）以全媒体运行理念，重塑采编播发工作流程，制定完善了全媒体运行管理、目标责任考核和融媒体平台安全刊播审核问责等规章制度。

（3）在全媒体运行管理方面，明确了全媒体信息采集、采访、编审、刊播平台的职责，改变原来多个媒体平台各自为政的采、编、播流程，深化新闻资源集成共享。

（4）在集团内部激励机制方面，长兴传媒集团实行中层岗位两年一次竞聘上岗，专业技术岗位实行“首席”聘任制，建立五档薪酬制度，打破编制内外人员身份，通过积分制考核体系，量化升降档标准，实现按岗定薪、同岗同酬、量化考核、多劳多得。

---

① 张建红 . 实施平台战略创新融合路径——长江云平台建设的思与践［J］. 新闻战线，2018(10).

（5）积极抢占优势体制资源。抓住无线城市网络建设的契机，完成自有品牌“i－changxing”无线 WiFi 系统建设，覆盖政府机关办事大厅、重点交通枢纽、旅游景点等全县主要公共场所。利用全县 6000 余个监控摄像头，实时收集突发事件、重大活动、体育赛事等视频资源素材。集团组建了长兴慧源有限公司，负责长兴智慧城市顶层设计与核心平台的建设运营，加强经济社会各领域数据资源的集中存储、互联互通和协同应用，深化全县信息化资源的有效整合和共享服务。目前已接入 48 个部门，完成 392 项信息资源等数据的梳理和聚合。①

长兴传媒集团成立七年多来，传播能力快速提升，经济实力大幅度增强，目前已拥有三个电视频道、两个广播频率、一份报纸、两个网站，“两微一端”用户超过 65 万，有线电视用户 18 万户，成为整合广播、电视、报纸、杂志、网站、“两微一端”、大数据业务的县域全媒体。截至 2018 年底，传媒集团总资产 9 亿多元，2018 年经营收入高达 2.32 亿元。

4. 致力成为“城市运营商”的瑞安日报社

瑞安日报社在构建“新闻＋服务”的区域中心的基础上，建设了以本土新闻和智慧资讯为核心的信息服务主平台，以网络问政和智慧行政为核心的政务服务主平台，以消费电商和智慧社区为核心的生活服务主平台，以众创空间和特色小镇为核心的产业服务主平台。通过近几年的探索，瑞安日报社从报纸经营拓展到城市生活服务和产业服务，从单一的媒体运营商成为城市运营商，多元化收入的大幅度增长很好地反哺了传统媒体的发展和与新兴媒体的有机融合，又有力地助推了当地产业的转型升级。

综上所述，县级融媒体中心建设是新时代治国理政新举措，是强化新闻舆论阵地、提升社会治理水平、加大风险防范力度的有效方法。县级融媒体中心建设将打通媒体融合的“最后一公里”，连接群众的“最后一公里”，基层治理的“最后一公里”，更好地满足人民群众的信息需求，扩大主流价值的影响力版图，让党的声音传得更开、传得更广、传得更深入。

---

① 光明日报调研组．县级融媒发展的“长兴探索”[N]．光明日报，2018－12－07(7).

二、分宜县“县级融媒体改革”的实践内容

江西省分宜县地处赣西中部，下辖12个乡镇（街道办）和1个省级工业园区，总面积为1389平方公里，总人口33万人，人口和总面积在江西省100个县区中属中等偏下，经济社会发展水平在全省属中等偏上。近年来，分宜县大力实施生态立县、特色兴县、工业强县、文化活县“四县”战略，加快推进产业转型升级，经济社会发展态势良好。2018年，实现国民生产总值245亿元，增长8.3%；财政总收入完成24.2亿元，实有财政收入增长21.4%；城镇居民和农村居民人均可支配收入分别达31964元和17540元。为了更好地宣传和服务好分宜县委县政府的中心工作，2016年7月，根据江西省委宣传部和新余市委宣传部的部署，分宜县按照机构融合倒逼人员、技术、管理、运营融合和省、市、县、乡（镇）、村（社区）五级联通的总体思路，全面启动了县级融媒体中心建设的试点探索工作。2016年9月，江西省新余市分宜县融媒体中心挂牌成立，坚持“因地制宜融合，转型升级发展，裂变效应凸显”的建设思路，重构县级媒体建设与运行机制，探索出了一条适合中西部地区的县级传统媒体与新兴媒体融合发展的新路子。

图1　分宜县融媒体大厦

（一）实施县委“一把手工程”

分宜县把县级新闻媒体融合发展工作列为县委全面深化改革的重点突破项目，成立了专项改革工作领导小组，确立了由县委书记负总责、直接抓，县委宣传部长具体抓，组织部长、常务副县长参与的工作格局。出台了县属新闻媒体融合发展改革工作方案，细化责任分工。建立了联席会议制度，强化工作调度，确保改革顺利、稳步推进。县委书记李逸翔高度重视，经常过问调度，主要在四个方面倾力支持。

1. 给机构给编制

（1）在机构设置和人员编制上，支持分宜县融媒体中心升格为正科级全额拨款事业单位，在原有基础上增加全额拨款事业编 6 个，编制数达到 40 个；自主招聘编外人员 14 名，编外人数增加到 21 人。

（2）优先配齐、配强融媒体中心班子，给予分宜县融媒体中心两个正科级的职位，两次为融媒体中心招考开绿灯。具体做法可以概括为“三加一减”。所谓“三加”，是指在机构级别、领导职数和事业编制上做加法，融媒体中心领导班子由原来的一个副科，升格为“两正三副”，其中主任、总编正科各 1 名，副主任、副总编副科 3 名；事业编制由原来的 34 个（其中空编 12 个）增加到 40 个。所谓“一减”，是指在内部科室设置上做减法，设置了“两室三部”，分别为总编室、办公室和新闻采访部、编辑制作部、技术部。

2. 加大财政投入，经费上优先保障

分宜县财政通过逐年增加预算和全额返还预算外收入，保障融媒体中心所需经费。一是将融媒体建设费用列入 2017 年县政府民生实事，单独立项 900 万元；二是 2019 年又投资 1100 多万元再次启动融媒体中心升级版建设；三是为县级融媒体中心配套的融美文化传媒有限公司提供 300 万元融资担保。

3. 资源上给予充分倾斜

为进一步做大做强融美文化传媒有限公司，切实增强分宜县融媒体中心发展活力和后劲，分宜县委、县政府把“县融媒体大厦”（原县广电中心大楼）、广场 LED 大屏、影剧院等国有资产划归融媒体中心或委托融美文化传媒有限公司经营管理，推动融美文化传媒有限公司实体化，增强融媒体中心的可持续发展能力。

4. 薪酬制度改革和编外用工上提供政策扶持

在分宜县融媒体中心的薪酬制度改革和编外用工方面，江西省委常委、宣传部部长施小琳，省委宣传部副部长罗勇兵，新余市委书记蒋斌，新余市市长犹瓅等领导多次进行悉心指导；新余市委宣传部部长郭力根更是亲力亲为，帮助解决了薪酬制度改革和编外用工方面的不少工作难题。

（二）强化顶层设计

分宜县在建设县级融媒体中心时，高度重视顶层设计，进行了系统的规划设计。

（1）2016 年 6 月，分宜县委宣传部根据时任江西省委常委、宣传部部长陈俊卿同志关于探索组建全媒体中心的指示，就分宜县县属新闻媒体运行状况进行了专题调研，并形成了《关于加快分宜县县属新闻媒体整合发展的调研报告》。

（2）2016 年 7 月 15 日，分宜县委办公室、县政府办公室联合印发《分宜县县属新闻媒体融合发展改革工作方案》。

（3）2017 年 1 月 3 日，印发《分宜县融媒体中心主要职责、内设机构和人员编制规定》，明确了分宜县融媒体中心为分宜县委直属全额拨款社会公益二类事业单位，归口县委宣传部管理，正科级。

（4）2017 年 6 月 23 日，分宜县十六届人民政府第 11 次会议召开，会议讨论了县融媒体中心提请的《关于成立新余市融美文化传媒有限公司的请示》。会议认为：成立新余市融美文化传媒有限公司，符合分宜县建立新闻采编业务和产业经营业务分开管理体制的要求。

（5）2017 年 9 月 12 日，分宜县属新闻媒体融合改革发展领导小组召开会议，研究了《分宜县融媒体中心薪酬分配制度改革实施方案（试行）》、融媒体中心相关人员编制落实以及涉改单位有关涉改人员安置等问题。

（6）2018 年 6 月 19 日，为推动分宜县县级融媒体改革工作向纵深发展，加速融媒体向内向下融合，做好基层的宣传指导、督促、策划工作，推动基层宣传思想工作跟紧新时代、迈上新台阶，经分宜县县委宣传部、县融媒体中心研究，并报请分宜县委同意，决定向基层派驻“乡村宣传员”。

（7）2019 年 4 月 30 日，分宜县十六届人民政府第 48 次常务会议召开，讨论了县融媒体中心提请的《关于解决媒体融合升级项目经费等问题的请示》，会议认为：“融媒体改革工作是我县的一张名片，前期县融媒体中心做了大量工作，成绩突出，为适应新时代融媒体改革要求，推动媒体融合升级很有必要，有利于我县融媒体改革继续走在全国前列。”

（8）2019 年 4 月 30 日，分宜县打造媒体融合升级改版工作领导小组办公室印发了《分宜县打造媒体融合升级版工作方案》，重点是推进县融媒体中心、县新时代文明实践中心、县志愿服务中心“三中心”有机融合。

（9）2019 年 7 月 4 日，分宜县发展和改革委员会批复了《分宜县媒体融合升级改造项目可行性研究报告》。同意对分宜县融媒体中心大楼进行改造，项目总投资 1186.87 万元，资金来源为财政拨款。

（三）坚持机构融合先行，真融实融

在分宜县媒体融合之前，共有县级新闻媒体 7 个，其中县委宣传部主办、承办的新闻媒体 4 个，分别为《分宜报》、分宜发布微博公众号、分宜发布微信公众号和江西手机报分宜版；县文广新局主办、承办的新闻媒体 2 个，即分宜电视台和分宜广播台（FM99.1）；县政府办主管、县信息中心主办的中国·分宜网；其新闻频道由县委宣传部和县广播电视台承办。这种管理分散、各自为政的新闻媒体格局，存在四个方面的突出问题，一是新闻宣传力量不足，实有一线新闻记者 9 人且各自为政，导致新闻宣传质量不高、精品难出。二是新闻宣传管理缺位，实际工作中“重办轻管”难以避免，根本原因是管办不分。新闻网络宣传中心不仅要管好媒体，更要办好自己手中的 4 个媒体，从分管部领导到中心主任到各媒体责任人既当记者又当编辑，既当“裁判员”又当“运动员”，整天疲于奔命，造成实际工作中“重办轻管”、职能错位。三是内部管理机制不活，人才引不进、留不住。由于县属媒体中具有独立法人资格的只有分宜县广播电视台，其虽是独立法人实体，但由于其为县文广新局的二级单位，人、财、物均由局里

统管，行政化色彩浓郁。四是经营创收严重滑坡，产业经营停滞不前，分宜县广播电视台因受机制体制制约，无心拓展新业务，无力发展新业态，生存困境日益凸显。

2016 年 9 月，分宜县将内部刊物、微信、微博、手机报 4 个媒体平台从县委宣传部剥离出来，将县广播电视台、网络传输中心从县文广新局分离出来，将县政府网新闻频道从县政府办分离出来，整合为一，以县广播电视台人员为班底，成立分宜县融媒体中心，并升格为县委直属正科级全额拨款公益类事业单位，归口县委宣传部管理。市编委会专题研究编制情况，在级别和领导职数上都做了加法（见前文所述）。为方便工作，对外保留分宜县广播电视台牌子。融媒体中心组织架构、工作流程如图 2 所示。

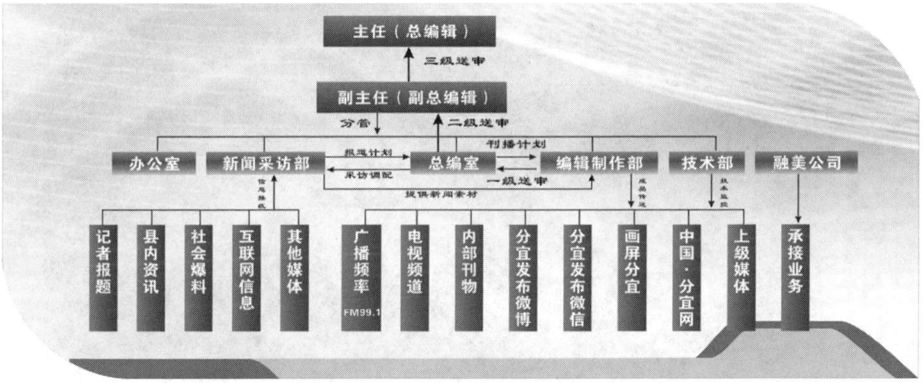

图 2　分宜县融媒体中心组织架构、工作流程

（四）坚持平台融合立本，再造采编流程

分宜县融媒体中心高度重视技术，由于自身技术实力不足，采取与省级技术平台合作的方式建设媒体融合技术平台。早在 2017 年 4 月，就依托江西日报社的“赣鄱云”智慧云技术平台，通过技术成果分享，建设了“中央厨房”和“画屏分宜”新闻客户端。

1. 建成了运转良好的“中央厨房”

分宜县融媒体中心采取独端（独站点）模式，建成并上线了融移动采编、内容管理、终端发放、传播效果分析等多功能系统于一体的分宜县融媒体“中央厨房”平台，所有新闻产品从采集到发布，各个环节“一气呵成”。依托“中央厨房”和职能部室，强化融媒体指挥调度中心作用，建立总编协调、值班调度、部门沟通、采前策划等制度，形成采编发联动、人机无缝衔接机制，真正实现“一体策划、一次采集、多样生成、多元发布”。在“一次采集”方面，充分进行资源信息融合，通过官方和民间两条途径，建立全方位、多层次、立体化的媒体资源库；在“多样生成”方面，通过技术和采编有机融合，在“一次采集”的文字、图片、音频、视频等进入“中央厨房”后，各个宣传平台各取所需，各自生产自己的新闻产品，按需发布；在“多元发布”方面，通过全渠道传播，实现县内县外、上上下下相融相通，形成大融合的宣传格局。

图 3 “中央厨房”

2. 建成了“画屏分宜”客户端

“画屏分宜”客户端实现所属新闻客户端、WAP 手机网、PC 网站、微博、微信等媒体的集中管控和一键分发，从内容、用户、技术、终端四个维度上实现“打通”“共享”“融创”。

3. 配套技术完善

分宜县融媒体中心先后配套建设移动采编、舆情监控、大数据中心，实现了多样化的新闻采集、及时的舆情监测、精准的用户分析。一是移动采编可进行现场采访、现场发稿、现场直播；二是舆情监控系统通过对全国范围内涉及分宜县的网络媒体信息进行采集，准确了解分宜县在网络上的舆情情况，服务新闻生产；三是大数据中心对发布的新闻和用户反馈建立了数据库，及时发现舆情热点、参考选题和读者习惯，开展信息服务，指导新闻生产。

（五）实行薪酬制度改革，激活团队活力

2017 年 9 月出台了《分宜县融媒体中心薪酬分配制度改革实施方案（试行）》，分宜县融媒体中心按照“分类管理、科学设岗、以岗定薪、统筹兼顾、明确职责”的总体要求，在定岗、定员、定责和岗位评价的基础上，建立以岗位责任与工作业绩为依据的新的薪酬分配制度，实行“基础工资 + 绩效工资 + 绩效奖励”的分配模式，采取以“采编发数量 + 优稿数 + 网上供稿数量 + 阅读点击量”为主的考核指标核算绩效，打破编内人员和编外人员的身份差别，用“一把尺子”量人才、评业绩，做到“同岗同责、同工同酬、优劳优酬”，极大地调动了人员的工作积极性和创造性。具体做法如下。

1. 同岗同责

实现了由员工身份管理向岗位管理的转变，打破编内人员和编外人员的身份差别，用“一把尺子”量人才、评业绩，使绩效考核工资分配真正做到按绩取酬，多劳多得。

2. 同工同酬

根据事业单位工作人员绩效工作兑现办法，其中基础性绩效工资占 70%，每月完成基本工作任务后在个人工资中发放，奖励性绩效工资占 30%，由财政一次性划入县融媒体中心，同时中心根据岗位等次，核拨专门的绩效考核资金，重新进行二次分配。全额拨款事业编人员工资 = 基础性绩效工资（70%）+ 奖励性绩效工资（30%）（内外宣考核 + 工作量 + 工作业绩），聘用人员工资 = 基本工资（70%）+ 绩效考核工资（30%）（内外宣考核 + 工作量 + 工作业绩）。

3. 优劳优酬

统一采取以“采编发数量 + 优稿数 + 网上供稿数量 + 阅读点击量”为主的考核指标核算绩效。通过绩效考核，各位员工享受到改革红利，体制内外员工的月收入均增加了 20% 以上。

4. 科学划分岗位

新闻从业人员按工作职责划分为行政管理、新闻采编、事务技术、产业经营四类岗位，每类岗位按 A、B、C、D 岗实施不同的岗位系数。聘用人员参照相应岗位执行。

（六）加速全媒体人才培养

分宜县融媒体中心现有工作人员 60 人，其中事业编人员 32 人，聘用人员 28 人。从改革之初起，就按照全员培训、全业务培训要求，致力培养造就政治过硬、本领过硬的全媒体人才队伍。

一是充分利用“学习强国”学习平台强化理论武装。二是提升人员素质。制定专业人员学习培训制度，坚持每周召开一次新闻阅评和业务研讨会，邀请中央、省、市资深专家每月开展一次全员专题培训；利用上级媒体记者来县采访机会派人跟班学习；利用每年承办大型文化活动进行直播实战；先后多次派出 30 余人次专业人员到外地学习考察，开阔视野，更新观念，提升技能。三是推动转型升级。2018 年，按照新余市委宣传部统一部署，推行“乡村宣传员”制度，分宜县融媒体中心派出 16 名记者、编辑深入 12 个乡镇（园区、办）的 157 个行政村（社区），担任乡村宣传员，每个人负责一个乡镇所有行政村的新闻宣传、社会宣传、理论宣讲、信息收集及融媒体的运营发展等工作，开阔视野，更新观念，提升技能，为分宜县域经济社会发展贡献新闻力量。

（七）加快媒体矩阵建设

贯彻落实“新闻 + 政务 + 服务”理念，不断拓展“画屏分宜”客户端平台功能，朝着“一端在手、天下全有”方向努力。一是“画屏分宜”客户端不仅集成报纸、广播、电视、微信、网站等 7 个现有媒体端口，而且做到一键打开、一端呈现，让百姓方便快捷地浏览新闻信息。二是拓展增加便民缴费、文化旅游、交通出行、教育培训、健康养生等服务内容，已成为“分宜县最有用的圈子”。三是推进微信、微博向内与县、乡、村微信公众号等宣传平台融合，构建矩阵。目前，全县已建成乡村微信公众号182个，微信群300多个，实现了乡镇和行政村全覆盖；微博矩阵有县直单位共34个。这既打通了县公众号信息向下传送的渠道，又展示了乡村地域特色，受到了广大群众的欢迎。

（八）大力开展“新闻+政务+服务”工作

随着媒体融合的进一步深化，“新闻+政务+服务”成为媒体融合深化的重要方向。分宜县融媒体中心顺应这一趋势，大力开展“新闻+政务+服务”工作。

1. 做强“新闻+政务”业务

在“新闻+政务”方面，主要通过微信、微博矩阵和在“画屏分宜”App中开设《党群》《乡镇》《村社》等栏目，第一时间采集宣传县直、乡镇各单位政务信息，形成信息同步传播，打通新闻宣传工作“最后一公里”；特别是在“画屏分宜”App上开设了《问政》专栏，随时收集有关民生、百姓投诉、政策咨询等各方面的问题，并及时转发联系各单位信息员，要求在规定时间内做出回复，形成了百姓和政府零距离互动关系。

2. 拓展“新闻+服务”业务

在“新闻+服务”方面，“画屏分宜”App设置了“便民服务”板块，添加了“本地公积金查询、交通违章查询、扶贫超市”等信息查询功能，为市民提供文化旅游、交通出行、教育培训、健康养生等多项服务。

“新闻+政务+服务”的运作方式，围绕服务百姓民生，实现群众掌上办事“不排队、不跑腿、不找人”，方便了群众生活，密切了干群关系，增强了用户黏性。

3. 三中心融合深化“新闻+政务+服务”

为了进一步深化“新闻+政务+服务”，把分宜县融媒体中心打造成权威、综合的新型主流媒体，分宜县进一步把县级融媒体中心、新时代文明实践中心、县志愿服务中心三中心有机融合，激发“新闻+政务+服务”的融媒活力。“三中心”融合工作的具体流程如图 4 所示。

图 4 “三中心”融合工作流程

（九）成立融美传媒有限公司开展运营工作

为了更好地实现采编、经营两分开，增强自我造血能力，2017 年 7 月，分宜融媒体中心成立融美文化传媒有限公司，主要负责县融媒体中心经营创收。

1. 融美文化传媒有限公司的定位

融美文化传媒有限公司为国有文化企业，挂靠分宜县国资局，接受县国资局监管；县融媒体中心派人出任董事长，全面负责公司经营管理。融美文化传媒有限公司依托融媒体中心经营业务、开拓市场，负责县融媒体中心 7 个媒体平台的经营创收，实现“专业人做专业事”。县融媒体中心和融美传媒有限公司机构分开、人员岗位分开、业务流程分开、财务安排分开、考核评价分开，既保持了编采业务的相对独立性，又保持了经营创业和产业发展的生机与活力，做到“两分开、两促进”。融美文化传媒有限公司的成立，能够更好地为县融媒体中心输血造血、招人养人。

2. 运作方式

自成立以来，融美文化传媒有限公司积极跳出单一的广告创收模式，致力深耕本土文化市场，成长为自办群众文化活动的主力军、进军文化设计施工市场的生力军。

（1）先后举办“声动分宜歌手大赛”“少儿才艺大赛”“形象大使”等大型综艺活动 10 余场，尤其是连续两年举办的“百姓春晚”，不要政府一分钱，所有节目都由县融媒体中心导演、编排，演职人员共 1000 多人，出现了一票难求的盛况，加上传统媒体和新媒体立体传播，整合营销，吸引了 50 多万人次观看，成为分宜人文化生活中的一道亮丽风景。

图 5　2019 年 1 月 29 日，在分宜县文化影剧院举办“百姓春晚”。值得一提的是，晚会现场一票难求，累计 50 多万观众通过“广电云”“目睹”“画屏分宜”客户端等三个线上渠道观看了本次晚会

（2）承办部门和乡镇重大文化活动 30 余场，如“江西好人发布会”“江西省电力职工故事大赛”“分宜最美人物颁奖晚会”、警营文化成果展示会演、“最美护士”奖晚会、“红色家书”主题演讲比赛、少儿艺术节晚会等。其中，洋江龙舟文化旅游节通过融媒体直播推广，吸引 10 万人次参与，网上点击量和浏览数超过 170 万人次，成为分宜文化旅游的新名片。

（3）承接本地企业相关文化活动，包括各职能协会的专业活动、会展等，本地知名企业的庆典、年会、晚会等活动。

此外，融美文化传媒有限公司还拓展承接了设计施工文化产业项目。既丰富了群众精神文化生活，也促进了县融媒体中心的经营创收。2018 年，融美文化传媒有限公司创收 900 万余元，是 2016 年的 14 倍，其中群众文化活动创收约为 300 万元。2019 年 1—10 月，公司实现营收 1200 万元，继续保持高速增长态势。

图6 2019 年 2 月 28 日，“分宜有爱 · 第四届最美人物”
发布仪式累计 3 万多名观众在“目睹”客户端线上渠道观看

（十）妥善解决历史遗留问题

分宜县融媒体中心作为由 7 家县级新闻媒体整合的产物，必然存在着不少历史遗留问题，如果不能妥善解决这些问题，就会出现诸多改革阻力。分宜县直面问题，采取各种措施妥善解决历史遗留问题。

（1）解决借用人员问题。按照“人随编走”的原则，将分宜县文广新局借用的 2 名人员，按照自愿原则，1 人转到县融媒体中心，1 名留在文广新局。

（2）解决自收自支人员问题。分宜县委在人员融合上打破限制，勇开绿灯，实行“编随事走，人随编走，身份不变”，将原广播电视台借用的原自收自支单位县网络传输中心的 3 人按照个人意愿，转到县融媒体中心，占用事业编制，但其工资来源渠道不变，不足部分由县融媒体中心承担。

三、分宜县县融媒体中心改革成效显著

近年来，分宜县以习近平总书记指示精神为指引，创新媒体传播方式，重构县级媒体建设与运行机制，探索出一条县级传统媒体与新兴媒体融合发展的有效路径。分宜县融媒体中心在提高新闻舆论传播力、引导力、影响力、公信力方面取得了实实在在的效果：改革经验做法在新华社《国内动态清样》及2018年第25期《宣传工作》上刊载；在2018年全国文化体制改革经验交流会上做典型介绍，受到中共中央政治局委员、中央书记处书记、中宣部部长黄坤明的高度肯定；入选中国经济体制改革杂志社“改革开放40年地方改革创新40案例单位”；截至目前，已接待全国20个省500余个市、县（区）同行来县考察交流，改革经验被广泛复制；融媒体中心主任、总编辑先后到光明日报社、北京大学做经验介绍。分宜县县融媒体中心改革具体成效如下。

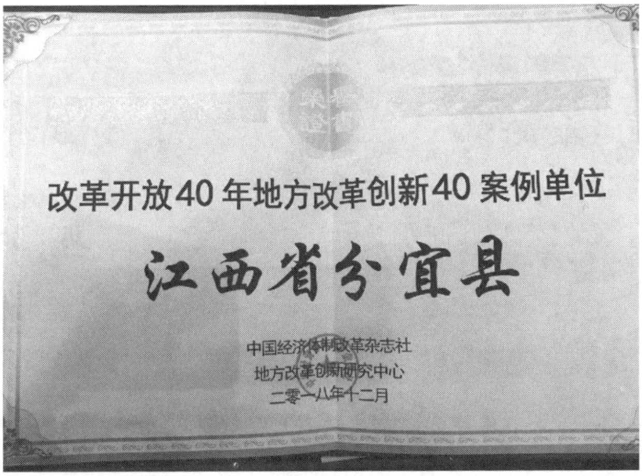

图7　入选“改革开放40年地方改革创新40案例单位”

（一）现代传播能力大幅度提升

1. 新闻生产力和传播力大提升

分宜县融媒体中心的“中央厨房”搭建起融“采、编、摄、传、播”于一

体的云平台，实现新闻生产流程的技术再造。新的采编发系统打破了原有的平台界限，采编发人员“人人见面、面对面工作”，形成了“大编辑部 + 垂直采编团队”模式；开放的移动采编系统，不仅使记者能将现场采集的文字、图片、音频、视频同步到云稿库，还能更大限度地发动群众采集信息，建立丰富的信息资源云库，真正实现“一体策划、一次采集、多种生成、多元传播”，进一步解放和发展新闻生产力。经过了两年多的运行，其已形成一套成熟完善的内容生产、协作、分发机制和业务模式。2018 年开办新闻、专题栏目 38 个。每周播发稿件从改革前约 420 篇（条）猛增到约 700 篇（条），原创优质稿件增加 3 倍以上。2017 年原创作品阅读量约 500 万人次，2018 年原创作品阅读量达 800 万人次。2019 年，《搞一次卫生何须 9 份“痕迹”》新闻作品获第二十九届中国新闻奖二等奖，为新余复市以来首次问鼎中国新闻奖，也是江西省唯一一个获得国家级奖项的县级媒体单位作品，探索出了一条聚焦主责主业、狠抓精品力作的有效途径。在 2017 年度和 2018 年度，10 件作品获江西新闻奖，其中一等奖 1 件，二等奖 2 件。

图 8　中心推送作品获第二十九届中国新闻奖二等奖

2. 融媒体影响力和公信力大提升

分宜县融媒体中心通过自身的艰苦努力，影响力和公信力都得到了大幅度提升。

（1）分宜县融媒体中心自有的媒体影响力快速提升。截至目前，分宜县融媒体中心的微信、微博、App、政府网站等全媒体矩阵覆盖人数达 30 万人，基本实现了全县人口全覆盖。分宜发布微信公众号全年阅读量突破 1000 万次；三篇热文阅读量分别突破“10 万 +”。分宜发布微博总粉丝数为 119856 人，共推送 38763 条；微博总阅读量突破2000 万次，单条最高阅读量超过40 万次。“画屏分宜”App 直播的警营文化成果展示会演、“最美护士”奖晚会、“红色家书”主题演讲比赛等大型文艺活动直播总收看人数突破 124 万人，累计观看人数突破 300 万人以上。近两年，有 4 个热点被中央网信办全网推送，“党建 + 颐养之家”做法上了央视《新闻联播》头条和《焦点访谈》。仅 2019 年百姓春晚网络在线收看人数就达 60 万人，是全县人口的 1.8 倍。优质、权威的内容提升了融媒体核心竞争力，提高了融媒体的公信力。

（2）分宜县融媒体中心与江西省、新余市媒体加强联动，“借船出海”，记者将写好的稿子上传到“中央厨房”，形成省、市、县新闻宣传协同作战。江西广播电视台、中国江西网、江西新闻、手机江西台、新余发布、“画屏分宜”的编辑，进入“中央厨房”，按需加工编辑，然后在各自的微博、网站、客户端和手机网等平台进行分发，实现了省、市、县“自下而上”的三级联动。2019 年 10 月与江西广播电视台联合直播的节目《江山多娇——我和我的家乡》通过全媒体推送，6 个小时点击量达 1728 万次；2018 年端午节假日期间，由央视、江西电视台、新余电视台和分宜县融媒体中心四级联动直播的“洋江龙舟赛”，连续在央视《新闻直播间》等多个栏目现场直播和滚动播出，仅“画屏分宜”新闻客户端直播点击量就达 235 万次，是分宜县总人口的 7 倍，影响力和传播辐射力度均为历史最高纪录。

（3）主动担当社会责任。分宜县融媒中心利用媒体融合后各大平台的公信力和影响力，围绕社会热点、百姓焦点，开展形式多样的信息发布活动，取得了良好的社会反响。2017 年至今，持续三年的“暖冬行动 · 温暖回家路”爱心接力活动，让 800 余人次的分宜籍农民工顺利返乡与家人团聚。2018 年 7 月 23 日，凤阳镇一贫困户 10 万公斤冬瓜滞销的消息通过融媒体平台发布，仅用 3 天时间冬瓜就全部售罄。2018 年 8 月 4 日，贫困户李小军因病住院急需血浆，融媒体中心第一时间发布信息，征集志愿者献血，解决了燃眉之急。

3. 外宣上稿数量质量双提升

分宜县融媒体中心通过上下打通，2018 年，完成在人民日报等六大中央级考核媒体上稿任务62条，比上年增加20条；完成省级三大考核媒体上稿240条，其中头条13条；完成市级广播、电视、报纸上稿1500多条，上稿数量和质量均超上一年。在2018年的第二十五届江西新闻奖评选中，两件广播作品和两件电视作品分获江西新闻奖三等奖，成为江西省获奖最多的县级媒体。

4. 员工积极性极大提升

分宜县融媒体中心彻底打破编内人员和编外人员的身份差别，用“一把尺子”量人才、评业绩，做到“同岗同责、同工同酬、优劳优酬”，员工月收入至少增加千元以上，员工年薪最低也超过5万元，最高达8万~9万元，极大地调动了人员的工作积极性、主动性和创造性。

5. 公司产业经营效益大提升

2018年，融美文化传媒有限公司经济效益由改革前的55万元增创到900万元，扩大了16倍，其中七个媒体广告收入约占所有收入的1/6；举办展会、综艺晚会、文化艺术节等活动收入约占所有收入的1/3；制作专题片、宣传片、画册、PPT等影视产业收入约占所有收入的1/6；发展各类文化产业收入约占所有收入的1/3。融美文化传媒有限公司的健康发展，为县融媒体中心提供了较为充足的补充资金，实现了社会效益和经济效益的双丰收。

（二）县融媒体中心实现了本质性的提升和完善

1. 工作人员由专业型向复合型转变

一方面，为加速人员转型融合，打造复合型人才，县融媒体中心通过培训和外派跟班锻炼等手段，开阔了员工视野，更新了观念，提升了技能；另一方面，薪酬制度改革后，县融媒体中心人员面貌焕然一新，学习的自觉性、工作的主动性明显增强。以前记者手里只有一个本子、一支笔，最多肩上扛个摄像机；现在记者手里多了手持云台、数码单反、录音笔、笔记本电脑、无线网卡，甚至无人机。采编人员越来越精干，宣传质量越来越高。2019年7月28日，县融媒体中心组建的融创中心专攻新媒体短视频生产，短短3个多月就创意制作短视频30多条，如《向老兵致敬》、微电影《时间就是心肌》、《看变化70年 分宜120秒》、卡点视频《麻纺神韵》等一批作品被大量转发。

2. 新闻生产流程由“多口子进、多口子出”变“一口子进、多口子出”

县融媒中心改变过去“一个媒体、一套人马”的办公思路，采编发人员“人人见面、面对面工作”，实现“一体策划、一次采集、多种生成、多元发布”。提升了记者的采访效率，以前需4名记者完成的重要采访活动，现在仅需1~2名记者。

3. 传播范围和传播力由小变大，由弱变强

县融媒体中心除了加强自身能力之外，也通过打通上下传播渠道，放大传播范围和传播力。一是积极向上打通传播渠道，通过“中央厨房”与江西省、新余市媒体互联、互通、互动，形成连接省、市、县的新闻素材库和新闻生产链，主动向上级媒体“喂料”，向上、向外打通传播渠道，让分宜新闻走出去。二是派驻“乡村宣传员队伍”，深入乡镇村社，向内、向下与县、乡、村微信公众号、微博等宣传平台融合，构建微信、微博矩阵，打通服务基层“最后一公里”，实现同频共振、二次传播，放大传播效应。分宜县全县开通基层微信公众号182个、微信群300多个，实现了村级（社区）微信公众平台全覆盖。

4. 评价考核由“多把尺”变“一把尺”

县融媒中心统一采取“采编发数量+优稿数+网上供稿数量+阅读点击量”为主的考核指标核算绩效，打破编内人员和编外人员的身份差别，用“一把尺子”量人才、评业绩，做到“同岗同责、同工同酬、优劳优酬”。

图9　2018年8月1日，江西省委常委、宣传部部长施小琳来分宜县融媒体中心调研

四、分宜县“县级融媒体改革”的方式方法和推广价值

分宜融媒体改革形成了自身的方法论，对于中西部地区、经济欠发达地区的与分宜县情况类似的广大县级融媒体中心来说，有着很大的借鉴和推广价值。

（一）分宜县“县级融媒体改革”的方式方法

1. 基于科学顶层设计的系统化改革

媒体融合是一项长期、艰巨、复杂的系统工程，既需要进行科学合理的顶层设计，又需要在理念、机构、技术平台、人才、激励约束机制、公司化运营、商业模式重构等方面进行系统化的改革。

（1）顶层设计科学合理。分宜县在进行媒体改革之前，县委宣传部就进行了详细、专门的外部调研和内部调研，并形成了相应的调研报告，为媒体改革提供了很好的决策依据。在媒体改革过程中，无论是发展改革工作方案、融媒体中心主要职责、内设机构和人员编制规定、融媒文化传媒有限公司成立、薪酬分配制度改革、“乡村宣传员”派驻、三中心融合，还是融媒体升级再造等，每一次重大改革都进行了深入细致的调研和周密的安排，有力地保障了决策的科学性和合理性，也使得各项媒体融合改革工作顺利落地和实施。

（2）系统化的彻底改革。一是在理念上，以用户痛点和市场需求为导向，变传统媒体思维为互联网思维；二是在机构上，彻底实现 7 家县级媒体的彻底整合和融合，真正形成媒体融合的“合力”，而不是貌合神离的行政捏合；三是与技术合作方搭建技术平台和“画屏分宜”新闻客户端，并按照新技术平台的要求重构了采编流程，实现了融媒体中心这一先进生产力与生产关系的调适；四是以人为本，高度重视人才培养，初步形成了战斗力、创新力强的人才队伍；五是建立了较为合理的激励约束机制，通过科学的薪酬分配制度改革，激活了绝大多数员工的积极性、主动性和创造性；六是成立融美文化传媒有限公司，既有效实现了采编、经营两分开，又为社会提供了更多、更好、更丰富的文化产品和服务，实现了社会效益和经济效益的双丰收；七是初步重构了商业模式和盈利模

式，变之前的“二次销售”商业模式和盈利模式为“新闻 + 政务 + 服务”的商业模式，引导群众和服务群众的能力大幅提升，自我造血能力显著增强。

2. 具备两个优秀的“一把手”

县级融媒体中心建设是市场行为，更是政治工程，但首先是政治工程，这就需要当地县委书记的大力支持，更需要县融媒体中心的“一把手”有能力地高效执行。

（1）县委书记极其重视、大力支持。县级融媒体中心建设作为一项重大改革，涉及利益的重新调整分配、人财物处置，涉及要钱、要人、要编、要政策，必然会面临各种各样的阻力和压力，这就需要当地“一把手”的大力支持，否则必然寸步难行。分宜县委书记李逸翔同志深刻认识到县融媒体中心建设的重要意义，全力支持分宜县融媒体中心建设工作，并把融媒体改革列为县融委全面深化改革重点突破项目，重点调度重点抓，对改革中的要钱、要人、要编、要政策请求基本上照单全收。主要体现在如下几个方面，一是亲自主持县融媒体中心的顶层设计。建立起联席会议制度，多次召开专门会议研究县融媒体中心的规划和建设。二是给编制给政策。把县融媒体中心升格为县委直属正科级全额拨款公益类事业单位，融媒体中心领导班子由原来的一个副科升格为“两正三副”，且给了县融媒体中心 40 个全额拨款事业编制。三是给资金给资源。除了多次给予融媒体中心建设和升级费用外，还把县里的一些国有文化资产交由融美文化传媒有限公司经营。此外，分宜县县长也高度重视县融媒体中心建设，还特意把融媒体中心建设纳入县政府民生实事，单独立项 900 万元优先保障。

（2）县融媒体改革组织团队战斗力强。分宜融媒体改革及融媒体中心建设的决策者是县委书记李逸翔，主要操盘手是分宜县委常委、宣传部长陈智明，主要执行者是县级融媒体中心总编辑李建艳等。陈智明部长懂传媒业发展趋势，懂政策，懂运营，亲自组织和落实县融媒体中心的重大改革工作，在稳妥解决历史遗留问题的基础上快速推进县融媒体中心建设。李建艳等融媒体中心领导团队具有年富力强、踏实肯干、有想法、有能力的显著特征，因此能把县融媒体中心员工拧成一股绳、劲往一块儿使，使改革持续、快速推进，不断取得突破。

3. 敢于啃体制机制改革的硬骨头

县级融媒体中心建设既要在形式上建成，更要在本质上建成，核心是深化体制机制改革，为县融媒体中心的可持续发展营造良好的制度环境。

（1）启动以薪酬改革为抓手的激励约束机制改革。分宜县融媒体中心一方面彻底打破编内人员和编外人员的身份差别，让所有员工都在同一起跑线上竞争；另一方面在薪酬分配上做到“同岗同责、同工同酬、优劳优酬”，打破“大锅饭”式的平均主义，真正实现奖优罚劣。

（2）成立融美文化传媒有限公司，真正解决“造血”机制。事业单位做经营面临着各种各样的制约，新闻宣传业务部分依然由事业法人负责，经营性业务部分成立专门公司来负责运营是一个很好的解决办法。分宜县融媒体中心专门成立融美文化传媒有限公司，既通过提供更丰富的市场化服务来壮大基层舆论主阵地，又通过自我“造血”机制的构建，切实增强分宜县融媒体中心发展活力和后劲。此外，分宜县委、县政府把相关文化国有资产划归或委托其经营管理，同时在资金、政策等方面加大倾斜扶持力度。

4. 快速迭代创新

在快速变革的当下，唯有快速迭代创新和不断自我革新才能真正实现转型。分宜县融媒体中心建设秉持永远在路上的心态，在技术平台、人才、产业运营等方面快速迭代创新，以最新的方式做好舆论引导工作和服务群众工作，更使整体团队保持创业激情和创新活力。

（二）分宜县县融媒体中心建设的方式方法具有很大的推广价值

我国经济社会发展不平衡，一方面，东部沿海发达地区有些县级区域的经济体量远超过中西部县级区域；另一方面，有些县融媒体中心旗下还有有线电视网络资产，这些地方县级融媒体中心的整体规模远远超过中西部地区县融媒体中心的规模。因此，由于外部环境和发展基础不同，在进行县级融媒体中心建设时，东部发达地区先进融媒体中心的建设经验很难复制到广大中西部地区的县级融媒体中心建设上来，而分宜县融媒体中心建设的经验则对广大中西部地区县级融媒体中心建设有着很大的借鉴和推广价值。

1. 分宜县与中西部绝大多数县级区域基本情况类似

一是分宜县作为江西省新余市下属的一个县，本身就处于中西部地区；二是分宜县在江西省100个县区中，人口为33万人，面积偏小，经济发展水平中等。由此可以看出，分宜县的基本情况与中西部地区绝大多数地区相似。

2. 分宜县融媒体中心建设的基础与绝大多数中西部地区的县级融媒体中心相似

一是分宜县融媒体中心建设前的基础较差。分宜县融媒体中心建成之前，其媒体情况与中西部地区绝大多数县相似，广播、电视、报纸等分属不同的部门，甚至有些县的基础条件比分宜县还好。

二是中西部地区县融媒体中心建设也需因地制宜，不可能完全复制分宜县模式，但是其中基本的“道”（理念）和思路（推进方式）是一致的，重在以人为本，以体制机制改革为核心，坚持问题导向，重视实效，不搞花架子和形式主义。

五、分宜县“县级融媒体改革”存在的困难以及进一步深化的政策建议

分宜县融媒体中心建设取得了一定的成绩，但是离习近平总书记的要求还有一定的距离，尚需进一步升级和完善。尤其需要指出的是，我国绝大多数县级融媒体中心建设与分宜县相比存在很大的差距，困难重重，急需在定位、理念、技术、运营等方面深化改革，成为新时代治国理政的新平台。

（一）分宜县县融媒体中心升级中存在的困难

分宜县县融媒体中心建设分两步走：第一步是媒介融合，此阶段分宜县已完成，且走在全国前列；第二步是功能融合，即升级改造，将县级融媒体中心作为“五型”政府的参与者与建设者，实现“信息传播”与“公共服务”双融合，推进基层执政能力建设和社会治理创新。而要真正升级打造2.0版，分宜县融媒体中心目前还存在以下五个方面的不足。

1. 创意作品不足

优质原创内容是融媒体建设的重点，面对社会主要矛盾转化和人民对美好生活的向往，反映分宜县各项事业建设发展的匠心作品、现象级作品和爆款产品还不够多，高质量的文化供给仍显不足。

2. 技术外联急需改造

受投入和技术限制，原有“中央厨房”平台兼容性不高，数据存储空间不足，无法完全打通报纸、广播电视和新媒体之间互通的技术瓶颈，急需升级改造。主推的新闻客户端“画屏分宜”虽已开通问政、旅游、教育等民生功能，但真正能为群众办事的网络问政和生活消费等公共服务、民生事项的接入在技术和外联上还存在诸多困难。

3. 平台传播急需提高影响力

县融媒体中心旗下所有媒体均为县内官方信息发布主流媒体，但在下载点击、产品活力、内容丰富性和趣味性等方面都缺乏有效手段，知名度不高，互动性少，传播策略比较简单，定位也不够精准，尚未形成一个有足够影响力的县域公共传播平台。

4. 改革创新资金成为短板

自2016年改革以来，分宜县融媒体中心一直存在资金困难，稍有转机又投入改革探索中，所以当下资金是一个重点问题。

5. 高端人才匮乏

受地域和发展限制，分宜县普遍存在工资待遇低的现象，虽然分宜县融媒体中心出台《分宜县融媒体中心薪酬分配制度改革实施方案（试行）》，实现由员工身份管理向岗位管理的转变，使绩效考核工资分配真正做到按绩取酬，多劳多得，全员月收入人均增长20%以上，聘用人员月收入基本实现翻番。但是相比其他发达地区，工资收入相对较低，难以吸引高端人才加盟。自主生产优质原创内容、现象级作品和爆款产品的高端人才稀缺。

（二）分宜县县融媒体中心的升级完善

未来，分宜县县融媒体中心应按照中宣部、江西省委宣传部的要求，以持续领跑全国为目标，借鉴各地县级融媒体建设的成功经验，突出以问题为导向，聚焦短板弱项进行优化升级，全力打造媒体融合升级版——2.0版。具体将从以下七个方面持续优化升级。

1. 平台赋能升级

分宜县融媒体中心应落实习近平总书记提出的“正能量是总要求、管得住是硬道理、用得好是真本事”重要指示精神，按照“融媒体 + 文明实践 + 志愿服务”三中心融合建设的思路，对县融媒体中心赋能升级，扩增其服务基层、服务群众的功能和范围。通过搬迁县文广新旅局，将县广电中心大楼整体划归县融媒体中心，完善县融媒体大厦功能设施，设立县新时代文明实践中心总队、县志愿服务中心办公室，实现“三中心”物理空间融合，并实行合署办公、联合调度；同时依托县融媒体中心客户端，建立社会民生问题、志愿服务需求线上反映、反馈平台和线下对接协调、及时处置机制，传播正能量，使融媒体中心更具综合性服务功能。

2. 技术支撑升级

鉴于“赣鄱云”系统技术升级缓慢，不能完全满足分宜县媒体融合发展需要，分宜县将在保留“赣鄱云”相关功能的基础上，全面引进“赣云”技术平台，改造提升“中央厨房”“画屏分宜”客户端，建立本地媒资系统，升级融合移动采编、移动直播、音视频在线非编、内容智能推送等功能模块，打通“策、采、编、发、核”流程，实现全网融合生产，促进各平台深度相融。同时，向下延伸建设村镇信息和视频上报系统，推动形成“乡村宣传员 + 网评员 + 信息员”上下联动的融合宣传大格局，打通服务基层群众“最后一公里”，构建系统化融媒体中心。

3. 内容生产升级

贯彻落实习近平总书记“1·25”重要讲话精神，推进信息生产领域供给侧结构性改革，用更贴近基层和群众、更符合传播规律的新闻作品和信息产品引导群众、服务群众。坚持内容为王，延长《分宜新闻》播出时长，增加社会民生类新闻占比；加强自办联办栏目建设，加快推进广播电视制播高清化、网络化；引进专门人才，组建“融创中心”，深耕本土内容，加快融创产品创作生产，力争每年推出几款现象级和爆款产品；积极与中央媒体、高等院校开展合作，深度开发各类融媒体、智媒体产品，力促内容生产进一步量质齐升；坚持移动优先，按照“新闻＋政务＋服务”理念，重点打造“画屏分宜”客户端，强化政务党务发布、咨询功能，建成县委、县政府重大信息第一发布平台；改版升级《问政》等民生栏目，建立职能部门认领处置、督导问责工作机制，使之成为社会舆论的“蓄水池”和社会情绪的“拦河坝”；增强文化、教育、医疗服务功能，努力拓展水电气缴费功能，并对接“赣服通”，实现民生事务在线办理，建设“指尖上的政务服务中心”。

4. 经营管理升级

为进一步做大、做强融美文化传媒有限公司，切实增强分宜县融媒体中心发展活力和后劲，在将“县融媒体大厦”（原县广电中心大楼）、广场 LED 大屏、影剧院等国有资产划归融媒体中心或委托融美有限公司经营管理的基础上，推动融美传媒文化有限公司对分宜县其他文化传媒资源的整合；加大政策倾斜扶持力度，研究制定支持措施，拓展融美文化传媒有限公司经营空间；根据升级发展需要，进一步优化完善融媒体中心绩效考核办法，突出移动优先导向，激励更多人员、产品向新媒体、移动端聚集，努力做到“群众在哪里，宣传思想工作就在哪里”；在坚持采编经营两分开的基础上增强“造血”功能，考虑设立县融媒体建设专项资金，保证融媒体中心运转的基本开支，使其运营无后顾之忧，能专心于内容生产。

5. 服务升级

分宜县融媒体中心以用户为中心，提供高质量、广覆盖的公共服务。将县级融媒体中心主推的新闻客户端定义为本地真正意义上的唯一综合信息服务平台，做到“一端在手，天下全有”，真正起到媒介和桥梁作用。

6. 人才升级

县融媒体中心以人才为基础，壮大宣传阵地。通过刚性、柔性、购买服务等多种方式引进各类人才。把过去的“师带徒”制度升级为“导师制”，引导鼓励优秀人才脱颖而出，形成稳定的工作队伍。加大各级通讯员和社会宣传力量培育力度。

7. 厘清思路确定目标，促进媒体融合改革持续深入

（1）2020年的改革总体目标是持续推进媒体融合改革向系统、生态服务融合，试行和完善“三中心”融合线上模块和运行机制，形成可复制的改革经验，力争在2020年底在江西全省推广。按照这一工作思路，在力求做好新闻宣传工作的同时，更加科学合理地推进媒体融合改革，有侧重地强化探索“三中心”融合模式，不断总结改革经验，走出一条系统化、服务生态化的融合新路子。

（2）2021年以“三中心”融合模式为抓手，坚定不移地推广系统化、服务生态化的融合改革成果，力争在江西全省推广。要实现这一目标，县融媒体中心需要在平台融合、机构融合、人员融合等方面下更大的功夫。分宜县融媒体中心要在探索“三中心”融合模式的基础上，进一步提高改革创新实力，多方向地研究探索广播电视媒体融合发展的路径方法，进行体制机制改革，从实践中提炼出具有推广价值的融合发展模式。

（3）2022年的工作目标是在实现江西全省推广的基础上，总结借鉴全省各地改革经验，再度完善分宜媒体融合改革发展成果，尝试走向全国，再度形成可复制的“分宜样板”。

图10　2018年9月8日，中宣部副部长、

国务院新闻办主任徐麟到分宜县融媒体中心调研

（三）我国县级融媒体中心建设面临的主要困难

由于我国县级媒体与中央级、省级和地市级媒体相比发展相对滞后，存在着体制僵化、实力弱、观念陈旧、人才匮乏等诸多问题，导致县级融媒体中心建设面临诸多严重挑战。

1. 新旧融合，比新建更难

当前，县级媒体的主要形式是县级电视台，这就决定了县级融媒体中心建设是以当地的县级电视台为主，并整合当地其他媒体资源来组建。媒体融合的实践已经证明，这种基于旧媒体的整合式融合必然会面临观念转变、人员整合、体制机制调整、利益重构等一系列难题，这也导致县级融媒体中心建设面临的挑战会比直接建设新媒体更多，也更难解决。例如，在实践中，就存在不少县在建设县级融媒体中心时回避困难和问题，仅仅挂牌了事，而不进行实质性的机构、人员、体制机制等方面的深度融合。

2. “两个一把手”缺位问题突出

我国媒体融合的实践已经充分证明，县级融媒体中心建设要想取得实质性进展必须以“两个一把手”为前提，即当地主政领导和县级融媒体中心的“一把手”。其中，当地主政领导这个“一把手”要懂媒体融合，并愿意投入数额较多的资金、人力和资源去推进县级融媒体中心建设，至关重要的是挑选和委派一名年轻能干的优秀干部去领导县级融媒体中心；县级融媒体中心主任（或总编）这个“一把手”既要懂媒体和传媒业发展趋势，又要有意愿和魄力去不遗余力地破除各种困难，更要有很好的综合素质和解决棘手问题的能力。

然而，在具体实践中，当地主政领导多把注意力放在经济建设、扶贫等领域，对媒体融合的重大意义缺乏足够的理解和重视，导致县级融媒体中心建设的重视程度不够、推进力度偏弱，成效也相对较小。由于长期以来传媒不属于主战场，成长机会较小，且县级融媒体中心建设资源不足，需要破解的难题多，任务艰巨，懂趋势、懂市场，愿干事、能干事的优秀人才不愿意到县级融媒体中心主任这个位置上。当前各地县级融媒体中心主任的整体素质不容乐观，不仅整体队伍老化，对互联网和新趋势的洞察力不够，而且更令人担心的是其不愿意真正去推进媒体融合。

3. 定位狭窄，依然难以跳出媒体看媒体

当前，受观念、能力、路径依赖等因素的制约，绝大多数县级融媒体中心仍然把自身定位为媒体，而没有跳出媒体看媒体，也没有充分利用体制性优势来获取其他稀缺资源，更没有致力于成为当地治理能力体系和治理能力现代化的核心抓手。

在互联网成为传媒业主导的当下，单纯的传媒已经难以具备足够的自我“造血”能力，即单纯的媒体已经不能实现良性的自我运转，需要借助其他优势资源来拓展产业边界，通过其他收入来反哺传媒。传媒业的实践也已经充分证明，单纯定位为传媒的市场化媒体已经难以为继，而绝大多数地市级电视台尤其是县级电视台主要依靠财政补贴来生存，这就要求从更大的时代背景下重新定位自身。

4. 观念陈旧，路径依赖

从目前传媒业发展实践整体来看，在观念上，传统媒体落后于互联网，传统电视落后于传统报刊，地市级电视台尤其是县级电视台落后于中央和省级电视台。毫不夸张地说，绝大多数县级电视台的观念仍然停留在10年前甚至更久，它们不仅自身观念陈旧、落后，不少还有着盲目的自信和骄傲情绪。

县级融媒体中心观念陈旧主要体现在八个方面：一是认为本身是事业单位，国家一定会兜底，自然没有动力改变；二是仍然把自身定位为媒体，导致难以充分利用体制性优势；三是由于自身素质难以适应时代发展，导致较难接受采编流程的彻底重构；四是虽然认识到技术的重要性，但是内心深处仍然对技术有轻视之心；五是对用户高度参与抱有排斥心；六是过度重视传统媒介的传播效果而相对轻视互联网传播的效果，重视社会效益而轻视经济效益，重舆论引导而轻视服务能力；七是依然摈斥“内容为王”的理念，在融合转型的过程中采取的是“内容+”思路，即只是把自身有限的内容复制到互联网媒介上，而不是采取“互联网+”思路；八是依然升级和优化既有设备，而不是按照“移动优先”“数据优先”“智能优先”的思路，进行彻底的互联网转型，如现在不少县级融媒体中心花费了大量的资金更新换代既有设备，重设备轻人才，重硬件轻软件，导致融合方向出现偏差。

5. 队伍老化，本领缺失

在互联网和人工智能时代的大背景下，对县级融媒体中心人员的专业素养提出了更高的要求，但现实是，我国县级融媒体中心的人才队伍的综合素质和能力远远不能满足融媒体中心建设的高标准和要求，主要体现在一是队伍庞大、冗员多，一些沿海发达地区的县级融媒体中心员工数量多达数百人，与员工队伍精干高效的原则相背离；二是员工知识素质偏低，中专、大专及以下学历占一定比例，而大学及以上学历人员比例偏低；三是年龄结构整体老化，接受新观念、新事物、新能力的意愿和能力不强，年轻人尤其是勇于创新的年轻人极其匮乏；四是管理层整体新知识储备不够，新能力欠缺，对互联网传播规律、互联网商业模式和盈利模式都缺乏深入了解；五是整体队伍对互联网等新知识缺乏了解，更遑论深入研究，同时也不愿意去学习更新；六是市场化能力欠缺，内容和产品难以满足用户和市场需求；七是难以吸引优秀人才尤其是技术人才，导致人才队伍结构很不合理；八是缺乏有效的培训机制，员工能力提升空间有限。

6. 机制僵化，激励不够

县级媒体，尤其是县级电视台长期以来采取的是事业单位体制，基本上依靠财政补贴生存，不仅体制机制相对僵化，而且缺乏有效的激励机制，导致整个单位严重缺乏活力、市场化能力缺失、服务意识和能力低下。主要体现在：一是很多落后地区的县级电视台只有事业法人，而经营性业务没有成立企业法人，导致难以大规模地开展经营业务。二是尚存在事业编和社会化招聘人员之分，尚未实现同工同酬，二者的薪酬差距悬殊。例如，沿海地区的某县级电视台，事业编员工薪酬是非事业编的 4 倍左右。三是“大锅饭”式的平均主义严重，缺乏有效的激励约束机制，普遍存在“干多干少一个样、干与不干一个样，干多错多”的现象，导致整个单位缺乏活力，员工缺乏积极性、主动性和创造性。

7. 落后地区的资金不足，举步维艰

从县级媒体的发展实践来看，除了《萧山日报》《瑞安日报》等 40 多家县级报，浙江长兴传媒、安吉传媒、浏阳传媒等少数的县级融媒中心和县级电视台之外，无论发达地区还是欠发达地区的县级媒体，其主要收入来源都是财政补贴。对于经济发达地区来说，只要当地给予充分的重视，县级融媒中心建设的资金就会相对充足。在实地调研中，有些地方除了给予事业编制人员收入保障外，还给予设备购置费、项目专项费和融媒体中心建设专项费等，县级市每年给予的各类补贴在数千万元以上。但是对于经济落后地区来说，当地即使再重视，也难以给予充足的资金保障。例如，一些经济落后地区的县在当地县级融媒体中心建设中只给予数百万元的费用，除了购买用于展示的大屏、硬件之外，就很少有资金去购买软件等更为重要的资源了。

8. 平均用力，而不是扶优扶强

在县级融媒体中心建设尤其是省级融合技术平台方面，应该秉持扶优、扶强的原则，大力鼓励和支持实力强、技术领先、市场化水平高的平台去整合实力弱的、技术落后、市场化水平差的平台，只有这样，县级融媒体中心建设才能取得实实在在的效果。但在实践中，不少地方的相关部门却呈现平均用力，不仅不扶优扶强甚至扶劣扶差，具体体现为：一是不少省份为了平衡或者帮助落后单位脱困，把县级融媒体中心建设的相关资源和资金给予整体实力相对弱的单位，造成宝贵资源极大浪费；二是不少省份确定了两家甚至更多的省级融合技术平台，导致县级融媒体中心无所适从；三是一些省份确定了由省级报社和电视台合建省级融合技术平台，但是这种行政命令式的、松散式的合作方式难以充分调动各自的积极性；四是全国幸存下来的绝大多数县级报经历了相对激烈的市场化竞争，实力较强、市场化水平高，比当地电视台的实力强，但是在新一轮的县级融媒体中心建设中，这些县级报却常常成为配角，而市场化能力较弱的县级电视台却成为主角。

（四）推进县级融媒体中心建设的有效对策

县级融媒体中心建设是一项极其复杂的系统性工程，尤其是在信息技术日新月异的当下，要求按照互联网的发展规律，在定位、理念、技术、体制机制等方面采取系统化的方案。

1. 定位为当地新时代治国理政新平台

（1）县级融媒体中心建设绝不能仅仅看作传统媒体的事情，而应跳出媒体看融合，把县级融媒体中心和省级融合技术平台打造成新时代治国理政的新平台，即通过构建起“互联网＋媒体＋智慧政务＋政府数据公开＋智慧城市运营”的智能媒体新平台，利用自身的制度优势获取尽可能多的优质资源，并且把优质资源转化为治国理政的新能力和新平台。

（2）县级融媒体中心这一新时代治国能力新平台应充分赋能当地党委和政府的治理体系和治理能力，具体应具备如下功能：一是主流舆论阵地功能，通过整合县级区域内的所有媒体资源，成为当地新闻传播和舆论引导的核心与主导力量；二是综合服务平台功能，在整合县级政务网站等体制优势资源的基础上，成为向当地用户提供以政务服务为核心的各类本地化服务，包括各类政务服务、党建服务、公用事业服务以及各种生活服务；三是社区信息枢纽功能，县级融媒体中心应积极实施下沉战略，进一步下沉到社区、街道、农村，成为当地社区信息交互、相互促进进步的重要空间，更好地促进文明程度的提升；四是智慧城市功能，县级融媒体中心建设可以作为当地智慧城市建设的牵头方和智慧城市运营的运营方，真正成为党委和政府提升现代治理能力的核心抓手。

（3）县级融媒体中心如何定位将决定着其未来发展空间乃至成败。按照综合功能模式构建的新时代治国理政新平台，其绝不是单纯的媒体机构，更不是独立分散的、功能单一的媒体机构，而是集结了现代传播功能、政务服务等综合服务功能、社区信息功能以及智慧城市等诸多功能，真正成为当地治理能力大幅提升的核心平台。

2. 充分整合各类资源

互联网讲究的是平台化、规模化与集约化，讲究的是各类资源的整合、聚合，讲究的是各部门之间的互联互通，因此，在县级融媒体中心建设时，就要按照互联网规律的要求，采取“互联网＋”思路，破除各个部门之间的本位主义、“信息孤岛”“数据孤岛”和“利益孤岛”，充分整合各类资源来推进。

（1）把当地所有的媒体资源整合到县级融媒体中心。目前，在县级区域应坚持“扶强扶优”的原则，以市场化能力强、规模大的媒体为核心来整合当地的电视台、报纸、新闻中心等媒体资源，实现县级区域广播、电视、报纸、网络、客户端、微博、微信等传播资源的同一平台化运作，并且通过彻底的采编流程和组织结构的重构和优化，实现媒体资源的效能最大化。

(2) 将政府网站等智慧政务资源与县级融媒体中心有机融合。由于县级财力、人力、物力都有限，应把分散在政府的政府网站、政府数据以及分散在政府部门下的各个政务微博、政务微信、政务号统一整合到县级融媒体中心这一平台上，以更好地实现政务服务、政府数据资源的整合化和集约化，更好地发挥政务大数据的效能，并显著提升政府治理能力。

(3) 以“三智”为方向，将智慧城市与县级融媒体中心有机结合。对于区域性媒体来说，“智媒体 + 智慧政务 + 智慧城市”将是重要抓手，而且县级区域的智慧城市是集成性的大平台，智能传播、智慧政务、智慧交通、智慧教育都是其子平台和子系统，县级融媒体中心作为公益事业单位，与行政单位相比市场化能力更强，智慧城市的运营由其负责也更顺理成章。

3. 转变观念，增强本领

观念决定思路，思路决定出路，观念是一切行动的先导。县级融媒体中心建设首先要通过切实措施实现机构和全体员工观念的转变和创新，按照新闻传播规律和互联网发展规律来提升自身的互联网本领和能力。

(1) 树立危机意识，主动创新和求变。国家和各级相关部门大力鼓励和支持创新，这就要求大家通过各种方式来有效提升能力，尤其是提升自身的互联网能力和水平，能够更好地适应融媒体中心的要求。

(2) 跳出媒体看媒体。通过理念更新，调整自身定位，扩大边界，充分利用体制性优势，集成当地各类党政资源，进而成为当地党政部门基于互联网的治理平台，进行完善自身的“造血”机制。

(3) 树立“用户体验为王”的理念。互联网时代，用户是一切的基础，县级融媒体中心也要秉持“用户体验为王”，即以用户为中心，以体验为核心，为用户提供最好的内容和产品。“用户体验为王”的核心在于：一是按照融媒体中心新技术的要求，对既有采编流程进行彻底重构和优化，使生产关系与生产力相适应；二是高度重视技术，拥护和学习互联网、大数据、人工智能等最新技术；三是积极吸引用户参与，让用户贡献更多的力量。

(4) 同等重视传统媒介的传播效果与互联网传播的效果，同等重视舆论引导与服务能力，同等重视社会效益与经济效益，同等重视软件和硬件。

4. 成为基于“互联网 +”的“城市运营商”

对于县级融媒体中心来说，虽然不同地区的经济发展水平、市场化水平等差距悬殊，但是都可以通过当地城市的运营来拓展收入来源，即把自身定位为基于“互联网 +”的“城市运营商”。

（1）按照“移动优先”“数据优先”“智能优先”的思路，进行彻底的互联网转型，实现真正的“互联网 +”融合，而不是“内容 +”融合。

（2）县级融媒体中心在运营时不应拓展所有的领域，重点应放在有政策门槛的领域。具体来说，其运营资源主要体现为传媒、智慧政务、本地化服务、智慧城市运营等。

5. 打造精干高效的人才队伍

人才是媒体最核心和最宝贵的资源，也是县级融媒体中心建设的主要支撑，因此应构建精干高效的人才队伍。

（1）任命一位优秀的县级融媒体中心主任（或总编）。由于县级融媒体中心历史包袱较重、利益纠葛多、发展任务重，“一把手”就显得尤为重要，这就要求当地党委和政府选派优秀干部就任。具体来说，县级融媒体中心主任（或总编）应该具备三个素质。一是能干事。懂新闻传播规律和发展趋势、了解互联网规律、具有战略判断能力等。二是愿干事。具有改革创新的决心和魄力，愿意去推动改革发展。三是会干事。充分掌握干事的方式和策略，能灵活运用各种手段来处理各类复杂事情。

（2）在给予充分财政支持的背景下优化队伍。从整体上来说，我国县级融媒体中心队伍尚不能满足融媒体发展的时代要求，这就需要进一步优化队伍，提升全体员工的能力。需着重指出的是，在优化队伍时，应充分尊重员工的历史贡献，给予员工足够的补偿。

（3）引进和培养优秀人才。重点引进懂互联网的新媒体人才、技术人才和各类复合型人才，能够真正让新时代治国理政新平台的战略定位切实落地。

6. 积极培植技术基因，打造智能化媒体

过去 20 多年的互联网发展已经充分证明了技术对于媒体的重要性，而且未来相当长一段时间，技术仍然是互联网迭代的关键因素。在当前大数据、人工智能等新技术盛行的当下，媒体也将进入智能媒体新时代。在这种情况下，县级融媒体中心建设既要利用好大数据、人工智能、云计算等技术，也要利用好5G、人工智能、VR、AR、MR技术和区块链等技术，打造具有较强技术实力的智媒体。

县级融媒体中心要想拥有足够多的技术人才，可以通过三种方式来解决：一是通过云服务的方式成为省级融媒体技术平台的独立端口；二是与技术实力强的技术公司深度合作；三是扶持技术领先、市场化能力强的省级融媒体技术平台来对接和服务本区域内的县级融媒体中心。

7. 构建较为完善的配套政策

（1）给予资金、数据、政策等全方位的支持。一是要给予长期的、充足的资金保障，在县级融媒体中心具备自我“造血”能力之后再减少资金支持；二是以县级融媒体中心为主体来整合当地的政务资源、政府大数据资源和智慧城市资源；三是对县级融媒体中心的级别等给予倾斜。

（2）对县级融媒体中心建设给予更多的包容和理解。县级融媒体中心建设是一项艰难的探索，风险极大，为了鼓励更多有能力的年轻人投身其中，就需要营造“宽容失败、鼓励创新”的舆论环境。

（3）改革现有的不适合县级融媒体中心建设的体制机制，在充分试点的基础上，逐步在经营环节引入年薪制等长期激励措施；在时机合适的情况下，在采编环节也可以探索年薪制。

[执笔：郭全中]

第四部分

安康市“新社区工厂”精准脱贫模式研究

概要：党的十九届四中全会强调，坚决打赢脱贫攻坚战，推进国家治理体系和治理能力现代化，建立解决相对贫困的机制。这意味着国家扶贫、治贫、减贫的标准再一次提高，脱贫攻坚到了决战决胜的关键时刻。

推进农村贫困人口精准脱贫，是彰显国家治理能力最具有代表意义的实践形式。近年来，我国在改革实践中探索发展了一批精准脱贫类型和成功模式，包括易地扶贫、产业扶贫、企业扶贫、就业扶贫、金融扶贫、资产扶贫等类型，不同类型下又衍生出各具特色的精准脱贫创新模式，其中就业扶贫是最为接近精准脱贫预期目标的实现路径。陕西省安康市通过发展“新社区工厂”，实现了让易地搬迁群众“搬得出、稳得住、能增收”的脱贫效果，创造性探索出一条创业、就业、精准扶贫相结合的农村脱贫新路径。实践证明，“新社区工厂”是就业脱贫最有效、最直接、风险最小、成本最低的脱贫方式之一，其经济效应日益凸显、社会效应逐步释放。

研究得出，安康市“新社区工厂”就业式精准脱贫的创新实践契合国家新时代治理体系和治理能力现代化建设要求，主要包括三方面。一是组织领导坚强有力。主要领导主动作为，从战略上确立建设“新社区工厂”的总体思路，从行动上身体力行促进“新社区工厂”建设发展，强力推动政策落地执行；二是建章立制坚实保障。从实际问题出发建立“新社区工厂”政策标准体系，以制度化、规范化、有序化管理促进模式创新长治久安；三是激励措施与时俱进。根据实际需求，与时俱进，不断调整政策支持的强度、范围和方向，各种激励方式互为补充，形成一套行之有效的保障体系，促进“新社区工厂”健康可持续发展。安康精准脱贫模式的做法、成效、经验及推广对于优化我国精准脱贫工作的现实意义重大。

研究发现，作为一种在实践中不断摸索而形成的精准脱贫模式，安康“新社区工厂”在发展中不可避免地遇到了一些困难和挑战，包括生产要素供给保障薄弱、产业发展未形成集群效应、劳动力素质与经济发展需求不平衡、配套服务体系不健全等。深化安康“新社区工厂”模式创新，需要以问题为导向、以需求为牵引、以发展为目标，找准定位，整合资源，用活资源，充分释放改革内生动能。基于此，本部分总结现状、经验做法、剖析问题并提出对策建议，以期为安康市乃至全国精准脱贫工作提供有价值的参考。

关键词：精准扶贫　精准脱贫　新社区工厂　改革创新　治理体系和治理能力

党的十八大以来，以习近平同志为核心的党中央把精准脱贫摆到治国理政突出重要的位置。精准脱贫是新时期政府贫困治理的新举措，加速推进农村贫困人口精准脱贫，是目前实现我国全面建成小康社会的首要难题。脱贫攻坚贵在因地制宜，成败之举在精准施策。从“精准扶贫”到“全面脱贫”再到“建立解决相对贫穷机制”，我国已经构建起科学、立体的“三农”发展战略布局。

近年来，全国各地坚持党中央确定的脱贫攻坚目标，切实推动扶贫改革向纵深发展，精准脱贫工作取得了突破性进展。各地以问题为导向，以需求为牵引，结合改革实践和要素禀赋实际，探索精准扶贫新经验、新模式、新路径。其中，陕西省安康市在推进当地精准扶贫工作建设中，通过摸清家底，尊重劳动力基础，选准产业方向，创造投资环境，吸引留住外来企业与创业者，创建安康“新社区工厂”精准脱贫模式，实现贫困地区增收致富，成为新时代脱贫攻坚改革创新的实践样本。

安康“新社区工厂”精准脱贫模式是落实精准扶贫的客观要求，充分发挥当地群众自主参与的“造血式”发展，带动地方经济增长，实现了真正意义上的脱贫攻坚。安康市“新社区工厂”创新做法得到刘鹤副总理批示，中央电视台、新华网、人民日报等中央主流媒体先后进行了深度报道。

研究发现，安康“新社区工厂”建设与精准脱贫攻坚工作实现同频共振，与党的十九届四中全会中央提出的国家治理现代化建设目标良性融合，成为助推贫困劳动力就近就业、增收致富的强劲引擎，形成了以人为核心的新型城镇化、信息化、新型工业化和农业现代化的有效载体，取得了农民就业、工厂发展、社区繁荣、社会稳定等一举多赢的效果。在当前脱贫攻坚战进入决胜的关键阶段，在国家坚定实施区域协调发展战略的大背景下，研究、推广安康“新社区工厂”精准脱贫模式具有十分重要的现实意义和长远意义。

一、安康市“新社区工厂”模式改革实践背景及历程

（一）我国精准脱贫改革概况

中国特色扶贫脱贫之路，来源于精准扶贫、精准脱贫的战略思想。精准脱贫作为扶贫攻坚的基本方略，其提出并非一蹴而就，而是基于我国长期扶贫实践不断探索与总结，最终上升至理论层面的结果。精准脱贫是精准扶贫的落脚点，而精准扶贫以贫困家庭和贫困人口作为主要扶持对象，将扶贫范围从扶持贫困县和贫困村下沉到更深的层面上。精准扶贫是粗放扶贫的对称，是指针对不同贫困区域环境、不同贫困农户状况，运用科学有效的程序对扶贫对象实施精确识别、精确帮扶、精确管理的治贫方式。精准扶贫的主要任务就是要做到“六个精准”，即扶贫对象精准、措施到户精准、项目安排精准、资金使用精准、因村派人（第一书记）精准、脱贫成效精准。既精准地找到贫困原因、确定帮扶对象、完善帮扶内容，又科学地解决“扶持谁”“谁来扶”“怎么扶”“如何退”等问题。精准扶贫脱贫思想作为习近平治国理政思想的重要内容，创新性地回答了在全面建成小康社会的决胜阶段，中国特色社会主义迈入新时代之际，我国扶贫工作中的一系列重大理论和实践问题，具有时代意义。

1. 党的十八大以来精准脱贫治理政策演进

精准扶贫是具有中国特色的扶贫理念，是一种追求精准化真实化的扶贫治理方式。改革开放以来，我国的扶贫治理机制实现了从消极救助到扶贫治理，从扶贫开发到精准扶贫，从扶“绝对贫困”到“相对贫困”的转变。经过多年的实践探索，我国已初步建立了比较完善的扶贫脱贫治理体系，在扶贫治理的广度和深度方面有了明显的加强。

（1）实践探索中开拓的中国特色扶贫道路。总体而言，我国精准脱贫战略政策演进体系呈现出以下特点，一是在实践探索中逐步形成，并根据时代需求确定了全新扶贫目标，即以精准脱贫攻坚，实现“解决相对贫困”的目标，这一脱贫标准略高于国际水准。二是在精准扶贫脱贫过程中，坚持发挥中国共产党领导的政治优势和社会主义集中力量办大事的制度优势。据统计，全国累计派出300多万名县级以上机关和单位干部驻村帮扶，目前在岗的第一书记有20.6万人，驻村干部有70万人。三是确定精准扶贫、精准脱贫基本方略，这一方略是一整套全新的贫困治理体系。通过逐村逐户开展贫困识别确立精准脱贫对象，然后通过“回头看”和甄别调整，不断提高识别准确率，最后通过项目安排、资金使用、社会保障兜底等多种办法，确保精准脱贫有的放矢，落实到位。

自20世纪80年代开始，我国脱贫工作进行了多方面、多层次的探索，并通过多种方式进行扶贫，取得了很大的进展，大部分地区贫困人口温饱问题得到解决，贫困人口也大幅度减少。但贫困人口数据模糊、针对性太弱、用于解决贫困的资金去向不清晰等问题也随之出现，有的地区扶贫工作出现了很严重的弊病，有的地区甚至出现了脱贫后返贫的现象。而精准扶贫就是针对不同脆弱性背景下的贫困人口进行因地制宜的科学性扶贫。

在精准扶贫思想中，精准化理念是核心。党的十八大以来，党中央高度重视扶贫开发，根据宏观形势的变化和到2020年全面建成小康社会的目标，中央做出了坚决打赢脱贫攻坚战的决定。为了打赢脱贫攻坚战，中央调整了以往“以区域开发为主”的扶贫开发模式，将精准扶贫和精准脱贫作为基本方略。新时期，以习近平同志为核心的党中央，推进了脱贫攻坚的重大理论创新，出台了一系列重大政策措施，拓展了中国特色脱贫攻坚道路。

（2）改革创新中不断自我完善的理论体系。2013年，习近平总书记在湖南湘西考察时首次提出“精准扶贫”的重要思想。2015年，习近平总书记提出中国脱贫工作实施精准扶贫方略，并系统阐述“强化一个意识”“破解二元结构”“坚持三位一体”“落实四个切实”“实施五个一批”“注重六个精准”“做到七个强化”等重要思想，全面部署“十三五”期间脱贫攻坚工作，将精准扶贫发展到一个新的阶段。2017年，习近平总书记在全国两会期间提出“绣花式”扶贫，对精准扶贫提出更加明确的要求，要求从根本上分析致贫原因，摸清贫困底数，改善过去扶贫工作中低质、低效、针对性不强等问题，推动扶贫工作精准化发展。至此，精准扶贫的脱贫思想体系框架基本形成。

党的十九大提出了乡村振兴战略，对精准扶贫工作提出了更高要求，在脱贫攻坚工作的决胜阶段，必须积极推进精准脱贫与乡村振兴的有效衔接，从而实现贫困地区脱贫后的可持续发展。党的十九届四中全会提出“坚决打赢脱贫攻坚战，建立解决相对贫困的长效机制”。虽然，在解决绝对贫困问题之外，中央领导也曾多次关注贫困线上的边缘人群，但“解决相对贫困”还是十八大以来首次在中央全会公报中提及。所谓“相对贫困”，是指在特定的社会生产方式和生活方式下，依靠个人或家庭的劳动力所得或其他合法收入虽能维持其食物保障，但无法满足在当地条件下被认为是最基本的其他生活需求的状态。

从“扶贫”到“精准扶贫”再到“解决相对贫困”，我国的脱贫理念和政策已经发生了深刻的变化，精准脱贫更加具体和与时俱进。随着扶贫政策的逐步深入推进，我国的脱贫目标在逐步提高，同时扶贫的手段也更加合理和多元化，扶贫工作经历了从直接救济到调动农民积极性以实现内生性的扶贫，从普惠性的基础设施建设到鼓励贫困地区发展优势产业，从政府主导到调动多元化的民间组织力量和发挥市场力量，从单一和有限的政策到多管齐下的系统性扶贫的变化。随着贫困范围的缩小，彻底消除贫困的任务更加艰难，进一步的脱贫需要更加精准，也应当更加重视提升贫困人口的主观能动性和可行能力，挖掘其内生动力以实现自主化、内源化精准脱贫。

2. 我国精准脱贫改革实践取得的成效

我国历届政府都对扶贫工作高度重视，不断探索新的扶贫方式，促进与其他发展中国家在脱贫工作方面的交流与合作，为其他发展中国家提供可行性的扶贫道路。

（1）创造了中国扶贫史上最好的成绩。自党的十八大以来，我国脱贫攻坚力度之强、规模之广、影响之深、成效之大，前所未有。通过一系列政策的推进和制度的建立，我国精准扶贫成效显著，精准扶贫模式不断创新，金融扶贫、教育扶贫、产业扶贫、易地扶贫等新模式成效明显。其中，易地扶贫、产业扶贫通过将深度贫困地区人口整体迁出，以产业带动和解决贫困地区人口就业、生存、发展问题，效果显著。精准扶贫政策自 2013 年制定以来，为我国社会发展做出了巨大贡献。据国家统计局数据，截至 2018 年末，全国农村贫困人口从 2012 年末的 9899 万人减少至 1660 万人，累计减少 8239 万人；贫困发生率从 2012 年的 10.2% 下降至 1.7%，累计下降 8.5 个百分点。[①] 其中，10 个省份的农村贫困发生率已降至 1.0% 以下，中华民族千百年来的绝对贫困问题有望得到历史性改变。[②] 2018 年，贫困地区农村居民人均可支配收入为 10371 元，是 2012 年的 1.99 倍，年均增长 12.1%，扣除价格因素，年均实际增长 10.0%，比全国农村平均增速高 2.3 个百分点，与全国农村平均水平的差距进一步缩小。[③] 中国对全球减贫贡献率超过 70%，创造了中国扶贫史上的最好成绩。

（2）获得了世界减贫史无前例的成就。我国的精准扶贫能够取得优异的成绩，在一定程度上是将贫困群众的主动性与当地的实际情况结合起来，做到现实性和能动性的统一。按世界银行有关标准，中国对全球减贫的贡献率超过 70%，是世界上减贫人口最多的国家，也是世界上率先完成联合国千年发展目标中减贫目标的国家。联合国开发计划署于 2015 年发布的《联合国千年发展目标报告》中明确指出："中国在世界减贫中发挥了核心作用。"世界银行 2018 年发布的《中国系统性国别诊断》报告称，"中国在快速经济增长和减少贫困方面取得了'史无前例的成就'"。2018 年，第 73 届联合国大会通过关于消除农村贫困的决议，把中国倡导的"精准扶贫"理念与实践写入其中。中国精准脱贫事业取得的巨大成就充分证明了社会主义制度的优越性，中国在精准扶贫过程中总结出来的诸多有益经验，不仅对中国的贫困治理具有重要的指导价值，也为全球减贫提供了成功范例，为国际社会贡献了重要的中国智慧。

---

① 《2018 年国民经济与社会发展统计公报》。

② 国家统计局：《扶贫开发持续强力推进脱贫攻坚取得历史性重大成就——新中国成立 70 周年经济社会发展成就系列报告之十五》。

③ 国家统计局：《扶贫开发持续强力推进脱贫攻坚取得历史性重大成就——新中国成立 70 周年经济社会发展成就系列报告之十五》。

（二）安康市“新社区工厂”模式改革背景

近年来，我国经济所面临的外部环境更加复杂严峻。从国际经济环境看，不确定性因素有所上升，世界经济和贸易增速同步趋缓，地缘政治不稳定和经济运行风险加大。从国内经济环境看，解决国内长期存在的结构性、体制性矛盾需要一个过程，国内改革攻坚，经济结构调整，经济运行面临着新的下行压力，企业利润恶化，低端过剩、高端不足、创新能力薄弱，实体经济仍面临较多困难，脱贫攻坚工作急需转变模式，寻找更有效的破局路径。

1. 国内外经济大环境所需和发展问题所迫

习近平总书记指出，中国特色社会主义进入了新时代，我国经济发展也进入了新时代，基本特征就是我国经济已由高速增长阶段转向高质量发展阶段。推动高质量发展是当前和今后一个时期确定发展思路、制定经济政策、实施宏观调控的根本要求，必须加快形成推动高质量发展的指标体系、政策体系、标准体系、统计体系、绩效评价、政绩考核，创建和完善制度环境，推动我国经济在实现高质量发展上不断取得新进展。

（1）脱贫攻坚进入最困难的“啃硬骨头”阶段。当前，全国 300 多个深度贫困县的贫困人口超过千万，贫困发生率在 10% 以上，30000 个深度贫困村中，贫困发生率超过 20% 的比重占到 53%。深度贫困地区大多生存条件比较恶劣，自然灾害多发，地理位置偏远，基础设施和公共服务明显落后，脱贫基础更为薄弱。贫困地区由于经济社会发展进程存在差异性、文化传统和生活观念存在特殊性，与既有成熟扶贫模式匹配难度较大，加之我国农村的贫困形态与扶贫战略均发生显著变化，贫困结构复杂化，贫困原因多样化，呈现出从绝对贫困到相对贫困、从单维贫困到多维贫困、从静态贫困到动态贫困的新特征。常规的扶贫手段的边际效用递减，必须在扶贫工作机制体制和扶贫政策上有所创新，建立更加有效率、有针对性的可持续的扶贫新机制，才能确保扶贫工作更加有效果。

（2）脱贫攻坚面临时间紧任务重的艰巨挑战。贫困不是一个国家的问题，而是世界各国共同面临的挑战，消除贫困是实现人类社会发展的重要途径。党的十八大以来，我国脱贫攻坚取得了决定性进展，但截至 2017 年底，我国贫困人口总量仍有3046万人。到2020年实现全面脱贫，平均每年需要减贫1000多万人，而且越到最后脱贫难度越大。从剩余贫困人口的构成上看，很多是残疾人、孤寡老人、长期患病者等特殊贫困群体以及教育文化水平低、缺乏技能、内生动力不足的贫困群众，扶贫脱贫工作仍然面临繁重而艰巨的挑战。

（3）脱贫攻坚是安康市全面建成小康社会的关键所在。全面建成小康社会要求一个也不能少，一个也不能掉队。面对脱贫攻坚决胜期的困难和挑战，要全面落实《中共中央国务院关于打赢脱贫攻坚战三年行动的指导意见》，以更有力的行动、更扎实的工作，确保坚决打赢脱贫攻坚战，不断拓展中国特色扶贫开发道路。从安康市面临的现实情况看，脱贫攻坚任务在陕西省乃至全国的比重也越来越大。2016年安康市的贫困人口占陕西省的20.4%，2017年占22.4%，2018年占25%，2019年达到41%。目前，在陕西全省11个深度贫困县中，安康市有4个，深度贫困人口是陕西省的1/2。为此，安康市必须更加坚定地推进精准扶贫方略，建立和改革创新脱贫攻坚制度机制，促进社会合力扶贫，以确保全面小康社会的目标如期实现。

2. 决策层的精准谋划发展思路与顶层设计

安康市以脱贫攻坚作为落实习近平新时代中国特色社会主义思想的具体体现。党的十八大以来，安康市提出以脱贫攻坚统揽经济社会发展全局的工作思路，围绕脱贫攻坚这个主旋律，从领导架构、体制机制、政策措施、人财物力等重点环节科学布局，使各项工作向脱贫攻坚看齐，各种资源向脱贫攻坚聚焦，各方力量向脱贫攻坚汇聚，向脱贫攻坚发起总攻。

（1）安康市强化以制度建设保障脱贫攻坚改革实践。从2012年开始，安康市的决策层对移民搬迁群众就业增收做出了前瞻性政策设计和具体的落实细则。2012年出台了《关于扶持发展劳动密集型产业的意见》等政策文件，提出实行“移民搬迁进社区、土地流转建园区、农民就地变工人”的综合承载方式，有计划、按步骤地把农民转化为产业工人，让更多的搬迁群众实现就地、就近就业增收。通过一系列强有力的举措，安康的“新社区工厂”如雨后春笋般兴起。2017年出台了《关于培育和发展社区工厂的实施意见》（以下简称《实施意见》），为发展新社区工厂提供了政策支持。2018年出台了《安康市新社区工厂》地方标准，使新社区工厂走上一条标准化、规范化、高效化发展之路。

（2）安康市注重以民为本设计脱贫攻坚的改革思路。脱贫攻坚面对的是广大贫困群众，安康市精准脱贫工作始终坚持以人为本，进行综合统筹谋划。以对山区贫困群众负责的态度，坚持规划引领，把钱花好、把事办好，把易地扶贫搬迁、新社区工厂建设等具体工作做好，为老百姓今后安居乐业打下坚实基础。“十二五”以来，安康市相继做出了一系列“走民生为本的循环发展之路，建设美丽富裕新安康”战略决策，提出了“追赶超越、绿色崛起”发展总纲，确立了建设西北生态经济强市的奋斗目标。在这些发展思路中，以民生为本作为发展的基本原则，注重提升经济增长的“含金量”，把经济发展的成果与群众生活质量明显提高相互统一。

（3）安康市突出以资源整合汇聚精准脱贫攻坚合力。安康市在构建绿色循环产业体系时，把生态友好型产业放在了优先发展的位置，即综合利用山、水、人等基本要素，促进经济再生产和生态再生产同步发展。新社区工厂发展正是基于利用人的基本要素，成为劳动密集型产业的重要支撑。安康市在脱贫攻坚中提出了大力推进“五大工程”，即“支部＋X＋贫困户”“新社区工厂”、新民风建设、农村“三变”改革和帮扶干部素质提升“五大工程”，“新社区工厂”在相关顶层设计中发展目标日趋明朗，发展制度体系框架在摸索中不断形成和完善。

3. 顺势而为及时抢抓东部产业转移的机遇

对于安康市而言，“新社区工厂”是在实践中总结探索而形成的一条可行性精准脱贫路径，促使当地贫困人口实现了财富从无到有、从深度贫困到家门口就业的脱贫模式。安康市从东南沿海经济发达地区引进毛绒玩具产业，实现了从劳动密集型产业向创意加工、定制化服务等方向转变，不仅解决了易地扶贫搬迁群众的就业问题，也促进了安康市进出口贸易，更带动了贫困群众增收致富。从这个角度来看，安康“新社区工厂”既顺应了经济发展趋势，也为解决脱贫攻坚特别是补齐易地扶贫搬迁中的短板问题提供了有益的实践探索。

（1）东南沿海地区的产业梯次转移趋势明显。近年来，随着国际生产要素流动和产业转移的速度不断加快，我国东部发达地区劳动力价格上升，环境承载力逐步减弱，可供开发的土地资源减少并且地价大幅上涨。受这些因素制约，东部很多企业为了降低成本、扩大规模、升级产品、开拓市场而选择了迁移，部分产业正加速向中西部地区转移。这种转移呈现出三个显著特点。一是转移的主要产业类型是对资源能源依赖较强的上游产业、加工制造业，尤其是劳动密集型加工业。二是转移的空间选择是区域内就近转移，通过与相邻的地区合作带动产业转移，针对重点区域和重点城市实行点对点转移。三是转移的主要方式是直接投资或租赁标准厂房设立工厂，通过合作或兼并当地企业进行转移，还有一些企业在行业协会、龙头企业组织的带动下，为深化产业集中、延长产业链，成群结队地向更适宜发展的地区搬迁。

（2）中西部地区承接东部产业转移竞争激烈。产业升级必然会带来产业转移，而产业转移又会提高产业竞争力，但同时要求承接地区具备核心产业承接优势。从东部产业转移方式来看，以政府和市场作用相结合为主，中西部地区具有资源优势。一系列产业转移现象表明，东南沿海地区产业向中西部地区转移速度不断加快，但仍未达到一定规模。以东南沿海地区为“中心”，以中西部地区为“外围”的典型空间结构被打破，沿海地区与中西部之间的新空间二元结构正在逐渐形成。东部地区一大批外向依存度高、以进出口贸易为主的企业受世界金融危机影响，纷纷停产或关闭，当地政府积极采取降低收费、对企业进行补贴等措施。对这种新态势、新特点，安康市必须密切关注、及时了解、认真研究、理性应对，切实增强承接东部产业转移工作的针对性和有效性。

（3）安康市积极把握东部产业转移的有利机遇。在全国经济由高速转变为中高速发展的情况下，东南沿海的中低端加工制造业纷纷外迁海外或内迁到我国中西部地区。承接东部产业转移，对于安康市来说具有十分重大的意义。在这种产业梯度转移的浪潮中，安康市抢抓东部劳动密集型企业“腾笼换鸟”的有利时机，发挥全市外出务工人员多的优势，吸引成功人士返乡创业，大力培育和发展“新社区工厂”，使之成为实施精准脱贫、乡村振兴的有效载体。

（三）安康市“新社区工厂”改革历程

安康市地处秦巴山区集中连片特困地区，是全国脱贫攻坚主战场的核心区域，贫困体量大，贫困程度深，脱贫难度大，返贫风险大。陕西省 11 个深度贫困县中，安康市占了4个，脱贫任务之重、难度之大居全省前列。安康市人口增长较缓，经济基础发展薄弱，生产规模较差。面对严重的自然灾害和严峻的脱贫任务形势，安康市委、市政府在扶贫脱贫实践工作中，不断寻找新思路、探索新模式，寻找符合贫困地区发展的新途径。

在响应陕西省移民搬迁安置工作中，安康市搬迁群众大多是贫困农民，文化素质较低，工作技能较弱。从扶贫脱贫工作出发，结合区域实际，合理利用东部产业向中西部地区产业转移的机遇，安康市决定把就业创业、招商引资和移民搬迁进行有机结合，大力引进劳动密集型企业进驻移民搬迁社区，创办以家庭手工业为主要业态的“社区工厂”，使搬迁居民“楼上居住、楼下就业”，成功探索出一条“就业式精准扶贫”新路径。

1. 第一阶段：自主摸索时期

（1）恶劣自然环境迫使安康实施移民搬迁工程。由于山大沟深，地质环境脆弱，以泥石流、山体滑坡为主的地质灾害多发易发，且防范难度大，治理成本高，安康市广大山区村落曾长期陷于“受灾—重建—再受灾—再重建”的恶性循环中。特别是2010年的“7·18”安康特大洪涝泥石流灾害，给安康市带来了严重的人员伤亡和财产损失。陕西省委、省政府深入剖析反复受灾的根本原因，研究贫困地区人群如何寻求发展，果断提出应对自然灾害的治本之策，于2011年实施避灾移民搬迁决策部署。

（2）拆迁安置促进安康市精准脱贫生产要素集聚。对于安康市贫困山区而言，在移民搬迁中如果单纯拆旧建新、分散安置较为容易进行，但进行基础设施建设，如路、水、电等造价成本太高，加之自然灾害频发，基础设施极易遭受损毁，无法从根本上排除群众生命财产安全隐患。而选择集中安置，能够有效加大公共服务的供给。同时由于扶贫资金有限，只有把群众集中起来，才能更有效地提高基础设施、公共服务的投资利用效率，提升公共服务均等化水平，发挥出这些资金的整体效益、综合效应。

安康市移民搬迁安置工作为安康市发展劳动密集型社区工厂扶贫模式创造了基础。自“十二五”以来，安康市累计搬迁安置26.6万户92万人，共建设集中安置点1364个，其中农村50户以下安置点587个，占43%；500户以上社区74

个，占5.4%。全市集中安置26.86万户94.54万人，集中安置率为87.7%。大量农村劳动力从山上搬到县城周边、集镇附近或安置社区，脱离了过去依赖的土地资源，形成移民搬迁安置社区劳动力局部集聚，为发展劳动密集型产业奠定基础。

（3）为解决安置人口就业探索建立新社区工厂。解决集中安置人口就业是社区工厂模式探索建立的初衷。就业问题的妥善解决，有助于提升集中安置的经济成效。安康是陕西乃至全国较早开始移民搬迁的地区，在推动实施移民搬迁工作的同时，安康市委、市政府提出要建立“搬得出”“稳得住”“能致富”联动机制。发源于安康市平利县的“新社区工厂”就业模式是政府解决基层问题的重大突破。2011年，平利县实施贫困村民整体搬迁后，群众生活环境有了较大改善。然而，村民离开长久以来赖以生存的土地后，没有固定的工作和稳定的收入，生活难以保障。面对现实困难，平利县委、县政府全面着手解决搬迁户的生存问题，探索建立“社区工厂”就业模式，引导搬迁群众就业增收，实现精准扶贫。

图1　2020年4月21日，习近平总书记考察安康平利县锦屏社区毛绒玩具社区工厂

2. 第二阶段：“腾笼换鸟”时期

发展产业、实现就业是最直接、最有效、最根本的脱贫之策，也始终是“新社区工厂”发展的难点和重点。安康市作为南水北调中线工程的重要水源涵养区，保护“一江清水供京津”是全市的政治责任，在脱贫致富和发展经济的过程中，生态环境保护是必须重点考虑的任务。安康全市91.9%的面积为禁止和限制开发区域，大批矿产开发、化工材料等对生态有破坏、对环境有污染的企业全部关停，让本来就业岗位匮乏的安康市群众在家门口就业更加困难，因此需要因地制宜，开发更多就业岗位，解决贫困人口基本生计问题。通过引进毛绒玩具、纺织加工、电子装接等劳动密集型企业植入新社区工厂，让群众在家门口就业，既可以解决就业增收问题，也能够赡老扶幼，化解老人、妇女和儿童“三留守”的社会问题。

（1）出台政策促进新社区工厂产业多元发展。安康市坚持把培育发展产业、实现就地就业作为破解搬迁群众就业增收、稳定脱贫的关键举措，以承接东部产业转移为契机，在移民搬迁集中安置社区大力培育发展新社区工厂，让群众就地、就近就业。安康市委、市政府先后出台了关于培育和发展新社区工厂的《实施意见》，以及促进毛绒玩具文创产业集聚发展、打造安康新兴支柱产业的6项措施及11条意见，从政策上鼓励新社区工厂发展电子产品、机械零部件、服饰制作、农产品加工以及毛绒玩具等文创产业多种业态。

根据安康市《关于“社区工厂”认定等有关事项的通知》，各类企业和创业人员在移民搬迁安置社区或农村人口居住集中区创办的社区工厂，用工人数稳定在20人以上、每年能正常经营6个月以上的生产加工型工厂（分厂）或加工车间，可认定为社区工厂。“新社区工厂”所在的社区不同于传统的城镇社区，也不同于传统的农村居委会，它发轫于陕南移民搬迁，是由一个镇、几个镇或邻近县区跨区域安置移民组成的“新社区”。“新社区”的发展重点和难点是就业问题，通过就地就业解决问题进而实现脱贫。

（2）明确重点领域促使新社区工厂遍地开花。安康市于2018年印发了《关于加快推进毛绒玩具文创产业发展，打造安康新兴支柱产业的意见》，明确将毛绒玩具、电子产品、纺织加工、农产品加工、特色手工艺品加工作为“新社区工厂”发展的五大重点。同年制定和颁布了全国首个《新社区工厂地方标准》，在新社区配套建设标准化厂房，与居住楼相对分开，以保证安全、减少扰民、便于管理。如今，“新社区工厂”在安康市遍地开花，走出了一条“兴办社区工厂、助推精准扶贫”的新路子，取得了农民就业、工厂发展、社区繁荣、社会稳定的多赢效果。截至2019年12月底，安康全市已建成新社区工厂累计投产587家，其中，2019年新增329家，实现100户以上易地搬迁安置区新社区工厂全覆盖，特别是毛绒玩具已经成为“新社区工厂”发展中的主导力量。截至2019年底，安康全市毛绒玩具文创企业已投产308家，就业总人数达10976人，其中贫困劳动力有2848人，实现产值13.2亿元，出口创汇6096万元，规模以上企业达到14家。

（3）“新社区工厂”就业模式带动产业能级提升。安康市易地搬迁群众就业主要有三种方式，一是仍以耕种为生，过着“两头跑”的生活，或通过土地流转，到农业园区务工。二是在县城周边务工或有组织地外出务工。三是在“新社区工厂”就业，此外就是提供公益性岗位。“新社区工厂”加工产品的大部分工序需要手工完成，对从业人员的文化素质和技能要求不高，加之大多采取计件工资，对工作时间、场所限制不严，既具有工人上手快的特点，又具有管理相对宽松的特点，尤其适合不能外出打工、需要照顾家庭的妇女就业，对于残疾人等就业困难群体也有很大的帮助，这是其他就业方式无法比拟的。毛绒玩具产业发展促进新社区产业链能级提升。2014年以来，安康市依托规划建设的1364个陕南移民搬迁集中安置点，积极抢抓东部劳动密集型产业转移的有利时机，大力发展“新社区工厂”，为“无法离乡、无业可扶、无力脱贫”的贫困群众提供在家门口就业的机会。截至2019年12月底，安康新社区工厂吸纳就业21307人，其中贫困劳动力6879人，实现产值24.6亿元。

3. 第三阶段：高质量发展期

从2014年第一家电子元件加工企业在平利县建成社区工厂，到当前呈现“井喷”式发展态势，安康市已涵盖电子产品、机械零部件、服饰制作、农产品加工以及毛绒玩具等文创产业的多种业态，进入了从重点突破到全面推进的高质量发展阶段。

（1）对口帮扶项目加快新社区工厂发展速度。从 2017 年 11 月开始，常州市对口帮扶工作组提出安康市承接毛绒玩具文创产业转移的构想，全面加快了安康新社区工厂发展速度，提升了发展质量。为安康市对外开放打开了新局面，并培育了新兴支柱产业的方向，新社区工厂步入了从重点突破到全面推进的发展时期，实现了从引企业到引产业的重要转变。新社区工厂已经由最初的来料加工、配件组装为主，发展到新社区工厂生产的产品可在园区总部进行组装、包装和检验后直接出口外销。安康市围绕产业链统筹布局创新链、空间链，为新社区工厂带来稳定的订单来源，并催化技能培训、物流快递、电子商务、家庭服务业三产服务业协同跟进，推动市域经济结构加快调整，县域经济总量不断扩张。

（2）“新社区工厂贷”助力社区工厂产业转型。2018 年 8 月，中国建设银行陕西省分行与安康市政府联合举行了“新社区工厂贷”发布会，“新社区工厂贷”正式推出。针对安康市现状，“新社区工厂贷”量身定制了三款金融产品，以适用于不同规模、不同需求的企业。截至 2019 年 12 月底，“新社区工厂贷”

图2 2018 年 8 月 16 日，安康市人民政府与建设银行陕西分行联合举办“新社区工厂贷”信贷产品发布暨签约活动

累计发放86户，累计投放额达7694万元，覆盖154个安置社区、156家新社区工厂。“新社区工厂贷”不仅在建行系统内是首创，在全国金融机构中也是首开先河。这是试水普惠金融可持续模式助力脱贫攻坚的一个创举，是确保“后扶贫时代”建档立卡贫困户脱贫不返贫的又一探索。同时，“新社区工厂贷”助力安康由不可持续的“打工经济”转型为可持续的“新社区工厂经济”，走出了一条脱贫不返贫、可持续高质量发展之路。

（四）国内其他地区精准脱贫主要创新模式及成功案例

精准扶贫、精准脱贫对加快推进我国全面建成小康社会目标的作用越来越明显，全国各地也在精准扶贫、精准脱贫实践中积极探索和创新了很多模式和经验。总结贫困地区各类精准扶贫脱贫的主要模式，找出突出困难与短板，强化精准扶贫的改革基础以加快脱贫步伐，对依托精准扶贫实现精准脱贫战略目标具有重要意义。

1. 易地扶贫

易地扶贫搬迁是指将生态背景脆弱、生活水平低下的困难山区的贫困人口通过搬迁到生存条件相对优越的地方，以达到解决贫困并且帮助搬迁人口逐步脱贫致富的一种方式。易地扶贫搬迁是精准扶贫的一种方式，更是一种手段，主要针对集中连片山区的困难群众。连片山区一般都具备道路通行条件差、人居环境差、生产技术落后、缺乏支柱产业等脆弱性特点，迫切需要通过搬迁改变他们的生活条件和生产能力。易地搬迁主要通过贫困户自筹资金和政府资金与政策扶持的方式实现，通过政府制定一系列政策，通过与企业、银行合作，帮助贫困户进行搬迁。实践探索中的易地扶贫成功案例主要有四种模式。

（1）“整体搬迁”模式。“整体搬迁”模式是利用专项资金进行整体开发建设，易地集中安置，建设移民新村的一种移民搬迁扶贫形式。例如，山西省忻州市的“六环联动”推进整村扶贫搬迁的典型经验做法，紧紧围绕精准识别搬迁对象、新区安置配套、旧村拆除复垦、生态修复整治、产业就业保障和社区治理跟进六个关键环节，多措并举，立体化推进。截至2018年9月底，该市整村搬迁620个村，拆除547个村，复垦432个村，搬迁对象累计脱贫22956人。

（2）“插花移民”模式。“插花移民”模式又称“分散移民”，在条件较好的乡村通过投亲靠友找到接受地的农户迁入后，得到和居住地农户同等的待遇，有的通过购买迁入地空置房入住，安置成本低，不少人可以从移民建房补助款中节省出一部分来发展生产。也有部分移民户有一门手艺，或子女打工收入较高，在移民建房补助款的支持下，可以直接到圩镇或县城建造或购买住房，实现无土分散安置。例如，宁夏平罗县“插花移民”采取“大分散、小集中”或“组团式”的方式，利用多个目标村庄，把移民分散安置到退出产权的农民所在村组集中（小集中），不进行集中安置，解决移民安置中“成本高、教育难、就业难、融入难”等问题。

（3）“国有农林场移民”模式。在计划经济时代，中国建立了一批国营农林场，后来随着大批职工的返城就业，这些农林场的发展一般都很不景气，有些承包给企业、个人经营，有些在低水平上维持。这些土地产权属于国家，推进移民工作便于安置。但是，由于各企业管理体制不同，也存在一些复杂的历史遗留问题，安置移民要取得长期而有保障的土地使用权，在实际实施中需要做大量的工作。

（4）“搬迁扶贫致富”模式。“搬迁扶贫致富”是一种将易地搬迁与产业扶贫相结合，促进贫困地区富民的创新模式。西藏自治区曲水县创新脱贫思路，把扶贫搬迁工作与脱贫致富结合起来，按照“以业脱贫、以迁脱贫、以育脱贫、以保脱贫、以助脱贫”进行精准脱贫。2018 年底，25 个县（区）达到脱贫摘帽标准，2100 个村（居）达到退出标准，18 万人达到脱贫标准。相对而言，西藏的高原和安康的山区，做好扶贫搬迁工作实为不易。

2. 产业扶贫

习近平总书记在十九届中央政治局第八次集体学习时指出，“产业兴旺，是解决农村一切问题的前提，从‘生产发展’到‘产业兴旺’，反映了农业农村经济适应市场需求变化、加快优化升级、促进产业融合的新要求”。党的十八大以来，产业扶贫方式也越来越受到重视。在中央布局的脱贫攻坚战“五个一批”工程中，产业扶贫是处于第一位置的工程。据统计，近年来，我国加大对贫困地区尤其是深度贫困地区的扶持力度，共实施扶贫产业项目超过 98 万个，累计建成各类扶贫产业基地10万个以上。

（1）生态旅游产业扶贫模式。生态旅游产业扶贫是指以保护和改善生态环境为出发点，实施建设多种生态项目，大力发展生态产业，构建多层次生态产品与生态服务消费体系，培育生态服务消费市场，以实现贫困地区人口经济社会可持续发展的一种扶贫模式。该模式通过财政资金投入，整治村庄环境，开发景区景点，开辟乡村旅游业，发展农家乐，带动贫困户融入旅游产业链，实现脱贫致富。例如，福建宁德产业扶贫模式以自然生态、特色农业、民族村寨、文化遗产等资源为依托，把乡村旅游与观光旅游、休闲旅游、民俗旅游、度假旅游有机结合起来，通过发挥旅游资源优势，扶持发展旅游业，带动贫困地区脱贫致富。

（2）科技产业扶贫模式。以“金寨模式”为代表的科技产业扶贫模式，采取光伏产业扶贫，以光伏推动“人脱贫”“村出列”“县摘帽”，部门通力协作，及时调整策略、动态管理，积极应对困难、有效解决问题，使得全县精准扶贫取得良好效果。截至2016年底，安徽省金寨县先后为7803户贫困户建成3kW分布式光伏扶贫电站，在218个村建成60kW村集体集中式光伏电站，实现了每个贫困户年增收3000元以上，每个村年增收6万元以上。

（3）电商产业扶贫模式。该模式通过吸纳贫困人口从事电商及物流配送等关联产业解决就业问题，并为贫困人口创造更多购买物美价廉产品的机会，核心目标就是提高贫困家庭的实际收入，本质属性是让贫困地区对接电商大市场。甘肃省发展电商精准扶贫具有很强的代表性。甘肃省成县在102个贫困村已扶持建成电商扶贫服务点68个，开展各类电商培训80期共计13984人次，孵化网店917家，电子商务全产业链各环节直接或间接带动就业7100余人，全年销售额达到1.16亿元。

3. 企业扶贫

企业是最重要的市场主体，是社会生产和流通的直接承担者，在各类扶贫后盾单位中具有独特优势。企业既能直接投入人力、物力、财力用于产业扶贫，又能发挥产业链的优势，撬动整合社会资源用于扶贫脱贫；既能通过“以购代捐”“以买代帮”等消费扶贫方式直接帮助贫困地区发展产业、开拓市场、打造品牌，又能借助其销售渠道、采购渠道、生态圈等帮助扶贫产业项目快速对接市场、产生效益。

典型的有“企业 + 农户”“企业 + 基地 + 农户”模式。“企业 + 农户”模式是指国家征用或租用土地后承包给企业，由企业进行开发，建立生产基地，在基地内安置移民。该模式下企业发展周期长，稳定性强，居民也能同时享有稳定的收入来源，并能保证稳定的工作环境。一般国家会对开发企业给予政策和资金上的支持。“企业 + 基地 + 农户”模式利用贫困地区资源优势发展特色产品种养殖，鼓励引导工商资本进入农业生产领域，发展生态高效农业和农产品加工业，打造贫困村特色经济，延伸农产品价值链，带动贫困户就地就业增收。广西在一些移民安置区尝试了这一做法。

4. 就业扶贫

就业式精准扶贫具体指根据因地制宜原则，发展贫困地区的特色优势产业作为扶贫的重要手段，通过引进开发项目，带动贫困户就业创业，从而促进贫困地区的收入持续、稳定地增长，是一种稳定、长效的扶贫机制，通过激发贫困户自身的发展动力，降低返贫的风险。一般表现为通过发展该区域劳动密集型产业，特别是在生产和流通环节需要大量非技术性劳动力的产业，为一些劳动技能有限、只能从事轻度体力劳动的贫困户提供就业岗位，通过安置就业提高贫困户的收入，从而达到脱贫致富。

以就业助推扶贫，是对“助人自助”理念的一种实践，因此在实践过程中，最重要的是推动“自助”的实现，一是政府及专家进行调查、规划，确定产业发展性质。就业的居民大多属于低素质劳动者，而类似于“扶贫车间”“社区工厂”所在地区的经济发展也主要以第一产业和第二产业为主，因此劳动密集型的企业更具优势。二是政策优惠，政府宣传。吸引本土居民返乡创业，鼓励失业居民加入，为无业无地的农民提供了一份足以维持生计的工作。三是加大扶持力度。招商引资，完善社区治理，进一步扩大工厂规模，提高居民、工人等的生活水平和生活幸福感。在扶贫过程中，给予有劳动能力的贫困户的物质补贴只能是短期补救行为，要想真正脱离贫困，还是需要政府提供机会，鼓励贫苦户自身就业创造物质财富，满足精神需求，这样的精准脱贫才能不返贫，才能真正脱离贫困。

山东省2016年前后兴起的“扶贫车间”模式，是一种建设在乡、村，以不同类型的建筑物为生产经营活动场所，以壮大贫困村集体经济、解决贫困人口就地就近就业为目的，以从事农产品初加工、手工业、来料加工经营等劳动密集型产业为主要内容，实现贫困人口增收脱贫的就近就业扶贫模式。例如，山东省菏泽市鄄城县立足户外家具、纺织服装、发制品产业优势，引导企业把加工车间建在村里，吸引贫困群众、留守妇女到车间打工挣钱，被群众称为“扶贫车间”。截至2018年12月底，山东省已建成各类扶贫车间6126处，吸纳12.6万贫困人口就业。通过建设扶贫车间，企业有效解决了劳动力不足等问题，提升了发展竞争力，增强了员工的获得感、幸福感，村集体增加了收入，促进了村级治理体系、治理能力提升。

5. 金融扶贫

作为脱贫攻坚的生力军，全国各地涉农金融机构近年来不断探索创新金融扶贫模式，打出精准扶贫“组合拳”，促使多元化的优质金融服务走进农家，让更多的贫困人口感受到满满的“金融获得感”。金融机构立足行业优势参与脱贫攻坚的创新智慧，在总结各地金融精准扶贫的新思路、新方法、新模式的同时，为探讨和破解农村金融困惑，助力普惠金融高质量发展和加快推进乡村振兴提供策略参考。

（1）中国建设银行特色金融服务模式。为解决散户因缺乏有效担保物融资难的问题，中国建设银行福建省分行以“互联网+大数据+全产业链”模式，针对福建产业特色，创新线上、线下相结合的涉农信贷产品，持续推出“闽”字号系列融资产品，全力推进农业全产业链整体金融服务。像“闽茶贷”，以企业经营结算量及销售订单额为测算依据，以信用方式办理，目前已为福建茶企提供融资支持近3000万元。

（2）河北阜平“政府助力、保险先行”模式。通过联办共保，推动农业保险全覆盖，立足当地实际，开发特色农业保险产品，保障农户生产收益，建立巨灾风险补偿机制，作为预算绩效管理工作的基本制度，全国统一遵循。江西赣州“医疗保险扶贫”模式，针对贫困人口实际医疗费用负担较重，“因病致贫”“因病返贫”频繁发生的情况，委托保险机构开展探索用商业保险机制解决贫困人口大病保险保障之外的高额医疗费用问题。

6. 资产扶贫

盘活现有农村资产，变产权为股权，发展农村经济，实现精准脱贫。该模式是在精准扶贫项目中，将自然资源、公共资产（资金）或农户权益资本化或股权化，相关经营主体利用这类资产产生经济收益后，贫困村与贫困农户按照股份或特定比例获得收益。这种模式不依赖农户的独立经营能力，对失能和弱能贫困人口具有针对性。通过赋予贫困户产权或股权，有利于贫困农户积累资产并利用这些资产持续受益，实现持久脱贫。

（1）贵州省“三变改革”模式。针对贫困地区，特别是集体经营性资产较少的贫困村，因缺乏发展集体经济的资本，通过“资源变资产，资金变股金、农民变股东”路径，盘活集体资源，撬动社会资本，壮大集体经济，把贫困户纳入集体经济保障范围，实现集体收益惠及全体农民群众的改革。

（2）浙江省青川镇“三资入股”模式。针对贫困户缺资金、缺技术、缺市场，产业分散不成规模，贫困村集体经济薄弱等问题，创新推行“专合社＋村集体经济＋贫困农户”模式，引导贫困群众通过资源、资产、资金“三资”入股，实现资源变资产、资金变股金、农民变股民、村集体变股东，变一家一户的单打独斗为千家万户的适度规模经营，构建了紧密的利益联结关系，使贫困户和村集体获得相对稳定的财产性收益，实现了业主、村集体、农户三方共赢。

二、安康市“新社区工厂”模式改革实践的做法及成效

近年来，安康“新社区工厂”广受关注和支持。新社区工厂精准脱贫模式，创新和完善了易地搬迁贫困人口离土不离乡、工厂倚着社区建、挣钱顾家两得益的“以人为本”的脱贫治理机制。既促进了贫困人口就近就业，又解决了农村留守群众和社区管理问题，找到了一个搬迁与就业、脱贫、生存发展，农民与企业、产业、政府之间利益平衡的支撑点，凝聚并激活了各种生产要素的内生动力，实现了农民、企业、政府的共赢。“新社区工厂”被评为“2017 年中国改革

十大案例”，被国务院扶贫办和国家发展改革委列为经典扶贫案例，已成为落实党中央十九届四中全会构建现代化社会治理体系任务的重要举措。

（一）安康市“新社区工厂”模式改革实践的主要做法及典型案例

“安康就业式”精准脱贫的治理机制契合国家治理体系建设新要求，以不断改革创新为抓手，在困境突围中寻找和形成“安康式”的改革方法。主要包括一是组织领导坚强有力。主要领导主动作为，从战略上确立建设新社区工厂的总体思路，从行动上身体力行地促进新社区工厂建设发展，强力推动政策落地执行。二是建章立制坚实保障。从实际问题出发建立新社区工厂政策标准体系，以制度化、规范化、有序化管理促进模式创新长治久安。三是激励措施与时俱进。根据实际需求，与时俱进地不断调整政策支持的强度、范围和方向，各种激励方式互为补充，形成一套行之有效的保障体系，促进新社区工厂健康可持续发展。

1. 领导组织：强力推进新社区工厂落地生根

从战略上确定建设社区工厂的总体思路。2011 年，按照陕西省委、省政府的统一部署，安康市开始大力实施陕南移民搬迁，同时，抢抓东南沿海地区劳动密集型产业向西转移的发展机遇，以精准扶贫、精准脱贫、充分就业、推动发展为目标，确定了“依托社区办工厂、办好工厂促就业”的思路，坚持“党政统筹、能人带动，基地孵化、连锁推进”，全力推进落实在搬迁社区创办新社区工厂，实现有业安置和就地城镇化，让“农村变社区，民房变厂房，农民变工人”，“小工厂”成为“大产业”。在这一改革思路的部署下，安康市开始以党的领导为核心，系统化构建新社区工厂的就业扶贫脱贫体制机制。

案例1 主要领导亲力亲为加快社区工厂建立

在社区工厂发展的过程中，以主要领导为核心的各级党委、政府起到了巨大的推动作用，从厂房用地、房租补贴、资金优惠、技能培训政策激励等多个方面大力扶持。

一是书记身体力行大力促进新社区工厂有序建立。陕西省人大常委会副主任、安康市委书记郭青高度重视劳动密集型产业转移，密切关注新社区工厂承接劳动密集型产业发展情况，多次深入新社区工厂调研，协调中国建设银行总行推动“新社区工厂贷”，为安康新社区工厂量身定制零担保、零抵押、纯信用的金融产品，找准了建设普惠金融体系与“服务实体、精准扶贫”的契合点。

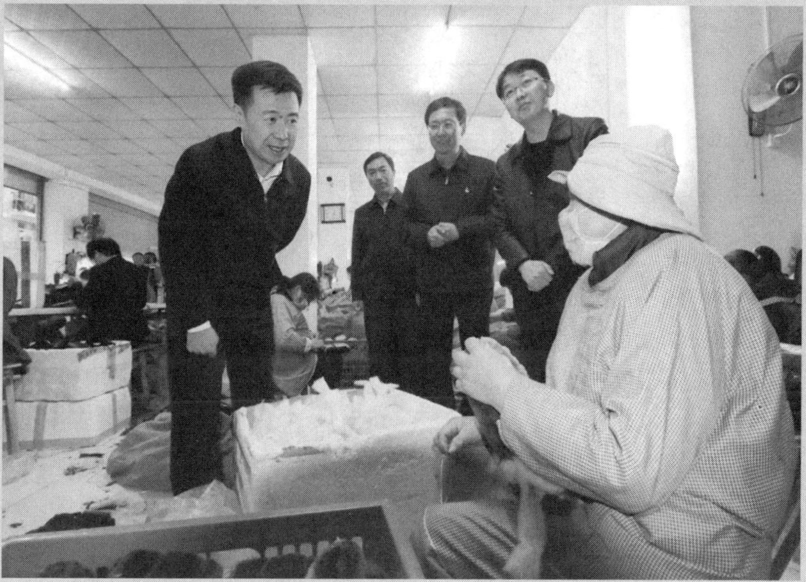

图3 2018 年 11 月 14 日，陕西省人大常委会副主任、安康市委书记郭青在汉滨区大河镇调研社区工厂

二是市长狠抓落实，保证政策有效执行。安康市市长赵俊民多次调研指导新社区工厂承接劳动密集型产业发展情况，招商引资，审定政策文件，督办项目建设情况。安康市委、市政府将其纳入对县区脱贫攻坚专项考核内容之一，下发了各县区培育扶持新社区工厂建设目标任务和三年规划，按月通报工作进展情况。

图4　2019年5月6日，安康市市长赵俊民在紫阳县迪鑫毛绒玩具新社区工厂调研

三是基层主动作为，坚决落实上级任务部署。平利县党委政府成立由县委书记任组长，县长、政府、人大、政协分管领导任副组长，相关部门负责人为成员的社区工厂领导小组，全面负责社区工厂发展的协调指导、督促、检查。发现问题，及时解决，典型引路，精准帮扶。同时建立了“领导干部联厂，站所办包厂，后备干部驻厂”的长效帮扶机制。

四是政府资金扶持，为社区工厂发展办实事。汉滨区设立搬迁就业基金，社区工厂聘用一人奖励1万元。平利县扩大农村有效担保物范围试点，把社区工厂的固定资产作为有效担保物在银行抵押贷款。县上筹资2000多万元用于贷款贴息，累计获得贷款1.05亿元。石泉县饶峰镇政府计划将蚕桑站撤销后长期弃置的房屋无偿划拨给合作社旗下的企业。岚皋县等县区对社区工厂的厂房，免费使用三年。这些帮扶措施对初创企业无异于雪中送炭。

五是政府的配套措施帮助社区工厂解决自身无法解决的难题。如厂房建设用地的协调，道路、河堤的修建（如石泉县后柳中坝村兴修河堤），路灯、景观树木的配套，进厂员工的动员，劳动纠纷的排解等。人社部门所起的作用更为突出，如劳动技能培训、创业贷款的贴息、社会保险的补贴、公益性岗位的使用等。

六是扩大舆论宣传。安康市各县区通过电视、网站、手机、广播、宣传栏、公示牌等形式宣传政策、树立典型。例如，2016 年 7 月 19 日，《陕西新闻联播》用近 3 分钟的时间报道平利县“率先在全省探索社区工厂”的做法；同年 8 月 6 日，《光明日报》在头版头条刊发《小社区何以成就大产业》的文章，深度报道平利社区工厂模式，人民日报、新华社等新闻媒体，西北大学等高校也给予高度关注和肯定。

案例 2　强化组织保障推进责任落实执行到位

为确保新社区工厂培育扶持工作扎实推进，安康市和各县区成立了相应的领导机构和工作机构，将发展新社区工厂纳入经济社会发展规划和脱贫攻坚总体规划，进行重点研究、重点部署、重点倾斜，确保新社区工厂全方位、高规格推进。安康市县镇三级党政主要负责同志共同发力推动工作落实，形成了上下同心、步调一致、齐抓共管的大好格局。市直有关部门充分发挥职能作用，各司其职，各尽其能，建立了“领导联厂、部门包厂、干部驻厂”的长效帮扶机制，形成常态化帮助新社区工厂解决发展中的困难和问题。

例如，平利县成立了发展社区工厂工作领导小组，由县委、县政府分管领导任正、副组长，相关部门负责人、各镇镇长为成员，统筹、协调、指导、推进社区工厂建设。明确职能部门“一把手”、各镇党政负责人分别包抓 1~2 家社区工厂，并纳入目标责任制考核。由县人社局牵头，县招商局、经贸局配合，抽调干部成立社区工厂工作组，一厂一策，提供全程“保姆式”服务，帮助社区工厂办理各类手续，协同社区工厂业主找技术、找客户、找订单。城关镇药妇沟社区的恒源电子科技有限公司成立之初，在工作组的帮助下，仅用3天的时间就办齐了各类证照，同时为解决工厂订单不足的问题，工作组先后赴成都、襄阳、西安等地为该工厂洽谈订单，3个月时间谈成大型客户3家，拿回订单5.5万余件，真正把服务落实到了行动上。

2. 统筹谋划：确保新社区工厂持续健康发展

改革问题倒逼建立标准体系。安康新社区工厂在探索中完善，在完善中不断求发展。新社区工厂是一个新生事物，在探索发展的过程中，也不可避免地暴露出一些实际问题和难题。需要以目标为方向，以问题为导向，制定标准对新社区工厂进行规范和引领，使之在发展中不断完善，在完善中促进发展。新社区工厂标准化越来越多地参与到政府治理中，在社会事业领域涌现出扶贫标准、反腐标准、党建标准、政务服务等标准。

案例3 出台政策助力社区工厂规范可持续发展

安康市委提出制定《安康新社区工厂标准》，通过标准化手段解决新社区工厂发展中的一揽子问题，在标准中明确什么是新社区工厂，新社区工厂可以享受哪些扶持政策，各级政府部门应该为新社区工厂的健康发展提供哪些必要保障，同时通过标准模式推广新社区工厂已有的好做法。通过实施《安康市新社区工厂标准》，运用标准化要求规范新社区工厂建设发展的各个环节，规范政府部门行为，规范各项扶持政策，规范就业人员社会保障，从而使新社区工厂走上了一条标准化、规范化、高效化发展之路。

例如，平利县在移民搬迁工程实施之初，把解决群众的就近就业作为重中之重，与移民搬迁小区建设同步谋划，制定扶持政策引企业进社区、送岗位进社区。其主要做法主要有三个方面。一是保障厂房用地。全县在规划建设农村社区时，每个镇都预留了不低于40亩的产业发展用地。对于土地资源紧缺的社区，由政府统一购买社区一楼门面房作为社区工厂厂房。城关镇药妇沟社区，预留一楼厂房近2000平方米；大贵镇集镇安置社区，把整栋楼的一楼全部作为社区工厂用房。二是强化资金支持。县扶贫局每年筹集200万元，实行贫困人口带资入企，社区工厂每吸纳1名贫困人口就业，即可无偿滚动使用不低于3000元的“岗位保证金”。三是落实贷款贴息。社区工厂可享受最高30万元的创业贴息贷款，2015年县上还筹集1000万元项目资金，作为社区工厂贷款的风险保证金，为社区工厂贷款提供相应的担保。

案例4　新社区工厂建设在实践中不断趋于完善

在充分调研的基础上，安康市制定了全国首个《新社区工厂地方标准》，对工厂选址、资金筹措、用工来源、监督管理等内容进行了明确规定，解决了新社区工厂是什么、怎么建、怎么管、如何发展的问题。明确新社区工厂的标准，即在100户以上的移民搬迁安置社区或农村人口集中区，创办的工厂在新社区1平方公里以内，从业人数稳定在20人以上，贫困群众从业比例不低于10%，正式投产且生产经营正常的，即可认定为新社区工厂。接着出台《关于大力培育发展新社区工厂的实施意见》，确定了“一年打基础、两年上规模、三年全覆盖”的思路，为发展新社区工厂明确了目标和路径。

3. 政策激励：充分激发新社区工厂创新动力

案例5　惠民政策措施保障强度不断升级

安康市坚持以脱贫攻坚为总揽，以政府引导、市场引领、就业优先、厂社融合、协调推进为原则，以解决移民搬迁群众和建档立卡贫困劳动力就业为落脚点，鼓励各类企业尤其是劳动密集型企业和创业企业，在移民搬迁社区配建的商业用房、社区空置门店、老厂房、旧学校、旧办公楼等闲置土地、房屋创办生产加工型工厂（分厂）或加工车间，解决移民搬迁群众和建档立卡贫困劳动力就地就近就业，促进经济发展、扩大农民就业、维护社会稳定、改善社区管理，实现脱贫致富奔小康。与此同时，也进行了政策的调整，对新社区工厂的政策支持从过去起步较早县的局部支持上升为市域范围内的普惠性支持。

从全市公共就业服务经费中建立支持社区工厂发展专项补助资金200万元，主要用于社区工厂实训设备购置及维护费用补助；对首次创业、符合就业困难的人员和毕业年度内的高校毕业生，按政策给予一次性3000元创业补贴；对吸纳贫困劳动力就业、贫困劳动力人数超过员工总数1/5的社区工厂，优先享受创业担保贷款，并按规定享受财政贴息政策；对提供贷款担保有困难的社区工厂，每招用一个贫困家庭劳动力或残疾人，县区创业担保贷款办公室可按每人5万元的标准给予授信担保，最高不超过50万元，担保贷款可分期偿还；等等。

以基金形式推动和鼓励新社区工厂蓬勃发展。设立专项基金，市级设立创业就业基金500万元，各县区按每10万人安排不少于60万元的就业配套创业就业基金，主要用于重点群体创业一次性开业补贴及新社区工厂资金补贴等项目。市级专设毛绒玩具文创产业发展基金1亿元，对毛绒玩具文创企业给予重点奖补。创新信贷扶持，与中国建设银行陕西分行合作推出"新社区工厂贷"，建立白名单推荐机制和风险补偿金机制，简化放贷程序，为新社区工厂提供单笔最高200万元、期限最长1年、基准年利率的纯信用、免抵押、免担保贷款，并根据贫困户用工人数、扶贫带动效果，差别化给予利率优惠，有效缓解了"融资难、融资贵"的问题。

确定为吸纳贫困劳动力就业的新社区工厂，优先享受创业担保贷款，并按规定享受财政贴息政策。用好就业补助资金，将吸纳就业作为扶持的硬性指标，对新社区工厂吸纳贫困劳动力就业的，给予每人1000元的一次性岗位补贴。对其生产经营场地租赁费、水电费按实际支出的50%给予补贴，毛绒玩具文创企业按实际支出全额补贴，补贴期限3年。截至2019年8月，“新社区工厂贷”累计发放62户，累计投放额达到5124万元，覆盖10个县区、133个社区、135家新社区工厂，涉及毛绒玩具、服饰制造、电子元件制造等六类行业，共计吸纳5421人就业，带动1464人建档立卡贫困户脱贫。

对新社区工厂从业人员开展“以工代训”培训，将培训补贴按月直补。截至2018年底，全市新社区工厂享受苏陕扶贫协作资金1560万元，兑现新社区工厂各类补贴资金2476.8万元，落地企业实际投资1.35亿元，发挥了财政资金“四两拨千金”的作用。为加快发展毛绒玩具文创产业，各县区整合资金12384万元用于厂房建设和装修。

案例6 出台特殊政策推动产业快速发展

安康市制定出台了《关于培育和发展社区工厂的实施意见》《关于加快发展毛绒玩具文创产业打造安康新兴支柱产业的意见》《安康市新社区工厂“两个全覆盖”实施方案》等一系列政策措施，从门槛准入、资金扶持、技能提升、融资服务、税费减免、营商环境等方面给予“新社区工厂”就业扶贫项目“硬措施”保障产业发展。特别是针对毛绒玩具文创产业的特点制定了特殊政策。

一是明确发展思路和模式。按照“市域统筹、县区主战、社区承载、协同联动”的发展思路，确定了“园区总部+新社区工厂+家庭工坊”的发展模式。市一级层面统一产业定位，统一工作要求，统一优惠政策，统一解决制约产业落户的共性问题。县区作为承接主体，承担客户接待、谈判签约、厂房装修、员工招聘、配套服务等工作。在承接模式上，明确企业总部在园区，加工在社区，实行“企业跟着订单走，机器跟着劳力去”。

二是市本级设立1亿元毛绒玩具文创产业发展资金。凡前100家在安康注册企业法人证照、落户当地稳定营业1年以上、用工人数不低于200人

（其中，建档立卡贫困户就业人数不低于10%且稳定就业半年以上）、年工资发放额度不低于500万元的，给予每家企业100万元一次性项目资金扶持。

三是连续三年从安康市产业发展基金中每年安排1000万元，综合考虑用工人数、开票金额、扶贫效益等因素，每年奖励30户重点毛绒玩具文创企业。

四是对毛绒玩具文创企业生产经营场地按企业生产要求完成硬件装修，其租赁费、水电费全额补贴，补贴期限为3年。还将企业投产后3年内，企业每年上缴的增值税、企业所得税的市、县两级留存部分100%的额度奖励给企业，用于支持企业发展。通过这些措施的强力推动，安康毛绒玩具文创产业发展迅速，推动“新社区工厂”发展从招商引资到推动产业转型升级，实现了“新社区工厂”快速蓬勃发展。

4. 招商置业：壮大新社区工厂就业扶贫新主体

立足就业导向，围绕劳动密集型手工业加工项目，优化环境、共享资源，搭建平台、“筑巢引凤”，坚持“量身定做”，实施精准招商。每年召开一次招商引资大会，对引进社区工厂的单位或个人给予奖励，持续简政放权、规范中介服务、营造公平环境，推动形成“重商亲商、安商富商”的投资高地。主要领导多次带队外出招商，同时层层夯实招商任务，要求各镇、各部门主动出击，跟踪洽谈。企业落地后，坚持“总部建在园区，车间建在社区”，形成了厂房式、门面式、居家合作式等灵活办厂方式，方便搬迁群众就近就地就业，保障搬迁群众持续稳定增收。

案例7 多措并举吸引社会资本投资建设

针对劳动密集型产业现状，安康市在推进社区工厂建设的过程中，不断动态调整招商引资措施和工作思路，紧盯东南沿海劳动密集型产业转移机遇，以引进毛绒玩具产业为突破口，采取“引上游、接下游、抓龙头、带配套”的方法，全产业链引入社会合作资本，变招引企业为招引产业。

一是大力吸引外地企业在安康市投资社区工厂建设。在政策支持方面，当地出台招商引资奖励办法、扶持社区工厂发展办法等配套政策，大力引进小微企业。例如，从香港引进的嘉鸿集团在平利县兴办了17家社区工厂，年产功能性手套800万副出口欧美，年产值达1.6亿元。杭州合力毛绒玩具、江苏阳光制衣、上海嘉麟杰服装等一批社区工厂龙头企业纷纷落户平利县，全县形成了毛绒玩具、服装手套、电子元件、手工艺品4个社区工厂产业集群。

二是大力鼓励支持成功人士返乡创业。通过各种渠道将返乡创业和开办社区工厂相对接。新社区工厂吸引了一部分能人大户返乡创（就）业，缓解了安康市长久以来的“打工经济”困窘，同时也为实施乡村振兴战略储备了人才。例如，成立外出农民工回乡创业领导小组，建立驻外劳务工作站，广泛收集在外创业成功人士信息，编纂《天南地北平利人》，精准对接创业需求，吸引返乡创业人员2100人，回流资金20亿元，创办各类经济实体1628家，增加就业岗位2万余个，实现了“创业一人、带动一片、致富一方”的倍增效应。

三是政府投入资金鼓励本地人士创业。例如，平利县人社局在发放10万~50万元创业贴息贷款的基础上，筹措500万元作为社区工厂发展专项资金，并将其中的200万元作为担保基金，撬动农村商业银行按1:10发放贷款，致力于解决社区工厂融资难题。设立全民就业创业基金、小微企业扶持基金、社区工厂奖励基金3000万元，用于创业企业资金奖补。

案例8　精准招商推介增强企业落户信心

安康市根据不同的企业特征，实施精准招商方式，把开放招商作为培育企业、做优产业、带动就业的主抓手，力促每个贫困村选准一个产业、打造一个龙头、建立一套贫困户收益联结机制。

一是专业人士招商。聘请毛绒玩具文创产业发展顾问，抽调精干力量配合工作，通过顾问在业内的人脉和影响力，牵线搭桥，促进外地客商来安康市考察落户。

二是组团外出招商。瞄准河北雄安、江苏扬州、山东青岛、广东东莞等毛绒玩具产业聚集地，由人社部门牵头，组织工作组、考察团登门拜访客商，召开恳谈会，宣传政策，动员客商来安康考察。例如，安康市政府在扬州市举行了“安康市毛绒玩具文创产业合作发展恳谈会”，市长赵俊民亲自参会致辞，10 个县区、安康高新区、恒口示范区的主要领导带队，分别与 20 家毛绒玩具企业签约，总金额达 4.17 亿元。恳谈会前半个月，市人社局安排领导带队，组织各县区人社局成立招商小分队，对扬州周边区域的毛绒玩具企业、协会、商会进行深入走访和洽谈，被市长赵俊民同志称为“安康史上最成功的招商活动”。

图5　2018 年 8 月 23 日，安康市毛绒玩具文创产业合作发展恳谈会在江苏仪征市成功举办

三是以商招商。通过已落户毛绒玩具企业联系介绍，顺着产业链向上“追根溯源”，向下“顺藤摸瓜”，促成了汉阴天利环宇、旬阳康之宁、紫阳祥康等一大批合作企业和配套项目来安康落户。企业落地后，坚持“总部建在园区、车间建在社区”，形成了厂房式、门面式、居家合作式等灵活办厂方式，方便群众就近就地就业，保障持续稳定增收。“新社区工厂”模式切实有效，创造了政府、相关企业集团与移民群体合作共赢的良好局面。

5. 升级服务：打造新社区工厂发展的软硬环境

案例9　完善营商环境促进新社区工厂高质量发展

良好的营商环境是促进新社区工厂可持续健康发展的重要基础。为推动新社区工厂快速高质量发展，安康市深入实施优化提升营商环境十大行动，持续深化“放管服”改革，全面清理、精简行政审批事项和涉企收费，加快推进“多证合一”“多规合一”改革，降低制度性成本，给企业发展创造充足的市场空间。

一是加快“放管服”体制改革。大力培育、全力支持小微企业，自然资源、规划住建、生态环保、市场监管、税务、消防等单位专门就涉及新社区工厂建设的项目简化行政审批程序，落实“先建厂后证照”“一址多照、一照多址”等政策。扶贫、商务、金融、保险等单位围绕自身优势，整合资金资源，为各类新社区工厂发展提供了强有力的资金保障，帮助解决融资、用工、物流等各种难题。

二是提供“保姆式”全方位服务。例如，人社部门围绕用工招聘服务、工人技术培训、劳动关系指导、社会保险缴纳、创业项目对接等方面提供“保姆式”服务，兑现落实好各类就业创业补贴政策，为新社区工厂发展“输血充电”“保驾护航”。通过一系列强有力的措施，在新社区工厂的企业圈内，既有从项目签约到项目投产仅用时28天的奇迹，也有2小时内完成工商注册登记的“安康速度”。

三是完善物流运输服务环境。新社区工厂要发展，物流运输也是关键。安康市加速推进物流降本提效，引进物流企业开通毛绒玩具物流专线，主动邀请顺丰、京东、上海港、宁波港等多家物流和港口企业来安康洽谈物流降本提效，与上海港务集团建设运营“安康无水港协议”，大幅度降低了物流成本。

图6　2019 年 6 月 27 日，安康市人民政府与上港集团物流有限公司签订“无水港”战略合作协议，为毛绒玩具出口创造便利条件

四是搭建交流与合作平台。例如，为全面提升以毛绒玩具文创产业为重点的新社区工厂发展质量，组织举办了“中国·陕西安康首届‘鎏金铜蚕杯’毛绒玩具创意设计国际大赛暨产业发展高峰会”，邀请国内外设计界大咖参加毛绒玩具文创产业发展高峰会，共同探讨毛绒玩具产业的发展和未来。大赛和高峰会取得丰硕成果，有效提升了安康市毛绒玩具文创产业的影响力和知名度。

案例 10　以劳动力素质培养提升新社区工厂软实力

为提高广大劳动力到新社区工厂工作的积极性，加速农民变成产业工人的进程，安康市实行 1 ~ 3 年差别化厂房使用零租金，用电零成本，并对上岗的技术工人给予 3 个月的工资奖励，组织开展新社区工厂“优秀员工”“最美女工”评选活动，开办新社区工厂“巡回大讲堂”，增强新社区工厂员工的职业道德、安全知识、加强劳动纪律等。大力推广汉阴“温暖之家”的做法，切实解决了新社区工厂员工孩子放学、周末、假期的托管问题，为新社区工厂职工免除后顾之忧，使其安心工作、提升效率，保障了新社区工厂稳定生产、持续壮大。据统计，安康市县两级财政新社区工厂厂房建设和装修投入 3 亿元，兑现租赁费、水电费及就业培训补贴达 3316.9 万元，发放苏陕扶贫资金达 8045.0 万元。

（二）安康市“新社区工厂”模式改革实践主要成效

新社区工厂的不断发展，实现了让更多的搬迁群众“搬得出、稳得住、能增收”的预期效果。实践证明，社区工厂是就业脱贫最有效、最直接、风险最小、成本最低的脱贫方式之一，其经济效应日益凸显，社会效应逐步释放。经过一系列的改革与创新，安康市连续 4 年经济增速位居陕西第一，2019 年前三季度再次以 8.9% 的增速领跑全省；连续 4 年在陕西省目标责任考核优秀，环境空气质量综合指数、地表水环境质量以及公众安全感等连年排名全省第一；2014 年以来减贫达 52.84 万人，连续 3 年脱贫攻坚成效考评优秀。安康新社区工厂入选 2017 年度中国改革十大案例、全国精准扶贫十佳典型经验，先后荣获“首届全国创业就业服务展示交流活动优秀项目奖”“首届全国创业就业服务展示交流活动最佳人气奖”，新社区工厂的创新做法得到刘鹤副总理批示。中央电视台、新华网、人民日报、光明日报、瞭望周刊、金融时报等国家级主流媒体先后对安康新社区工厂进行了深度报道。

图7 安康市平利县社区工厂“就业扶贫项目”在首届全国创业就业服务展示交流活动中荣获“优秀项目奖”和“最具人气奖”

1. 稳发展：新社区工厂破解了群众稳定就业增收难题

安康贫困地区移民搬迁集中安置，促使劳动力聚集。自2011年实施易地搬迁工程以来，累计建设搬迁安置区1364个，搬迁群众26.84万户94.1万人，占全市总人口（303万人）的31%。依搬迁安置社区而建的新社区工厂多为劳动密集型产业，用工需求量大、技术要求低、工艺相对简单、就业时间灵活、收入可观，能够为广大农村富余劳动力提供充足的就业岗位，特别是为移民搬迁群众、弱劳动力提供了就地就近就业机会。多数贫困户能够根据自身实际既可以选择到毛绒玩具、电子原配件等新社区工厂上班，也可以将原材料带回家生产，还可以选择到总部工厂上班或到特色种养基地务工，使搬迁群众灵活就业，极大地调动了贫困群众搬迁的积极性。

通过精准“靶向”贫困搬迁群众就业难题，提升就业技能，增强自生能力，变“输血”为“造血”，“挪穷窝”与“换穷业”并举，安居与乐业并重，搬迁与脱贫同步，以易地扶贫搬迁安置社区为核心，让大部分搬迁群众和贫困户就地就近就业，是真正实现“搬得出、稳得住、能就业”的重要途径，符合地方打赢脱贫攻坚的实情。

2. 调结构：新社区工厂加快推动了产业结构优化升级

新社区工厂的引进不仅充实了工业经济的发展，也为产业结构的优化起到了助推作用，是加快产业转型发展的重要载体。安康市的工业化程度相对较低，规模性产业发展较弱。新社区工厂通过引进东部沿海企业建厂投资，带动物流快递、电子商务、技能培训三产服务业跟进发展，助力“大众创业、万众创新”，加快当地经济结构优化升级，激活了全市经济发展的内生动力。尤其是在苏陕协作的催化下，安康市以毛绒玩具文创产业的引进掀起了新社区工厂发展的新高潮，使扬州等地的毛绒玩具产业大步西移，引发了安康市打造“中国毛绒玩具文创产业新都”的壮观蓝图。“安康新社区工厂暨毛绒玩具文创产业”在2019年12月28日举行的第七届中国民生发展论坛上，获评2019年中国民生示范工程排名第二。

当前的新社区工厂已不仅限于生产加工车间，还包括种养殖等原材料生长培育方式，产业内容扩展到加工业、种养殖业、休闲旅游业等行业。尤其是毛绒玩具、服饰加工、电子元件、手工艺品加工等劳动密集型产业，对资源依赖少，环境影响小，是安康市大力发展的一种产业形态。一方面，促进了人才、技术、资本、管理等要素向农村流动集聚；另一方面，也激活了农村大量闲置的土地林地、房屋设施等资源，推动了农村产业融合发展。同时，通过统一技术培训和管理，切实提高了贫困劳动力的综合素质和业务技能，加速了传统农民向新型产业工人的转变。

3. 树民风：新社区工厂促进了欠发达地区新民风建设

通过发展新社区工厂，使大量富余劳动力“有事可做、有业可就、有业能创”，让贫困人口在家门口参与体面劳动，凭自己的双手脱贫致富，既增强了自立自强、靠奋斗创造美好生活的信心和志气，又增加了他们的幸福感和获得感。同时，结合劳动技能培训将社会主义核心价值观、“诚孝俭勤和”新民风建设以及职业道德、职业纪律融入其中，教育和引导群众知党恩、报党恩，有效激发了群众特别是贫困群众靠技能吃饭、靠勤劳致富的内生动力，实现了扶贫、扶志有机统一和新民风建设的落地生根，为有效防止返贫风险奠定了坚实基础。

4. 安民心：新社区工厂增强了搬迁群众归属感、幸福感

新社区工厂在立足于解决搬迁群众从“农民”变成“市民”增收问题的同时，让大部分“留守人员”有钱可挣、有业可图。当前，面对农村大部分青壮年劳动力外出务工，家里“386199部队”等“三留守”人员较多的实际现状，新社区工厂立足于电子产品、机械零部件、服饰制作、毛绒玩具等简单易学、劳动强度不大的产品加工，运用“园区总部+新社区工厂+家庭工坊”的生产模式，使工作地点和时间相对灵活自由，解决了农村大部分留守人员的就业难问题，搬迁群众身份转换成产业工人，归属感、获得感和幸福感得到明显提升，既为贫困人口提供了生存和发展的新路径，又避免了家庭及邻里纠纷、打牌混日子、无事生非吵架生事端等不良现象，形成了奋进向上、和谐安定的良好局面。

三、安康市“新社区工厂”模式的特点、方式方法及推广意义

安康市新社区工厂模式不仅解决了贫困地区人口脱贫的难题，推动了县域经济发展，还为全国众多地区加快区域协调发展打造了新模式。建设新社区工厂，既为发达地区产业转移提供要素支撑，又增强了边缘贫困地区发掘生产要素内动力，激活脱贫自身“造血”功能，促进错位发展，真正发挥了市场在资源配置中的决定性作用，也更好地发挥了政府应有的作用。在当下脱贫攻坚的关键阶段，新社区工厂以“小工厂、大产业”的模式，帮助移民搬迁群众特别是农村贫困劳动力就地就近就业，实现了“一人就业全家脱贫”的精准脱贫模式，其做法对于其他地区精准脱贫有着重要的启示和推广意义。

（一）安康市“新社区工厂”改革实践的特点

安康市新社区工厂模式创新，坚持问题导向，以需求为牵引，把实现群众逐步脱贫致富作为搬迁工作首要目标，把夯实产业发展基础作为促进搬迁的有效抓手，稳中有序、可持续地推进贫困地区人口脱贫。

1. 坚持问题导向

新社区工厂起源于陕南避灾移民搬迁，是为了解决移民搬迁后，山下房子住不久、搬迁群众稳不住的问题。安康市始终坚持和科学运用以问题为导向深化改革的方法，针对全面深化改革进程中出现的新情况、新问题，进一步完善改革方案，确保改革奔着问题去、对着问题改，把能否解决问题作为衡量改革方案质量的重要标准。聚焦体制机制中的顽瘴痼疾，勇于突破利益固化的樊篱，提出精准解决问题的有效举措。切入主要问题和关键环节，牢牢抓住主要矛盾和矛盾的主要方面，将矛盾和问题最突出的地方作为部署推动改革的突破口。

2. 坚持需求牵引

新社区工厂来源于基层，发展于政府改革的强大推动力。早在2014年前后，安康市的一些县区就已经开始了探索实践。随着新社区工厂的不断发展，安康市积极发挥试点对全局性改革的示范、突破、带动作用，并且及时制定《安康市新社区工厂》地方标准，确定“两个全覆盖”目标，为改革实践进一步发展提供了制度保障。最终通过及时总结、大力推广，新社区工厂由“一马当先”变成了“万马奔腾”。

3. 坚持有序推进

安康市坚持易地搬迁扶贫与就业发展相融合，稳中有序地持续推进贫困地区人口脱贫。紧密结合区域自然条件、资源禀赋、致贫特征等因素，扎实推进生存条件艰难、地质灾害频发、地方病高发等贫困地区群众易地扶贫搬迁工作。在推进新社区工厂改革实践中，既胆大心细、稳步有序，又奋发有为、敢于担当。既明确改革的奋斗目标、主攻方向，又明确改革的路线图、时间表和优先秩序，确保新社区工厂稳健前行、取得实效。

（二）安康市“新社区工厂”改革的方式方法

1. 科学决策，系统推进

改革的复杂性、变动性、关联性要求在实践中不断动态调整和优化设计，以提高决策的科学性。新社区工厂在改革实践中注重改革的系统性、整体性、协同性，坚持用系统思维谋划全局，准确把握改革的方向、主线和重点，处理好解放思想和实事求是的关系、整体推进和重点突破的关系、顶层设计和“摸着石头过河”的关系、胆子要大和步子要稳的关系、改革发展和稳定的关系。

2. 有效执行，协同发力

政策执行是改革政策落地的重要环节，是将政策目标转化为政策现实的唯一途径。正确的政策方案要变成现实，有赖于有效的执行，如果执行不力，所有的谋划都只是“纸上谈兵”。安康市坚持从改革的全局和整体出发谋划改革，把握各部分之间的相互联系和相互作用，提高改革的整体效能。充分把握改革的时序和节奏，既使不同阶段的改革在进程上相互协调，也使不同领域的改革在步调上协同一致，使改革有条不紊、相得益彰。

3. 广泛参与，互惠共赢

坚持为群众扶贫，扶贫群众参与扶贫工作的改革机制。安康市“新社区工厂”脱贫改革模式，让搬迁群众参与社会性生产，帮助贫困群众实现根本性脱贫，使得贫困群众在共享包容性的增长，实现经济收入增加的同时，加快融入当地城镇化建设的进程中，切实推动了个体收入增加和社会经济增长的协同发展。

（三）安康市“新社区工厂”改革的推广意义

产业带动是精准脱贫地区人口就业与生存、移民搬迁安置区可持续发展的有力支撑。持续有效地推进精准脱贫工作，生计问题始终是首要问题，能够解决贫困群体的生活来源，提高生活水平是扶贫创新模式综合实力的体现。因此，从扶贫脱贫的价值和效果来看，安康市新社区工厂的建设正是地区产业结构及产业模式相适应的选择，实现了产居有效合理的布局，解决了产业规模化和产业水平提高的问题，达到了为移民搬迁安置居民提供就业岗位，实现增收的效果。新社区工厂是安康市探索总结出的重大改革创新，通过改革实践证明，新社区工厂具有占地少、产业新、零污染、投资低、吸纳就业多、市场前景好等诸多优势，是建在贫困群众家门口的工厂，满足了易地扶贫搬迁群众和贫困劳动力就地就近就业的现实需要，对推动新型工业化、城镇化、信息化和农业现代化都具有十分重要的意义。

1. 为实现精准脱贫找到了一条好路子

从产业扶贫的角度来讲，发展新社区工厂不是济一时之困，而是解一世之贫，贫困群众和搬迁群众稳定可靠就业，就能够实现可持续脱贫。作为深度贫困地区的安康市，自脱贫攻坚战打响以来，始终把脱贫攻坚作为最大政治任务、最大民生工程、最大作风建设和最大发展机遇，坚持以“四个凡是”统揽工作全局，深入推进脱贫攻坚“五大工程”，2014—2018 年，安康全市贫困人口由 79.8 万人减少到 26.96 万人，贫困发生率从 32.3% 下降至 10.5%，5 年贫困人口减少 52.84 万人，贫困发生率下降 21.8 个百分点，镇坪县实现整县脱贫摘帽，全市脱贫攻坚工作取得决定性进展。

抓好脱贫攻坚，实现群众持续稳定增收是关键。“新社区工厂”在推进就业创业工作中，实施“政府引导、能人引领，以厂兴社、厂社融合，基地孵化、连锁推进”的工作思路，从厂房用地、税收优惠、房租补贴、免费培训等多个方面进行扶持，围绕就业抓招商，围绕招商抓创业，精准实施全方位服务，实现了“产业、创业、就业”融合发展的工作格局，一大批劳动密集型企业迅速落地，一大批返乡创业投资者回乡兴业。

通过兴办新社区工厂，鼓励支持各类企业，主要是劳动密集型企业及返乡创业人员在移民搬迁社区配建商业用房、社区空置门店、老厂房、旧学校、旧办公楼等闲置土地、房屋，创办生产加工型工厂（分厂）或加工车间，吸纳和解决移民搬迁群众和建档立卡贫困劳动力就地就近就业。贫困户大多知识文化水平低、专业技能欠缺，但新社区工厂对务工人员的知识文化水平和专业技能要求不高，安排的就业岗位具有简单易学、管理灵活的特点，稍有劳动能力的老年人、残疾人都能参与，较好地解决了搬迁贫困户脱贫致富问题，实现“一人进厂、全家脱贫，当年进厂、当年脱贫，稳定就业、稳定脱贫”的目标。

2. 为解决“三农”难题提供了一个好办法

打工经济是欠发达地区过去较长时期的发展特点。安康也是打工大市，每年有 50 万 ~60 万人在外面打工，农民人均纯收入的 1/3 甚至更多来自打工收入。随着全市农村青壮年劳动力大量外出务工，“三留守”问题十分突出，移民搬迁集中安置后若搬迁群众无业可就，就会出现很多问题，轻则影响家庭和睦，重则影响社会稳定。创办新社区工厂，能够让农村留守人员在家门口稳定就业增收，子女可以照顾老人、父母可以照顾孩子，做到“挣钱和顾家”两相宜。这种精准脱贫模式与当前我国建设现代化国家治理体系，构建和谐社会的战略思想一脉相承，是党中央的治国理政思想在基层践行的重要体现。

新社区工厂就业容量大，从业门槛低，对务工人员的知识文化水平和专业技能要求不高，安排的就业岗位具有简单易学、管理灵活的特点，适合体力、技能较差，外出务工较难的妇女、老年人、残疾人等弱劳动力，月平均工资在2000元左右，不仅能减轻家庭的经济负担，有的还带领家庭走出贫困。通过在新建的移民搬迁安置小区旁配套建设标准化厂房，引进劳动密集型产业，既实现了家门口就业，又将生产区和住宅区有效隔离，降低了安全生产和噪声扰民的风险。在功能配套上，部分社区建设了儿童托管中心、老人日间照料中心、农村幸福院等公共服务设施，解决新社区工厂员工的老人照料、小孩看护等问题。新社区工厂既扶志又扶技，还扶智，能让农村剩余劳动力特别是留守妇女在家门口就业，使农村“三留守”等社会问题迎刃而解。

3. 为新型城镇化等打下了一个好基础

集中安置区和新型社区的兴起，搬迁居民的生产生活方式发生了根本性变化，推动安康的城镇化进程不断加快。“园区总部 + 新社区工厂 + 家庭作坊”等新模式的出现，实际是用大数据实现业务连接和精细化管理，实现了信息化。土地流转规模经营，则为农业现代化创造了条件。

移民搬迁解决了人口向城镇集中的基础性问题，新社区工厂恰恰解决了人口搬迁集中后留得住、能就业的问题。通过大力发展新社区工厂，通过能人大户示范带动大众创业，培训锻炼了一大批毛绒玩具、电子元器件、手套、棉鞋、服装加工的熟练工人，使广大贫困户摆脱了世代赖以生存的土地，以就业带动工资性收入增长。

通过实行工厂化管理，逐步培养农民群众适应现代化生活的纪律意识、规则意识，夯实“诚孝俭勤和”新民风建设基础，加快“农村居民”向“产业工人”转变，为新型工业化储备了大量的产业工人。同时，新社区工厂培育起众多新兴产业，既符合安康绿色循环产业发展方向，又强化了精准脱贫和乡村振兴的产业支撑，助推了城乡统筹发展，加速了以人为中心的新型城镇化发展。

4. 为地方经济发展构建了一个好载体

从发展地方经济的层面来看，新社区工厂抓住了东部劳动密集型产业转移的契机，一大批在外务工的成功人士返乡创业，引领了“大众创业、万众创新”热潮，壮大了第二产业。安康全市手工制造业、电子元件加工业、农产品加工业蓬勃涌现，社区工厂已经由最初的以来料加工、配件组装为主，发展到新社区工厂生产的产品可在园区总部进行组装、包装和检验后直接出口外销，围绕产业链统筹布局创新链、空间链，为新社区工厂带来了稳定的订单来源，催化技能培训、物流快递、电子商务、家庭服务业三产服务业协同跟进，推动了市域经济结构加快调整，县域经济总量不断扩张。以毛绒玩具文创产业为例，其在安康市是一个“无中生有”的崭新产业，涉及文创设计、加工制造、交通物流、品牌推广等多个环节，需要毛绒布、针织物等 30 多种原材料，及烫膜、刺绣等 10 多道原料加工，产业链条长、污染能耗低、就业容量大、带动能力强、市场前景好，是名副其实的“小玩具”“大产业”。

安康市在精准把握产业政策和深入分析市场前景的基础上，将毛绒玩具文创产业确立为全市新兴产业来抓，提出了到 2025 年全市引进培育该类企业 400 家、从业人数 10 万人、实现产值 100 亿元，全力打造“中国毛绒玩具文创产业新都”的目标。

四、安康市“新社区工厂”探索及全国精准脱贫实践存在的问题

新社区工厂是较为典型的以就业带动脱贫致富的精准扶贫模式。经过多年的建设和发展，安康市新社区工厂扶贫脱贫工作已取得了明显的改革成效。与此同时，作为一种在实践中不断摸索而形成的精准脱贫模式，安康市新社区工厂在发展中不可避免地遇到一些困难和挑战，包括产业发展较落后，产业链不完善，资金保障不充足，产品生产规模小，持续增产有限等，制约其向更高层次发展。这些问题有的是我国精准脱贫改革实践中共有的问题，有的是安康市所特有的发展难题和瓶颈，需要深入分析和寻找解决的应对之策，为新社区工厂拓展更为广阔的发展空间。

（一）安康市“新社区工厂”模式推进过程中存在的问题

1. 生产要素供给保障薄弱

（1）新社区工厂生活生产基础薄弱。物质资本是新社区工厂搬迁贫困户最基础的保障，关系着贫困户的衣食住行和长期可持续性发展。由于社区工厂的易地搬迁，贫困户安置在城镇周边，交通变得相对便利，供水也非常方便，有利于贫困人口生活就业。但是总体上，相对于经济繁荣地区，新社区工厂的物质基础薄弱，生产要素仍然非常匮乏，不能满足贫困人口更高层次的发展需求。

（2）新社区工厂基础设施建设滞后。政府为支持新社区工厂发展，出台了一系列优惠政策，特别是对基础设施配套高度重视，但还需要加快一体化建设速度。一些社区工厂的企业入驻标准化厂房后，相应的内部配套设施建设较为滞后，如空调、消防、公厕等设施还不到位。个别新社区工厂的儿童托管中心、老人日间照料中心等配套服务机构还不健全，造成企业务工人员不能全身心投入日常工作。有的工厂焊接、充棉、激光下料等工序缺乏必要的防护措施，工人健康生产安全防护不到位，操作间棉絮飞舞、空气污浊，都非常不利于工人的身心健康。

（3）注重项目帮扶而忽视精神帮扶。“新社区工厂”中的贫困户作为“社会人”，除了基本的生存需要外，还有社会需要和心理需要。贫困户在移民搬迁的过程中，土地的流失和社会关系的转变会造成生计上的困难和心理上的不适，“新社区工厂”的构建在一定程度上有利于塑造贫困移民的生计空间，促进新的社会关系的融入，但与预期效果还存在一定的差距。仍处于建设发展期的“社区工厂”，现阶段的首要目标仍然是项目开发和经济发展，工厂内的从业人员表示工厂目前的工作环境不佳，电子加工厂对身体危害较大，工作目前没有安全防护措施。此外，工厂管理人员缺乏对员工日常生活的关怀，对贫困户在心理精神上的帮扶较少。

2. 产业发展有待转型升级

（1）产业“小散乱”问题突出。社区工厂“小而散”“档次低”的问题突出，上规模上档次的少，带动力不强，深加工、高科技、名牌产品少。安康的新社区工厂大多布局分散，体量小、链条短、层次低、抗风险能力差。这也是难以吸引文化水平较高的青壮年劳动力在新社区工厂就业的重要原因。安康的新社区工厂项目大多属于“非产业链”环节，主要通过接受域外产业的“外包”辐射，如外贸订单加工，甚至仅仅是域外企业产业链条中的一个节点（工序），与安康本地的产业基础和产业链条关联度较低。

（2）产业链生产融合度不高。新社区工厂是一个个独立的单体，分散在安康的不同区域，体量小、层次低、布局散，缺乏总部经济带动力。“新社区工厂”在承接来料加工时，订单小了“吃不饱”，订单大了“吃不下”，加之新社区工厂各自为战、自成体系，横向之间缺乏有机联系，纵向之间又难以形成深度合作的产业链条。新社区工厂加工能力弱，适宜加工的高级产品品种较少，特别是精深加工相对薄弱，多以服装加工、汽车配件加工、编织等劳动密集型产业为主，普遍规模较小，技术含量较低，抵御市场风险能力弱。新社区工厂生产与销售失衡，产业融合度高的企业大多处于产业价值链中低端，辐射带动能力弱。新社区工厂产业链失衡，生产的产品多数以初级产品或半成品的形式出售，产品的附加值低，产业链短，产业转型升级难度大，跨界融合发展较为滞后。

（3）产业发展创新能力不足。产业发展标准化体系建设滞后。技术化、标准化、规模化、现代化、集群化、品牌化是新社区工厂产业的发展趋势和目标。由于产业发展缺乏资金、专业技术以及自信心等，新社区工厂技术标准现代化建设还较为滞后。加之国内外对产品安全性考察标准日益提高，直接增加了新社区工厂产业生产成本，限制了新社区工厂发展规模的扩大，标准化生产要求更加难以实现，生产加工的产品质量也与大型标准化生产企业差距较大，转型和健康可持续化发展成为一大难题。

社区工厂产业核心创新力不足。任何一种形式的“工厂”，如果不以营利为目的，就无法生存与实现可持续发展，依靠政府优惠政策和补贴建立起来的“新社区工厂”，创新性和开拓性都欠佳，甚至有的投资者开办新社区工厂就是为了获取政府补贴，并无长远发展打算，有的县区为完成任务，动员新社区工厂业主脱离实际盲目扩张以享受政策补贴，导致部分新社区工厂产业发展升级内动力不足。

3. 劳动力素质亟待提高

（1）劳动力结构失衡。随着农村消费水平逐步提高，农民仅依靠农业收入维持家庭生活已捉襟见肘，越来越多的农村剩余劳动力选择外出到经济发达地区务工创业。安康市有50多万人口常年在外打工，随着农村外出务工人员的增多，一些山区乡镇出现了“老年村”“空巢村”和“留守儿童村”，除了丧失劳动能力的弱势群体，村里就剩下确实出不去门、只能留在家里照顾“老、弱、病、残”对象的陪护人员。这些留守的人员当中，以家庭妇女居多，文化程度普遍较低，对新事物、新技术的学习能力欠缺。而这些人口却又是新社区工厂的主要劳动力来源，工厂劳动力结构失衡。

（2）劳动力素质偏低。新社区工厂劳动力多为当地年龄偏大的农民，劳动力参差不齐，多年闲散的劳动方式致使他们的思维方式、生活习惯等都难以适应现代企业的管理要求。例如，有的缺乏集体观念和纪律意识，习惯以自我为中心，工作自由散漫；有的不能迅速适应环境、无法全身心投入工作，随意请假旷工，这对流水线作业的企业来说，岗位工人随意缺勤，会导致其上游和下游的工人也无法正常开展工作，严重影响了企业生产效率；还有的不愿意踏实工作，只关心每月能否按时拿到工资，不考虑如何提升自身，工作缺乏进取心。打造纪律严明、紧张有序、操作规范的新社区工厂产业工人队伍任重道远。

（3）劳动力稳定性差。新社区工厂企业在招工之后，都会组织员工进行技能培训，但对工人而言，学会生产技能与能够熟练掌握应用不可同日而语。新社区工厂企业是以营利为目的，为提高员工生产积极性，薪酬制度与员工的生产效率相挂钩，即以生产的件数计算每月薪资。这对生产技能还不熟练，且思想方式跟不上企业要求的工人而言，在相同的时间内不能获得与其他人同等的工资，每月得到的薪资差异很大，容易影响他们的生产积极性。例如，平均来看，一个企业有近30%的员工通过以工代训后能够成为熟练工人，并且拿到2500元以上的月薪，但大部分工人尤其是贫困劳动力更关注企业支付的底薪，更有甚者，在企业取消底薪实行计件薪资后纷纷离厂。

社区工厂劳动力素质与岗位需求供给失衡。社区工厂劳动力以妇女、老人、留守人员等弱劳动力为主，且大多文化程度偏低、无技术专长。社区工厂技能型劳动力和青壮劳动力比例较低。就社区工厂就业者而言，劳动力数量大且整体素质偏低，劳动力素质和就业岗位需求不相适应，管理人才和高技能人才短缺，造成“就业难”和“招工难”的问题并存，“有事没人干”和“有人没事干”的现象同在，既影响和阻碍了社区工厂的发展，又制约着劳动力的就业和就业稳定率的提高。

4. 风险防范意识需增强

（1）市场化的契约意识有待加强。目前，社区工厂主要从事来料加工生产，总量不断扩大、加工地不断外扩的趋势明显，区域竞争激烈，稳定的市场分配格局尚未形成，各地区所占市场份额在不断发生变化。行业内合作方式简单多样，操作不规范。例如，一些新社区工厂法人与分包商之间不签正式合同，仅凭口头约定，从而导致各种纠纷时有发生。再如，有些社区工厂在招聘工人时，行为和做法不规范，也不符合现行法律，形式较为随意，工厂与工人劳动权利和义务关系模糊不清，一旦产生劳动纠纷，处理过程较为复杂。

（2）市场有序竞争机制尚未形成。安康市新社区工厂市场和生产技术的同质化现象较为明显。一方面，社区工厂生产成本在持续上涨，产品利润始终保持在一个较低的层级；另一方面，社区工厂产品同质性较强，没有形成自有品牌，产品技术含量普遍较低，极易被模仿，导致无序竞争激烈。进一步保持承接东部沿海地区产业转移的竞争力有待加强。需要在更长的一段时期内，通过市场竞争与内部不断发展，实现自我完善，形成有序竞争体系。

（3）市场风险防范化解能力不强。社区工厂大多是承接东部沿海地区产业转移的项目，产业链“两头在外、中间加工”，很多产品直接出口欧美，国际环境的变化对新社区工厂影响波动较大，市场潜在的风险较大。例如，对市场依赖程度高的来料加工业对贸易摩擦负面影响往往较为明显。原因在于来料加工业所涉及的行业集中在低技术含量、高密度劳动相关的产业上，一旦下游厂家出现了危机，其所对应的上游来料加工业将陷入危机。

5. 配套服务体系有待完善

（1）物流体系不发达。安康市被称为“中国心脏”，其空间跨度大，无论从哪个方向到边境、海港，都有 1000 公里以上的距离，而新社区工厂大多处于镇村一线，运输主要依靠公路货运，原料购进与成品售出所产生的物流运输消耗占总成本的20%以上，大宗货物公路运价较周边城市高12%左右。虽然安康市目前正积极推进高铁、新机场等建设项目，但物流运输仍不发达，高物流成本仍是发展硬伤。安康市新社区工厂，尤其是毛绒玩具文创产业尚处于发展阶段，企业大多是原材料供应等上游企业，市场推广销售等下游环节还不健全，供货周期较长、运营成本较高。物流体系不健全对于新区工厂规模化生产、集群化生产和全产业链生产都产生了较大的制约。

（2）管理制度不健全。社区工厂模式实际上已经突破了之前单一的以居住功能为主的安置社区建设，具有一定的混合居住意味，表现在居民基本能在社区内完成生产与生活。社区工厂模式在一定程度上解决了留守儿童、留守妇女和空巢老人的社会问题，增强了农民的幸福感，缓解了农村的凋敝。但同时也存在着各项制度的不完善，主要体现在社区工厂对于移民群体的考核制度方面。社区工厂模式下解决的就业安置中，每家每户参与的劳动者为少数，多数家庭的男成员仍然选择外出务工。此外，该模式下对贫困居民的主体地位落实不到位，公司管理与经营分散，长久下去很容易导致工厂发展停滞，居民再次失业，潜在返贫风险高。

（3）安全设施不完善。新社区工厂的安全意识和配套设施有待进一步加强。新社区工厂多以毛绒玩具、电子元件等加工为主，原材料多为易燃物，但多数新社区工厂消防设施不健全，工人缺乏消防意识，一旦出现火灾，容易发生重大安全事故。例如，有的工厂没有按规定与企业员工签订用工合同或协议，也没有为员工购买工伤保险等，员工权益没有得到很好的保障，一旦在工作期间发生意外，势必引发劳动纠纷，不利于社会和谐发展。

（二）我国精准脱贫改革存在的问题

1. 脱贫攻坚任务依然艰巨

深度贫困地区扶贫脱贫难度更大，稳定扶贫效果任务更重。面对的贫困问题都是贫中之贫，困中之困，现存的贫困人口受历史因素、自然条件、交通环境等因素的影响，多数生活在自然环境恶劣、经济发展落后、基础设施薄弱、交通条件不便的地区，许多地区甚至在用电、用水、出行等方面都十分困难。因此，贫困程度更深、脱贫难度更大，且存在更加容易返贫的特点，是扶贫工作的重点与难点。

贫国人口分布呈现新特点，精准帮扶难度大。当前，我国贫困人口在空间分布和贫困地区区域分布特点上都发生了新的变化，贫困人口和贫困地区的分布呈现“点、片、线”并存与“老、少、边、穷”集中的新格局。贫困人口主要集中在少数民族集聚区、革命老区或边境地区等生产力水平低下、生活条件落后、自然环境恶劣的地区，这些地区也往往面临贫困人口脱贫致富与保护、改善生态环境两难的局面，加大了精准帮扶工作的难度。

2. 多种致贫因素交织并存

致贫因素和贫困结构呈现出复杂多维化特点。在历史背景、自然灾害、政策方针、市场因素、交通条件等因素的影响下，土地、资本、劳动力、专业技能的缺乏和疾病、伤亡成为致贫的主要原因，且贫困地区的贫困人口大多存在多种致贫因素交织共存的现象，增加了扶贫开发的难度和不确定性，为扶贫工作的推进提出了更加严峻的挑战。

贫困人口内生的发展活力和脱贫动力未能有效激发。目前，有的地区是外部帮助扶贫，但贫困人口自身的意愿和活力没有激发出来。长期以来，我国“输血”式扶贫虽然在短期内改善了贫困地区人口的生活，但是也造成了一些贫困地区、贫困户的“等、靠、要”思想，降低了扶贫应有的效果，而一些“造血”式的送技术、送信息、送项目等措施也是收效甚微。

3. 扶贫模式后续问题突出

易地搬迁扶贫就业保障问题突出。我国的国土面积辽阔，各地区在贫困问题上各有特点，大多数地区采用多角度、多领域的扶贫模式，这使某些扶贫模式实施后的贫困人口安置成为问题。例如，易地扶贫搬迁后续产业发展、就业安置就是一个突出难题。尤其是山区异地扶贫模式，这些地区土地贫瘠，耕地面积少，干旱、水土流失、石漠化严重，缺少企业、合作社带动，很多地方不具备发展产业的基本条件。这些地区贫困群众在易地扶贫搬迁后，大多只能进行“无土安置”，缺乏产业用地，产业配套设施建设也非常滞后，很难发展起一定的产业用以支撑搬迁对象的就业安置，保证搬迁对象“搬得出”之后，能“留得住，有出路”。

4. 脱贫激励机制有待完善

精准扶贫改革创新模式、监督体制机制有待进一步完善。我国自1986年确立以县为单位开展大规模开发扶贫战略以来，扶贫工作取得了巨大的成就。但是，随着经济的发展，这种以区域为瞄准对象的扶贫模式暴露出了越来越多的问题。达到脱贫标准退出机制不健全，贫困人口退出未做到民主公正，缺少公示公告，还有部分贫困群体担心退出后无法享受优惠政策，想方设法“躺”在脱贫队伍里，与真正的精准脱贫的预期目标背道而驰。

五、深化安康市“新社区工厂”模式及全国精准扶贫实践的对策建议

精准脱贫政策效果的有效发挥，需要良好的精准扶贫机制的支撑，更需要创新的精准扶贫模式拓宽脱贫空间和激发脱贫活力。从提升“新社区工厂”精准脱贫效能和进一步释放经济动能的角度来看，安康“新社区工厂”模式创新改革可以重点从加强生产要素供给保障、加快打造优势产业集群、多路径提升劳动力素质、合力推动优化营商环境、完善配套支撑服务体系五个方面予以完善。

（一）深化安康市“新社区工厂”模式创新的对策建议

1. 加强生产要素供给保障

（1）加强贫困人口差异政策保障。优化精准扶贫体制，在顶层设计中考虑基层的差异性。从国家和省市层面出台扶持贫困人口，尤其是残疾人口的优惠就业政策。设计和推广劳动力激励计划，提高贫困户劳动供给；从扶贫向社会保障转变，将贫困人口纳入社会救助体系。制定奖励基层政府超比例安排就业的政策，针对性地给予更高补贴比例、对贫困地区给予优先支持等措施，保持诸如公益性岗位补贴、培训补贴等政策的连续性和稳定性，确保以新社区工厂为代表的就业主导型产业稳定健康发展。

（2）制定和完善残疾人救助政策。制定残疾人“超比例就业/奖励”专项文

件、残疾毕业生见习补贴规定，扩大残疾人护理补贴覆盖范围等。创新无障碍环境建设政策，如探索按比例设置无障碍停车位，规定人行道红绿灯应当加装过街音响提示装置，发布残疾人信息消费支持的优惠办法等。加强残疾人服务机构规范化建设，加快残疾人托养服务标准化建设，并完善信息共享机制，进一步实现残疾人服务与需求的精准对接。

（3）提高贫困主体社会地位。贫困户的主体地位构建基于贫困户通过有效的渠道表达自身的贫困需求和帮扶偏好，政府和社会在此基础上围绕贫困户需求开展帮扶项目和工作。“社区工厂”中的管理者应多关注工厂内贫困户的生存与发展，积极了解贫困户的各项需求，并将其反映给政府部门。根据贫困户的需求，政府应规范精准扶贫工作，通过权责分配和心理辅导引导加强社会参与精准扶贫工作，利用社会力量满足贫困户的社会需求和心理需求，“新社区工厂”应和高校、社会组织加强合作，共同满足贫困户的经济需要和价值偏好。针对贫困户需求的扶贫项目和工作更能使贫困户从精准扶贫政策中实现获得感和满足感。

（4）激发贫困主体内生力量。强调对发展目标的关注，注重贫困人口自我发展能力的提高，是贫困人口实现可持续发展稳定脱贫进而致富的客观要求。一是“新社区工厂”和地方政府要把提高扶贫对象的自我发展能力放在优先地位，激发贫困户的内生动力，把能扶的先扶起来，把具有发展能力的贫困户的积极性调动起来。二是“社区工厂”应注重扶贫对象内生力量的形成和发展。安康市贫困户内生力量有限，所以外部支持和拉动显得更为重要。“新社区工厂”应引导返乡贫困户和外地企业家创建适合本区域的各类工厂。三是项目开发与人力资源开发并重，引导当地劳动力回流，着力提升扶贫对象的人力资本水平。工厂应加强对贫困户的技能培训，提高贫困户的生产技术水平。

2. 加快打造优势产业集群

（1）提升社区工厂精细化运作能力。管理作为传统产业的新社区工厂生产经营，创新和精致化是形成品牌的关键。通过强化技术创新，形成有较强技术创新能力支撑的区域品牌，运用各种现代化的技术对整个生产经营体系进行重组和改造，把相关的前道工序和后道工序都纳入其中，形成相对完整的产业链。要进一步学习山东省扶贫车间等其他地方的先进经验，加大企业资源整合力度，壮大核心企业，扩大新社区工厂加工能力，形成产业联盟。在重点发展核心企业和核心产品的同时，平行发展其他配套服务型企业，使核心工厂与配套分工的产品相关联，拉长产业链条，发挥集群内部的规模经济和范围经济效应，形成弹性产业体系和集群竞争力。

（2）加大产业扶持和政策支持力度。在推动新社区工厂集群发展的过程中，政府也要考虑以产业集群政策替代产业发展政策，以更加完整、科学、可行的产业集群政策替代简单的产业布局安排。把经济、政治、社会与文化的整体发展纳入相关政策的考量范围，政府的经济社会发展政策才能有切合实际的载体。政府在引导企业集聚的过程中，既要在企业规模准入条件上保持一定的开放性，又要根据本地资源特点保持一定的产业选择性，从而促使产业集群能够最终形成弹性专精的生产体系，为提升集群竞争力创造条件。

（3）推崇绿色生产和发展生态产业。绿色发展理念应贯穿于以社区工厂为抓手的精准脱贫实践探索过程中。在大力扶持产业发展，引导各社区工厂面向市场需求，因地制宜发展特色优势产业，推动产业扶贫的同时，需从自身实际出发，结合社区工厂经营生产，启动实施一批特色种养、乡村旅游、林下经济等产业链扶贫项目，取得经济、环境的双重发展。以资源节约与环境友好为基础，确保社区工厂精准扶贫工作有效展开，以更好地维护安康市生态环境和贫困人口的生存利益。

（4）注入资本推进优势产业集群发展。安康各级政府积极组织各类企业以资本注入、收购兼并、股份参与、承包租赁等形式参与社区工厂企业的改制，特别是要鼓励发达地区大中型企业实施跨地区、跨行业、跨所有制的多种形式的联合兼并、合作合伙。以资本为纽带，重组资产、共享资源，联合组建股份制、合作制、合伙制等多种形式社区工厂企业，形成对社区工厂现代企业改革发展的倒逼机制、扶持机制、共享机制。同时，新社区工厂要“走出去、请进来”相结合。提供具有广阔市场需求，符合主流价值标准的民俗产品、土特产产品、传统手工制品等不同层次的社区工厂产品，特别是要大力提供安康市自有品牌精品，努力提供本地化的产品服务，满足人们对安康品牌产品的需求。

（5）搭建产业融合发展配套支持体系。搭建省级、市级和县级产业扶贫融资平台，引导并融合社会资本、龙头企业、农民专业合作社等各方力量，实现安康地区精准脱贫。通过增强与其他贫困地区的经验交流和项目合作，打破对商品、服务、资本和知识跨地区甚至跨国界的流通限制，从而促进人口、土地和资金的流动，进而带来安康市社区工厂生产结构、就业结构、消费模式以及贫困人口居住方式的转变。

（6）合力打造社区工厂产业规模体系。制定社区工厂主导产业发展规划，明确目标、措施，尽快形成规模效应。着力整合行政资源、专业资源，建立条块结合、分级负责、上下联动的工作机制，推动社区工厂产业集群化建设有序推进。科学配套建设新社区工厂产业链，根据社区工厂产业链布局资源和交通区位，发挥优势，突出特色，合理选择主导产业，相对集中产业化生产，形成规模化生产体系。延伸产业链条，鼓励有能力、有实力、有潜力的新社区工厂建立集精深加工、市场开拓、产品销售于一体的完整产业体系。

（7）进一步加强社区工厂标准化建设。坚持绿色生产理念，加快制定保障产品质量安全的生产规范和标准，加大质量控制技术的推广力度，推进标准化生产。强化生产过程管理，严格实行标准化生产，加强社区工厂生产过程管理。加快标准化认证体系建设工作，引导标准化生产，强化生产全过程监管。加强社区工厂产品品牌化建设，扩大社区工厂影响力。大力培育自有品牌，通过好的品牌，让消费者真正认识安康市的社区工厂产品。培育地域品牌、商品品牌、企业品牌，提高产品的核心生产技术科技含量。

（8）以培育龙头企业带动产业链升级。立足本地资源优势，整合资源，有效利用资源，拓宽和培育安康市新型经营主体，外联龙头企业，支持走特色化、差异化、品牌化的发展道路。引导龙头企业通过参股经营、签订长期合同等方式，建设标准化的社区工厂生产基地，带动社区工厂进行规模化经营，不断健全特色产业，全环节升级，全链条升值。

3. 多路径提高劳动力素质

（1）提升贫困人口精准脱贫思想认识。摆脱贫困的关键在于“扶志”“扶智”，扶贫不仅要扶经济，还要扶志气、扶精神。在推进物质扶贫的同时，充分发挥文化的作用，通过文化扶贫，塑造人文修养和智慧能力兼具的新型农民，展现新型乡风、树立乡村文明。为精准扶贫提供精神动力、智力支持和思想保障。多角度、多形式、多渠道地加大脱贫致富宣传力度，提高安康贫困地区的落后贫困思想认识，使贫困人口转变理念、更新观念、创新思维，以坚定的信心和勇气改变贫困面貌，推动发展贫困地区群众的精神生活。普及先进文化知识，加强科学世界观和无神论教育，使群众自觉抵制各种落后消极的思想观念，形成积极向上的精神风貌；积极开展普法教育，增强农民的法制意识，培育学法、懂法、用法的新型农民。

（2）加强安康贫困地区教育供给保障。加大初级教育的普及力度，保障适龄儿童义务教育的全覆盖。构建完善的教育体系，不断加大对贫困地区的教育投入，通过公办、公立、希望工程、民间捐助等多种形式，开展教育扶贫，切实提升贫困地区教育水平。加强贫困地区职业教育水平，根据市场发展需求和趋势，引进高校和科研院所的技术专家，提供适合初、高中毕业生的职业教育和职业培训，提高他们的劳动能力和就业技能，显著提高贫困家庭的个人就业能力和增加经济收益的机会。充分发挥政府、学校、市场在教育扶贫中的作用，采取优秀师资引进、课堂教育改革、对外交流等方式，提高学校的吸引力，降低初级教育阶段的辍学率，激发贫困地区孩子求学的主动意识和内在动力，加大宣传教育力度，充分宣传教育的重要性，破除“读书无用论”“读书致贫论”等错误思想的消极影响。

（3）提高贫困地区人口科技应用能力。新社区工厂是劳动密集型产业，劳动力资源是安康最具吸引力的资源，而推动新社区工厂产业升级和高质量发展，又必须以劳动者素质和技能提升作为重要支撑。企业要充分发挥主体作用，积极应对产业升级需求，采取政府补贴培训、企业自主培训、市场化培训等方式，支持企业大规模开展职业技能培训。

全面推行新型学徒制度，对企业新招和转岗人员开展技能培训。健全以职业能力为导向的人才评价、技能等级制度，制定企业技术工人按技能要素和创新成果贡献参与分配的办法，鼓励贫困人口凭技能创造财富、增加收入，提高生活质量。

充分发挥科技的作用，利用科技提升安康农村的生产力水平，改变社区工厂生产方式和组织管理模式。加大科技普及力度，对贫困地区贫困群众开展多种形式的、有针对性的科学技能培训，增强贫困人口的生产技能，培育有文化、懂技术、会经营的新型农民，提高贫困地区人口的择业优势、就业优势。

加强对贫困地区各级干部的科技培训，使他们成为科学技术的传播者和带头人，通过干部对贫困户手把手、面对面地传授科学技术知识，让贫困户真正学到科学技术，感受到科技带来的实惠和好处，改变对科技的排斥态度，进一步提高贫困人口的农业生产技能、非农业生产技能、劳动转移技能、择业技能等。

（4）加大职业技术教育发展支持力度。在资金、政策上给予社区工厂脱贫工程重点倾斜，营造出全社会关心、支持、尊重社区工厂职业教育的良好氛围。建立社区工厂经营管理人员和高级技术人员选拔、聘用保障机制，提高社区工厂人员待遇水平，为社区工厂持续输入优秀的人力资源。拓宽社区工厂管理人员和技术骨干对外交流、培训、进修的渠道，提高社区工厂经营管理人员的政治素质、职业道德、技术水平。加大对农村青壮年的技术培训力度，提高他们的自我发展能力、工作能力和市场竞争力。

（5）完善社区工厂从业人员保障政策。健全和完善社区工厂从业人员用工就业、劳务合同、社会保障等政策，为农村贫困人口、返乡人员等在家门口就业提供权益保障。制定和完善社区工厂吸纳就业人员相关鼓励和优惠政策，完善人才引进优惠政策，促进高素质的劳动力从事社区工厂生产发展工作。根据不同地区社区工厂特征，发展特色产业、传统产业，开展订单培训，探索出适合来料加工业的灵活培训制度，使下岗失业及农村闲散人员尽快掌握一定的技能，从事社区工厂来料加工就业。政府有关部门多层次、多渠道、有针对性地组织社区工厂管理人员和业务骨干系统学习外贸知识、营销管理知识、《合同法》等内容，并组织进行市场考察，拓宽视野、了解行情，努力打造一支高素质的社区工厂管理队伍。

（6）充分发挥乡规民约规范约束作用。以乡规民约为抓手，重构新时代乡村文化生态。依托安康传统文化，深入挖掘农村优秀的传统道德观念和乡规民约风俗习惯，结合安康地区特色文化资源、风土人情，构建出贴近群众需求、反映群众意愿、符合社会主义核心价值观的乡村新文化。充分发挥农村优秀的传统道德观念和乡规民约风俗习惯的积极作用，提升农民的诚信水平、道德水平，寻求乡村法制与自治、传统习俗与商业规范之间的平衡。

4. 合力推动优化营商环境

营商环境对社区工厂发展的重要性不言而喻，它是社区工厂生产经营所在地区的市场发育程度、政府管理水平和社会文明进步的综合体现，直接关系到社区工厂健康可持续发展、所在地区经济发展、社会和谐稳定，关系到社区工厂招商引资的对外形象。营商环境的建设水平直接影响招商引资的结果，也是新社区工厂高质量发展的关键所在。

（1）持续深化政府体制机制改革。帮助企业解决融资、用工等难题，对企业降低行政成本和交易成本的意义重大。新社区工厂的健康有序发展，涉及人社、财政、税务、金融、教育、工商等部门，以及法律、政策、公共服务、社会文化等发展环境，需要多个部门形成工作合力。政府应当树立“小企业大就业”的意识，增加公共服务供给，为新社区工厂创造良好的外部发展环境，提供优质的服务。

进一步加大履职尽责力度，真正把一切不利于社区工厂发展的干扰要素彻底清除干净，把一切有利于社区工厂发展的利好要素充分调动起来，让社区工厂的营商环境从整体上得到大力改善。优化公平公正的市场监管环境，实施严格的惩罚制度，对新型职业农民从事社区工厂工作中的不正当行为，要依法、依规、依程序从严、从快处理。建立社区工厂的营商环境评价机制，制定相关的评价指标体系和评价办法，并建立社区工厂以信用承诺和信用公示为特点的新型市场监管机制，确保社区工厂诚信开展生产和经营活动。

（2）完善招商引资政策落实机制。完善和落实企业和企业家财产权保护制度，健全招商引资政策落实机制。制定企业扶贫投资土地、税收、用工等优惠政策，制定招商引资专项管理办法，执行责任落实到具体部门和牵头负责人。大力实施精准招商引资，积极承接发达地区产业转移，围绕劳动密集型产业等就业主导型产业深化全产业链招商，以产业发展助力脱贫攻坚、引领社区工厂高质量发展。

（3）完善社区工厂信息网络环境。依托“互联网＋品牌”“互联网＋扶贫”

的形式，大力推进安康社区工厂信息网络化，构建信息资源共享和利用体系，有效解决扶贫对象分散造成的社区工厂产品的供给和需求不平衡之间的矛盾，实施信息惠民、数字惠民、智能惠民等工程，通过信息技术的应用，建立需求与供给、监督与管理、结果反馈等精准扶贫数据库，大幅提高文化扶贫的精准性。充分运用当前“媒体融合”的发展趋势，尤其发挥好县域媒体融合对社区工厂扶贫的积极作用，打通媒体传播的“最后一公里”，充分运用广播、电视、报纸、网络等多个媒体介质加大扶贫政策宣传力度，畅通扶贫政策、社区工厂产品销售和信息宣传咨询渠道，实现扶贫工作的无时差、零距离。

（4）建立健全风险防范监管体系。为进一步推进社区工厂来料加工产业化进程，增强来料加工业抗御市场风险的能力，实现规模化、特色化、系列化加工，加强工厂高素质管理人员的团队建设，建立社区工厂联动机制，规范市场有序竞争，实行生产经营优势互补、风险共担，形成各区域社区工厂区位优势和品牌优势。建立完善精准脱贫攻坚大数据平台，通过云计算和智能识别等高科技手段，建立完善集精准扶贫政策措施、精准扶贫项目、精准扶贫资金、精准扶贫成效等于一体的信息数据库，实现不同地方、不同部门之间精准脱贫攻坚数据互联互通和信息共享。通过对精准脱贫攻坚工作的信息公开和数据分析，加强对精准脱贫工作的巡视巡察，强化网站、微信等新兴媒体的监督作用。

5. 完善配套支撑服务体系

新社区工厂既是一个数量庞大、富有活力的经济群体，又是一个相对处于弱势的群体；既存在创业难、发展难的问题，又存在企业规模不大、实力不够强、总体素质偏低、增长方式粗放、市场竞争力不强等问题。要促进新社区工厂各企业健康发展，尽快建立完善配套支撑服务体系。

（1）创新政府服务体系。政府应当引导新社区工厂更新发展思路，调整产业结构，注重技术创新，积极由劳动密集型企业向科技型企业发展。鼓励新社区工厂企业走与大企业配套之路，走农产品深加工之路，走科技进步之路，走产业集群之路。加强信用评价体系建设，利用大数据、云计算等技术手段，加快建立新社区工厂企业征信系统，做好信息的收集、分析、评价工作，形成新社区工厂企业信用信息库，为银行发放“新社区工厂贷”提供有效依据，把有限的资金融给真正有实力、善经营、能发展的新社区工厂企业。

（2）重点破解物流难题。安康市政府统筹考虑设计社区发展交通综合配套设施建设，为企业谋划高效率的物流路线，在招商引资中作为配套产业招引。加快安康新机场、西康高铁的建设，着力打造破解物流难题的关键通道。运管部门依托乡村客运站、交管站等资源优势，能更快捷地建立起县、乡、村三级物流节点，进而构建起覆盖面广大的物流网络。大力推动农村物流网络物流平台节点体系建设，实现物流货物“统进、统配、统送”，解决从乡镇到村的“最后一公里”物流瓶颈问题。通过设立物流转运中心、优化物流线路、招商引资中配套引进物流公司等方式，为企业谋划高效率的物流路线，主动破解物流运输难题。建立新社区工厂企业风险预警机制，主动破解企业信息来源渠道少，对市场的把握和经济形势的判断能力差的难题，把诸如原材料涨价、宏观政策调整等有关信息和可能发生的风险及时地传递给广大新社区工厂企业，使其早做准备，制定应对措施，减少损失，以利稳健发展。

（3）健全资金保障机制。资金是扶贫项目得以运作的基础，要加大社区工厂基础设施资金的投入力度，加大社区工厂扶贫资金的转移和支付力度，一般性转移支付资金、各类涉及民生的专项转移支付资金和中央预算内投资要进一步向社区工厂所在的贫困地区、贫困人口倾斜。引导社会团体、慈善机构、基金组织、企业和个人等各类资本参与到社区工厂脱贫项目中，构建社区工厂脱贫的多元筹资机制。改革农村财政管理体制与制度，为社区工厂社会化服务体系建设提供资金保障。引导和支持社会组织积极开展社区工厂社会化服务，培育社区工厂产业化联合体。探索建立集技术指导、信用评级、产品推广、产品销售于一体的公益性、综合性服务体系。

（4）完善人才激励机制。实现社区工厂建设和长足发展，人才是关键，要打造一批文化素质高的人才队伍。从制度入手打造社区工厂管理人才队伍，鼓励德才兼备、有情怀、有激情的大学生和干部去社区工厂任职；积极开展与高等院校、科研机构等相关部门的合作，加强对社区工厂工作人员的培训，不断提高他们的文化素质和业务水平；建立有效的评估考评激励机制；充分发挥技能竞赛在技能人才培养中的积极作用，选择技术含量高、通用性广、从业人员多、社会影响大的职业，广泛开展多层次的职业技能竞赛，提升社区工厂从业人员技术水平；定期专门举办各类社区工厂的生产技能技术比武，进一步提高从业队伍技能素质，并扶持一批有能力的从业人员成为管理人员，推动社区工厂的发展。

（二）深入推进全国脱贫攻坚对策建议

1. 强化统筹协调和政策落实

（1）统筹协调精准扶贫综合施策。根据扶贫工作中已经发现的问题，认真分析，注意区分轻重缓急、主次先后。目前，因病致贫、因学致贫、因缺产业致贫，是多数深度贫困地区、贫困农户排在前列的致贫因素，需给予特别重视，采取有针对性的对策举措，重点加以解决；在扶持深度贫困农户的项目选择、资金投放、政策优惠等方面要接地气，做到统筹兼顾、综合施策、多管齐下，形成扶贫攻坚系列措施，建立长效机制，既解决当前的脱贫问题，也着眼将来致富发展的需要；加强对各类扶贫资金的统筹，促进部门间的协调沟通，尽量整合打捆使用，把有限的资金投在关键处、用在刀刃上。同时，应注意避免项目安排零散、资金保障程度不高、工程进度较慢、扶贫作用不明显等现象的发生。

（2）健全政策落实激励问责机制。针对精准扶贫工作中表现突出、成效显著、优质提前完成任务的领导干部，要给予物质奖励和精神奖励；尤其是在领导干部年度考核和干部选拔任用方面，给予优先考虑。对扶贫项目监管部门和实施部门同步问责，对各扶贫主管部门及各扶贫项目相关责任人在扶贫工作中不作为、慢作为、假作为、弄虚作假甚至失职渎职等行为，进行常态化监管与问责，哪个项目出现问题就同步追究其直接责任人及监管责任人的责任，在全社会形成重视扶贫工作、将扶贫工作抓出成效的高压态势。对于因领导干部工作不扎实造成的“虚假式”脱贫、“指标式”脱贫、“游走式”脱贫等问题，要坚决克服，并根据情节轻重，给予相应的惩罚，尤其针对违纪违规的领导干部要严肃查处。

（3）建立和完善全过程监管机制。定期组织开展情况调查，找出真正的贫困村、贫困户，了解贫困状况，分析致贫原因，摸清帮扶需求。尤其是在脱贫攻坚的最后冲刺阶段，要更加注重实地调查，提高信息的采集频率，准确掌握第一手资料，为扶贫精准识别、精准施策、精准退出提供依据；加强监督，及时了解新情况新变化。成立督查组，深入村组对建档立卡深度贫困户加强走访，全面了解最新情况，对出现的新变化进行督查核实，切实做到真扶贫、扶真贫；突出对重点扶贫对象的跟踪管理，加强对贫困地区和贫困人口的贫困状况、致贫原因、精准扶贫效果的动态管理，依托大数据，按照情况的变化，及时调整相关政策和具体措施。

2. 优化产业布局和资源配置

（1）因势利导重点扶持特色产业。统筹安排贫困地区资源环境，在原有产业的基础上，协调各产业间的矛盾，进行合理安排，做到因地制宜、扬长避短、突出重点、合理布局。重点培育和发展有希望、有前途的特色产业，壮大优势产业。由政府相关部门组织专业人员，帮助深度贫困乡镇、深度贫困村落、深度贫困农户，制定符合当地实际、切实可行的产业规划或生产方案。立足独特的资源禀赋、依据不同的市场需求，重点发展贫困地区乡村旅游、特色种植业、特色养殖业等，努力培植特色生产、特色经营示范户和龙头企业，积极构建农业生产经营综合体，争取先做大，再做优，最后到做强，逐步增强贫困地区的“造血”功能和内生发展动力。

（2）充分利用好各方面人才资源。农村的发展离不开自身的自然资源，更离不开人才资源的利用。农村贫困的一个重要原因就是重视传统经济发展模式，缺乏科技创新的发展模式。对此，农村精准扶贫工作，要根据当地经济发展需求，抓住国家扶贫有利时机，以兼职、挂职、咨询服务等方式，从相关部门积极引进科技人才，帮助贫困村民转变经济发展思维，提供科技致富之道，走向科技脱贫之路。通过出台提高工资待遇、纳入干部行政体制、提供职务升迁的发展机会等优惠政策吸引大学生回乡就业，为农村发展提供源源不断的人才资源。

（3）建立完善信息应用服务平台。支持鼓励发展农村电子商务，组织贫困农户开展上网培训，在贫困乡镇建立电商网点，帮助贫困农民利用网络对接市场、了解需求信息，引导贫困农户有的放矢发展种植业和养殖业，有效提高贫困地区农产品的商品率。引导电商与实体相结合，建立特色产业大数据中心及信息服务平台。以信息和电商平台促进信息流、商品流、资金流、物流的融合，让贫困户从产业链、价值链的各环节中找到脱贫致富的切入点和受益点。把贫困地区建成以特色产业为核心的融休闲、餐饮、观光为一体的生态旅游小城和文化之旅体验中心。

3. 进一步完善扶贫攻坚机制

（1）对扶贫项目实行阳光监管运作。加强对贫困户的扶贫政策宣讲力度，使其知晓政策、熟悉政策、理解政策、使用政策，真正发挥政策扶贫应有的作用。切实加强对项目实施全过程的监管，从项目立项、审批、招投标、开工、完工、实际投入使用的功效等全过程进行有效控制和责任跟踪，引入社会和群众监督力量，实行阳光公开运作，确保扶贫项目工程的建设质量和效益效果。

（2）进一步加强扶贫资金规范监管。建立扶贫专账，强化监督检查。特别是对于投入市场主体、合作社的扶贫资金，要严格规范资金的使用和收益管理，确保投入市场主体的扶贫资金与贫困户建立利益链接机制。进一步加强涉农和扶贫资金统筹整合平台建设，加强脱贫攻坚项目储备，健全完善精准扶贫资金整合机制，真正把统筹整合资金管好、用好，发挥出最大效益。

（3）进一步完善扶贫教育培训机制。引导贫困农民接受职业教育，加强培训与就业的对接联动，确保“培训一人、就业一人”，实现先脱贫、再致富，在生活条件改善后，还可以进一步提升受教育水平。在贫困村实施“一户一人一技能”培训计划和劳务经纪人、贫困村致富带头人培训，为有培训意愿的农村贫困劳动力提供免费技能培训，并按规定给予一定的职业培训补贴和技能鉴定补贴。

4. 总结和推广改革实践典范

（1）强化总结和加大国内案例的推广。总结和推广扶贫实践典范，为扶贫工作有效推进提供重要的参考价值。脱贫攻坚工作需坚持循序渐进，既要有条件、按程序、分步骤审慎平稳推进，又要结合区域经济发展大胆探索，不断丰富实践样本。要对实践改革的成果进行全面细致的分析，总结经验做法，提出有价值的参考建议。注重改革协调，形成改革合力，对精准扶贫推进过程中遇到的典型问题深入研究，总结有效解决路径，形成可复制、可推广的改革成果，供同类其他地区改革借鉴。

（2）结合国情比较借鉴国外改革经验。贫困问题是世界各国普遍存在的问题。不同国家基于不同的扶贫模式和政策，对于扶贫的侧重点不同，如美国、印度、泰国等国家的扶贫实践最具有典型性。美国对于弱势群体的社会保障有丰富的经验，这种经验已经转化为实体经营项目，引导非政府组织参与扶贫。印度是人口大国，通过劳动力人口转移，增加就业实现脱贫。泰国的普惠金融扶贫，保障低收入者生存。因此，通过了解国外扶贫经验，可以为我国精准扶贫工作的顺利进行提供有意义的借鉴。

（3）重视典型样板地区改革经验复制。近年来，全国各地在精准扶贫工作中都进行了各自的探索，积累了宝贵的经验，各地区针对自身特点，形成了符合实际的精准扶贫模式，为我国其他地区精准扶贫的推进提供了有益的参考。需要发挥典型的示范作用，把好经验好方法总结出来，结合实际推广复制。每年表彰一批优秀扶贫改革实践典范地区、优秀领导干部、优秀改革带头人和工作者，激发改革实践热情，形成追赶超越的大好局面。

［执笔：李红娟 贾有斗］

后　记

小切口　大改革　新突破，地方全面深化改革进入专业落实阶段

——2019“地方改革创新实践案例研究”综述

“地方改革创新实践案例研究”课题组

按照中国经济体制改革研究会“地方改革创新实践案例研究”工作安排，2019年“地方改革创新实践案例研究”实施了四个课题研究项目，分别是丽水市部门间“最多跑一次”改革研究、蒙城县“一户一块田”改革研究、分宜县“县级融媒体改革”研究、安康市“新社区工厂”精准脱贫模式研究。本研究综述分四部分进行汇报：（1）研究方向；（2）研究形式；（3）研究成果概述；（4）地方全面深化改革阶段性特征。

一、研究方向：针对改革发展阶段性特征，以“小切口　大改革　新突破”为研究主线

为了使“地方改革创新实践案例研究”更好地服务地方全面深化改革再出发，同时使研究成果更好地服务中央及各级政府决策，引导国内改革研究机构与专家学者的研究方向与理论突破，中国经济体制改革研究会“地方改革创新实践案例研究”课题组对2019年中国改革发展现状进行了深入观察研究。

党的十八大以来，以习近平同志为核心的党中央高举改革开放旗帜，蹄疾步

稳地推进全面深化改革。目前，地方全面深化改革在诸多领域取得了突破性进展。课题组研究认为，与地方全面深化改革的推进阶段一脉相承，目前全国处于转变发展方式的关键时期，经济社会发展呈现以下特征。

（1）旧动能正在通过技术升级向新动能转换，以新技术、新兴产业为主要驱动力的新动能逐渐形成。

（2）传统产业在高质量发展背景下，正在市场化改革的驱动下融入市场经济的洪流，新兴战略性产业正处在形成规模与核心竞争力的过程中。

（3）就业压力相比2018年有所缓和。需要指出的是，2019年我国东部部分经济发达地区的用工荒与部分地区由于产业升级及外贸企业倒闭引发的失业数增加现象同时存在。

（4）改革发展的阶梯状更加显著。浙江、江苏、广东等省份不仅与国内其他地区继续拉开改革的深度与广度，同时由于市场化改革全面深化带来的高质量发展，也继续与我国北方省份拉开距离。

（5）由于我国经济结构与布局调整，地方财政收入也呈现两极分化的局面，前几年财政状况相对较好的北京、山东等省份出现了财政赤字。

（6）收入差距、地区差距扩大的趋势加快且固化。

（7）2019年全国层面的创新驱动内在活力以及对经济的推动作用显著加强。但是，在全国部分地区，创新驱动还停留在文件与讲话中。

（8）基层治理体系与治理能力现代化建设，在经济发达地区，尤其是以浙江为代表的部分省份正在围绕全面深化改革的总体部署，围绕适应市场化改革的要求进行积极探索，成效显著。然而，从全国层面来看，受经济发展水平与社会改革的民众基础薄弱、制度制约等因素的影响，全国很多地区还处在理论普及与启蒙阶段。

（9）以改善营商环境为代表的“放管服”改革在全国范围更深、更广地推进。不过，部分地区对“放管服”改革的“市场化”内涵的理解不到位，加之背后利益羁绊的影响，“放管服”改革没有完全发挥市场配置资源的决定性作用，政府服务于市场体制的制度体系尚需完善。

（10）金融体系服务于实体经济，尤其是服务民营经济发展的硬性约束制度依然是空中楼阁，民营经济与国有经济同等待遇服务尚待落实，部分实体经济领域的小型民营经济企业的生存更加困难。

（11）世界范围内经济下滑趋势的压力对国内经济发展的影响更加突出，尤其是外贸型民营企业的生存更加充满了不确定性。

（12）需要着重指出的是，在新时代全面深化改革深入推进、国家出台《中共中央关于坚持和完善中国特色社会主义制度、推进国家治理体系和治理能力现代化若干重大问题的决定》的2019年，改革领域的形式主义、官僚主义在某些地区还不同程度地存在。

通过以上观察，中国经济体制改革研究会“地方改革创新实践案例研究”课题组认为，在未来相当长的一段时期内，除部分改革发展先进地区外，我国大部分地区依然处在全面深化改革落实阶段；处在国家治理体系与治理能力现代化（含基层治理体系与治理能力现代化）的理论体系理解、构建、创新实践阶段；处在继续坚持问题导向，兼顾目标导向、价值导向，重点解决制约改革发展的“小问题”，推进改革的整体性、系统性制度建设与红利释放的阶段。这需要我们在改革开放40多年后的当下，继续大力提倡思想解放，大力为基层改革的自发活力创造制度空间，力戒好大喜功的形式主义、官僚主义，借鉴全人类政治经济社会文明成果，形成顶层设计与地方基层首创相结合的上下互相激发、互相督促的良好局面。因此，2019年，中国经济体制改革研究会“地方改革创新实践案例研究”课题组决定以“小切口　大改革　新突破”为研究主线选择案例。

比如，针对困扰政府内部政务管理的部门间职责划分不清晰、协作效率不高、办事推诿扯皮等问题，浙江省丽水市通过统一标准、精简材料、优化流程、压缩时限、强化服务，以部门间“最多跑一次”改革加强机关效能建设，为基层“减负”，打通政务管理与政务服务的“两条线”，增强了行政体制改革的系统性、整体性、协同性，为全面深化“放管服”改革提供了鲜活的改革样本。

针对农村土地细碎化问题，为了尽快实现由传统农业向现代农业发展，使农业大县转变为农业强县，实现农业高质量发展，切实保障农民权益，为全面建成小康社会和乡村全面振兴创造良好的制度条件，安徽省蒙城县在安徽全省率先深入推行农村土地互换并块，形成“一户一块田”新型经营模式，有效解放了生产力，调整了生产关系，盘活了闲置资源，改善了生产条件，促进了结构调整，提升了经营水平，增加了农民收入。“蒙城实践”为全国很多地方的乡村全面振兴提供了实践层面的突破口与具体实践经验。

针对互联网对传统媒体带来的根本性冲击，习近平总书记在 2018 年 8 月召开的全国宣传思想工作会议上指出，“要扎实抓好县级融媒体中心建设，更好引导群众、服务群众”。此后，全国各地县级融媒体中心建设轰轰烈烈地展开，地处我国中西部地区的江西省新余市分宜县，在 2016 年开始谋划融媒体改革，进行了系统化的改革，在舆论引导、服务群众、产业发展、人才提升等方面都取得了实实在在的效果，形成了县级融媒体改革的“分宜样本”，为我国中西部地区的县级融媒体中心建设提供了很好的借鉴样本。

针对农村贫困人口，尤其是农村极度贫困人口精准脱贫，是彰显国家治理能力最具有代表意义的实践形式。近年来，陕西省安康市通过发展“新社区工厂”，实现了让易地搬迁群众“搬得出、稳得住、能增收”，探索出一条由创业、就业、精准扶贫相结合的农村脱贫新路径，其经济效应日益凸显，社会效应逐步释放，契合国家新时代治理体系和治理能力现代化建设要求，对于优化我国精准脱贫工作意义重大。

二、研究形式：深入探索专业化研究推进模式

根据中国经济体制改革研究会会长彭森及其他领导对课题研究的指示精神与指导意见，在总结往年课题研究的经验基础上，2019 年课题组针对四个案例分别成立了子课题组，在 2018 年全面探索专业化研究新模式的基础上，着力在课题研究的“专业化”上进一步提高，一是课题组主要组织实施成员加强理论学习，加强对地方改革创新实践的深度研究，严格按照学术规范，保障课题研究活动全流程的专业化推进。二是 2019 年课题研究报告的撰写，注重案例研究的改革背景、推进特点、成果、问题的梳理总结，注重改革政策建设性建议的总结等。三是探索 2019 年课题研究新模式，体现为：重视课题前期研究，同时注重课题开题会对课题研究框架搭建的深入研讨；改革领域领导带队调研，尤其是彭

森会长带队赴丽水调研，对2019年“地方改革创新实践案例研究”课题全方位提高起到了重要指导作用；改革研究权威专家全过程参加调研并指导报告撰写；中国经济体制改革杂志社领导全程协调指挥，并调动杂志社多部门参与；课题研究与地方改革高层研讨会互动等。

同时，按照彭森会长将课题研究成果在不同阶段尽快通过《改革内参》服务决策层决策及供地方改革部门借鉴、参考的指示精神，课题组已在2020年上半年整理系列研究文章在《改革内参》上陆续刊发。

三、研究成果概述：地方全面深化改革突破性强、成果丰硕

课题组认为，四个改革创新实践案例充分体现了“小改革大突破”的特点，专注当前阻碍深化改革全面落实的具体矛盾与问题，为新时代全面深化改革再出发提供突破口，并且这些突破口具有牵一发而动全身的效应，抓住了当前改革研究的“牛鼻子”。研究发现，四个案例都具有改革内容丰富、成果丰硕的特征，具有在全国更高、更广层面快速推广的理论与实践价值。

（一）丽水市部门间“最多跑一次”改革研究

本案例的研究思路是：从理论层面梳理丽水市部门间“最多跑一次”改革的背景与意义；深度挖掘总结丽水市部门间“最多跑一次”改革主要内容；概括丽水市部门间“最多跑一次”改革的主要特点与方式方法；剖析丽水市部门间“最多跑一次”改革的普遍推广意义、改革推进过程中存在的现实问题，最后对深入推进丽水市部门间“最多跑一次”改革提出政策建议。课题报告分六个部分，综述主要针对研究背景、改革主要内容、改革的特点与方式方法三个部分进行汇报，其他内容详见报告全文。

（1）研究背景及意义。自2018年3月以来，丽水市在全国率先提出部门间“最多跑一次”改革，核心是加强部门效能建设，为基层“减负”，连通政务管理与政务服务的“两条线”，增强行政体制改革的系统性、整体性、协同性，推动“放管服”改革再深化。概括起来，有以下四个方面。

一是传统行政体制下部门间协作存在障碍。传统科层制的行政管理体制的先天性不足决定了政府部门运行“单向行动”“单边行动”，存在上下级之间的沟通信息单向传递、部门本位主义等问题，造成部门间推诿扯皮、“中梗阻”成为常态甚至习惯，让跨部门办事的公务人员负担沉重，久而久之会滋生形式主义、官僚主义等不良行政生态问题。

二是适应新时代我国政府转型的必要探索。在经济全球化、社会信息化、区域一体化的新时代，我国政府转型的方向与路径是什么？研究发现，要探索利用区块链数据共享模式，实现政务数据跨部门、跨区域共同维护和利用，促进业务协同办理，为人民群众带来更好的政务服务体验，是推动“放管服”改革再深化，适应新时代政府转型的必要探索。否则，政府转型便是“空中楼阁”。

三是新一轮党和国家机构改革的要求。当前党政机构设置存在的问题体现为“一些领域党政机构重叠、职责交叉、权责脱节问题比较突出”“一些政府机构设置和职责划分不够科学，职责缺位和效能不高问题凸显，政府职能转变还不到位”。为避免“精简—膨胀—再精简—再膨胀”的“黄宗羲定律”怪圈，新一轮机构改革必须从“机构改革”向“机构改革—机制优化并重”转变，从“失范结构”向“规范结构”转变，从各部门“单边行动”向部门间“协同互动”转变。

四是国家治理体系与治理能力现代化的必然要求。丽水市部门间“最多跑一次”改革利用信息技术红利，冲破传统思想观念束缚，破除利益固化樊篱，破除妨碍行政效能提升与经济社会高质量发展的行政管理体制机制障碍，是推进政府治理体系和治理能力现代化的必然需要。

（2）改革主要内容。自 2018 年 3 月以来，丽水市将“最多跑一次”改革向政府部门间办事领域延伸，通过定标准、优流程、建平台，全力减材料、减环节、减时间，有效推动机关内部办事提速、提质、提效，牵引带动各地各部门依法行政效能显著提升。

一是重塑部门关系，倡导部门业务协同化。丽水市以“三个全覆盖”（事项全覆盖、单位全覆盖、市域全覆盖）和“三转变一共享”（观念转变、职能转变、流程转变、数据共享）为准则，梳理部门事项，重塑部门关系。

二是统一事项规范，做到事项梳理标准化。丽水市明确改革边界，统一标准规范，遵照“三个原则”“四个对比”“八个统一”，全面梳理部门间办事事项，以事项倒逼改革。

三是重构业务环节，推进办事流程更优化。丽水市全面优化办事流程，打破目标界限，在坚持工作原则和规范要求的前提下，对所有业务流程进行系统梳理，优化部门间“最多跑一次”改革业务协同模式，编制标准化办事指南和业务流程图。

四是精简合并材料，力争办事材料最简化。明确“法无规定不提交、可由本部门出具或获取不提交、可自行查验获取不提交”的“三不提交”原则。全面梳理申请材料，能合则合、能减尽减。按照没有法定依据的一律取消，由本部门出具的一律取消，能通过现有材料证明的一律取消，能采取书面承诺方式解决的一律取消，能通过网络或数据共享获取核验的一律取消的“五个一律”要求。对每一项办事事项的申请材料进行全面梳理、论证，通过归并表单、数据共享、取消重复提交等方式，为办事单位松绑减负。

五是压缩办事时限，着力业务办理高效化。为实现业务办理高效化，丽水市展开探索压缩部门间办事时限。在逐项梳理了市直 45 个部门 484 项机关内部办事事项的办事流程、标准，统一了办事指南之后，对部分原先办理时限较长的事项，通过减环节、减材料，进行流程推演，全面压缩办理时间，并通过部门间协同办事系统设置各事项审批环节办理时限。484 项机关内部办事事项中，469 项事项实现“最多跑一次”，实现率达 97%。

六是拓展服务领域，实现利企便民制度化。丽水市打破部门协同界限，按照“民事、商事、公事”理念，把机关内部办事作为个人和企业“最多跑一次”的最坚实基础和最优后端。

七是统一信息平台，助推事项审批数字化。全面打通通用平台、业务平台、自建平台，推进平台整合。以流程再造为基础，全市统一建设机关内部办事协同平台，并在“浙政钉”上架应用，在平台整合上实现破题，推动机关内部办事“网上办”。通过统一业务规范和技术规范，打破数据壁垒，整合各部门信息资源，实现全过程留痕、全流程办理、各环节监管，形成部门间办事全流程信息化管理体系。

八是集成共享数据，力促部门信息互通化。

九是科学考核监督，强调改革过程留痕化。丽水市建立考核督查机制，确立首问导向、协同导向、效能导向，推进“互联网+全程留痕管理”。

十是党群政府联动，推动创新红利共享化。截至2019年底，机关内部事项涉及市本级45个部门484个事项，努力实现部门、事项全覆盖，做到“应梳、尽梳”。

（3）改革的主要特点与方式方法。丽水市“最多跑一次”改革呈现出以下主要特点。

一是具有较高政治站位，以习近平总书记指示精神指引改革。

二是精确把脉精准发力，直击当前改革痛点难点问题。

三是做好顶层设计工作，任务分工到位，责任落实到人。

四是科学谋划稳步推进，试点示范不断总结推广经验。

五是持续释放改革红利，以点带面撬动整体行政创新。

丽水市“最多跑一次”改革方式方法主要有以下六方面。

一是权威支撑，制度保障。省市领导非常重视部门间“最多跑一次”改革，并把其列为“一把手”工程。做好顶层设计，强化了“五个一”的组织保障。“五个一”，即一个领导小组，由市长挂帅，统筹推进改革；一个实施方案，明确目标任务和责任分工；一个攻坚专班，专人专班推进改革攻坚；一个部门试点，以点带面、以市带县铺开；一个督考机制，实行攻坚交办、限期销号的推进制度。

二是协同联动，整体推进。丽水市秉持系统性、整体性、协同性思维，坚持上下联动、内外兼顾，在做好本部门事项梳理的同时，加强与上级部门对接，增强同级部门间协作，注重对基层部门的业务指导，把全市力量调动起来，共同学习、共同研究、共同推进，实现跨层级、跨部门、跨业务的改革协同联动。

三是问题倒逼，以小见大。丽水市以问题倒逼改革，以事项倒逼改革，选择部门间办事“一件事”全流程“最多跑一次”作为突破口，以“小切口”撬动“大改革”。

四是专业引领，标准先行。浙江省是国家唯一的标准化综合改革省域试点，丽水市作为部门间“最多跑一次”改革先试地，充分运用标准化、系统化思维，迈向专业化推动改革阶段。

五是技术赋能，数据互通。丽水市充分借助移动互联网、云计算、大数据等新一代信息技术助推政府治理现代化，以“释放信息红利”“技术赋能治理”突破传统行政管理体制束缚。

六是人民满意，红利共享。丽水市秉持人人均享改革红利的原则，不断探索将内部政务管理改革红利拓展到外部政务服务领域，着力便民举措制度化，衔接政务管理与政务服务改革，使部门间“最多跑一次”改革成为突破“放管服”改革“中梗阻”的有效路径，真正实现“数据跑腿，一次办好”，持续增强人民群众的获得感、幸福感与满意度。

（二）蒙城县“一户一块田”改革创新实践

本案例的研究思路是从理论层面详细梳理、剖析我国农村土地制度改革历程与改革实现现状，总结蒙城县“一户一块田”改革的主要内容与经验成效、推广价值、存在的问题，最后提出政策建议。课题报告分七部分，汇报主要通过报告前言，介绍蒙城县“一户一块田”改革创新的实践意义；另外，通过介绍改革过程对“一户一块田”改革实践的艰巨性，以及改革的主要内容进行汇报，其他内容详见报告全文。

（1）报告前言概括了蒙城县“一户一块田”的实践意义。研究发现，新形势下深化农村改革，主线仍然是处理好农民与土地的关系。进入新时代，国内外形势发生了深刻变化，客观上对农村土地制度改革提出了新的要求。作为传统农业大县，如何尽快将传统农业发展为现代农业，使农业大县转变为农业强县，实现农业高质量发展，切实保障农民权益，为全面建成小康社会和乡村全面振兴创造良好的制度条件，蒙城县从解决农村土地细碎化问题入手，率先推行农村土地互换并块，形成“一户一块田”新型经营模式，有效解放了生产力，调整了生产关系，盘活了闲置资源，改善了生产条件，促进了结构调整，提升了经营水平，增加了农民收入。

研究得出，蒙城县“小块并大块，一户一块田”改革创新产生新的“聚变”，为蒙城县农业农村现代化和乡村振兴注入了强大动力。蒙城县“一户一块田”改革创新实践，从本质上看是对农村土地生产关系的适当调整，有效盘活农村耕地资源，既保持了农村土地承包政策的稳定性，又适应了农村发展形势的新变化，为农村基础设施、公益事业建设提供了用地支持，效果显著，具有鲜明的问题导向、严格的底线思维，同时汲取了农民的改革智慧，广泛发动群众，是我国农村土地改革史上具有重要启示意义的标志性创新实践。

（2）“一户一块田”“小改革”的主要内容。“一户一块田”从全面深化改革的宏观背景俯瞰是小改革，但在很多地方却开展不起来。面对土地细碎化带来的困惑和问题，蒙城县在充分尊重农民首创精神的基础上，引导、鼓励、支持农村土地“一块田”并块调整，化解了很多理论难以概括的农业农村现实矛盾与问题，探索催生了具有“蒙城特色”的“一户一块田”改革创新实践。

蒙城县“一户一块田”改革的三个阶段如下。

一是群众自发阶段（2010—2012 年）。零散地块在经营、流转和租赁过程中，越来越不适应现代农业的生产与发展。但是，“并地”做法听起来容易，实施起来难度却很大，其牵涉着村民方方面面的利益。2009 年，蒙城县双龙村在充分尊重群众意愿的基础上，率先自发制定了“一户一块田”工作实施方案，以 1994 年人口地亩为基础，实行宅田合一，荒地收归集体。截至 2009 年 9 月 28 日，双龙村胡桥庄“一户一块田”改革圆满完成。截至 2011 年秋，双龙村 11 个自然庄农户全部实现了土地经营“一户一块田”。

双龙村的经验激发了蒙城县农村实施“一户一块田”改革的勇气。2010 年 9 月，蒙城县楚村镇李马村的 9 个村民组开展“一户一块田”改革，小辛集乡李大塘村 4 个村民组开展“一户一块田”试点。2012 年秋，立仓镇炮台沟村 18 个村民组“一户一块田”改革试点成功。

可以说，蒙城县“一户一块田”改革起源于当地农民群众的自发探索，属于典型的问题导向型改革，与小岗村农民的改革探索有异曲同工之处。

二是政府引导阶段（2012—2014 年）。在基层群众自发探索的启示下，2012 年 3—6 月，蒙城县肯定了各村镇开展“一户一块田”互换并块的实践做法，将推行“一户一块田”互换并块纳入乡镇综合考核范围，开展改革试点。此后，蒙城县出台了一系列具体支持“一户一块田”改革的政策措施。需要说明的是，在蒙城县开展“一户一块田”改革过程中，国家出台了系列政策，对地方农村通过采取互换并地的方式推动适度规模经营表示鼓励，明确提出“积极引导农民在自愿的基础上，通过村组内互换并地等方式，实现按户连片耕种”，为蒙城县的“一户一块田”改革提供了政策支持。

三是巩固提升阶段（2015—2017 年）。在“一户一块田”试点进展顺利的情况下，2015 年 6 月，蒙城县明确了“严格把握政策，精心组织实施，在‘先并块后确权’的原则下，坚持‘三个不变’，即坚持农村土地家庭承包经营制度不变、坚持农村土地农民集体所有不变、坚持农村土地二轮承包关系不变；做到‘四个结合’，即确定地块等级与农田治理相结合、互换并块与宅田合一相结合、预留农村土地与农村公益事业建设规划相结合、落实农户地块与确权登记颁证相结合”。截至 2015 年 9 月，全县涉及 263 个行政村 5210 个村民组，开展了“一块田”改革试点，其中完成试点的有 102 个村 4372 个村民组，合并农村土地 165.76 万亩，占全县农村土地面积的 76.60%。

蒙城县“一户一块田”改革具体实施步骤如下。

一是宣传发动。坚持试点先行原则，每个乡镇选择一个基础较好的村进行农地“一户一块田”改革试点，不搞强行推进，尊重农民意愿。在实施过程中，各乡镇、村利用多种形式，深入村、组、农户座谈交流，召开村、组全体党员、干部、群众代表会议，开展大讨论，吃透政策精神，让广大村民了解“为什么并地、怎么样并地、并地有什么好处”。找准关键问题，及时妥善解决。做到成熟一个村落实一个村，成熟一个组落实一个组。

二是制定方案。以村民组为单位，在乡镇、村统一组织下，对承包土地现状进行摸底调查，核实承包人口、承包面积、地块四至及流转情况等，逐户登记造册，张榜公示。在充分尊重民意的基础上，统筹考虑方案、具体操作程序和办法。充分尊重农民首创精神，做到“思路群众出、意见群众提、工作群众做、办法群众想”。确保制定方案公开、公平、公正。

三是互换并块。村级成立以村民组为单位工作组，成员由各户推荐产生，全程负责该组互换并地工作。

四是完善手续。整个过程公开透明，规范操作。乡镇负责对所辖村组进行检查，将村组实施情况报县农委备案，县里组织相关职能部门逐乡镇验收。工作中严审档案材料，每个步骤都要做好文字记录，认真履行村民代表、经办人、审核人、承包农户签字手续。“一户一块田”要逐户登记造册，实行“一户一表，一组一册，一村一卷”，形成完整档案材料（包括电子档案和纸质档案）。统一上报县、乡（镇）集中存档备案，实行专人、专柜规范化管理，为农村土地确权登记颁证奠定基础。

五是确权颁证。在实现“一户一块田”的基础上，按照省、市农村土地确权颁证的统一部署，严格操作程序，抓好农户申请、现场指界、航拍测绘、张榜公示、审核批准、确认颁证等关键环节，切实做好农村土地确权颁证工作。

六是检查验收。县组织监察、农委、土地、财政等部门分乡镇检查验收，并将验收结果以书面形式报县政府。乡镇成立专项工作组对所辖村、组逐个进行检查验收，并对村、组实施情况，遇到的问题、解决的办法和取得的成效进行总结，形成书面报告报送县农委备案。

（3）“一户一块田”改革的主要成效。“一户一块田”改革将农民承包地合并为一个整体，为农业机械化耕作和土地规模经营创造了良好的资源条件，极大地解放了农业生产力。随着农村土地改革的逐步深化，农业生产关系也将在适应生产力变化的过程中进行调整，土地改革的红利将进一步释放。主要成效体现如下。

一是促进新型农业经营主体蓬勃发展。蒙城县“一户一块田”改革为土地适度规模经营提供了良好的基础，促进了土地流转，新型农业经营主体快速发展。据统计，自推行“一户一块田”改革以来，截至2017年9月，全县流转土地面积达到117.02万亩，农民合作社达到3488个，家庭农场达到1674个。同时，“一户一块田”的推行，也吸引了越来越多的社会资金和工商企业投资农业生产经营。蒙城县小辛集乡李大塘村2/3的土地已合并流转，从事农产品冷冻加工贸易的精益诚食品有限公司自入驻以来，产品出口欧美、日韩、东南亚等国家和地区，年生产能力达5000吨，年吸纳周边留守妇女和老人400余人就业。

二是加快土地流转助推农业产业结构调整。通过土地流转形成规模经营，并根据当地农业资源禀赋和市场动向，发展特色优势产业，助推农业产业结构调整。目前，全县17个乡镇均已形成一批依托当地资源优势、自然禀赋的特色产业、支柱产业，构建了“一村一品”“一乡一业”的发展格局。此外，农业产业的兴旺发达为一、二、三产业融合发展提供了广阔空间，有效带动了蒙城及周边地区的设施农业发展和农业产业结构调整。

三是节约成本提高农业生产率。蒙城县“一户一块田”改革，让大型农机装备、先进配套作业机具有了用武之地。目前，全县拥有各类农业机械7.4万台套，其中大型农机具5.3万台套，农作物“耕种收”综合机械化水平达到90.7%，农机装备水平位居全省前列。蒙城县积极探索农民“带地、带机、带资”入社，成立土地股份制经营合作社。与普通农户相比，通过核算，每亩年生产成本降低150元。其中，种子降低40元，肥料降低45元，农药降低10元，机械耕作降低55元。

四是促进农业社会化服务快速发展。随着土地规模经营的逐步扩大和农业机械的广泛使用，蒙城县逐步探索形成了“耕种收”农机社会化服务全程托管工作模式，开辟出一条“农机托管走在前，农民外出多挣钱”的新路子。目前，全县农机专业服务合作社达296家，托管服务率达96%。托管后合作社实现了规模化订单作业，作业价格低于周边市场价格5~10元，降低了农民的种地成本；托管后在外务工农民农忙时可以不用返乡，据测算可节约农民工返乡农忙支出2亿元。通过“托管”的实施，农机合作社增加了效益，农民降低了成本，缓解了禁烧压力，促进了产业扶贫，实现了农民、合作社和政府“三满意”。

五是助力脱贫攻坚增加农民收入。在“一户一块田”改革前，每户平均有4~5块承包地，种植成本较高，投入劳动工时多，耕种、收割、灌溉等环节投入大。实施“一户一块田”改革后，两季作物种植亩均节约成本30~50元，每年全县农业投入减支近2000万元。土地互换整合后，更多从土地中解放出来的农民成为产业工人，促进了农村劳动力转移，多渠道增加了农民收入。“一户一块田”的推行，整合出一部分土地，预留为村队集体土地；一部分土地用作发展用地；其余部分土地由村队集体公开进行发包，通过大面积流转土地和基础设施投入，吸引众多企业和合作社入驻，通过土地租赁、入股等方式，增加了集体收入，壮大了集体经济，拓宽了农民增收渠道。

六是盘活土地资源深化农村改革。“一户一块田”改革有效盘活了农村耕地资源，既整合优化了农村土地资源，又为农村基础设施、公益性事业建设提供了用地支持，为农村综合改革预留了空间。

七是促进农村社会和谐稳定。“一户一块田”改革能够有效地化解农户之间地界不明、面积不实引发的信访积案。同时，随着土地的大面积流转，部分农民转化为农业工人，农闲时间更充足，对精神文化生活提出了更高的要求，丰富了群众的业余文化生活，提升了群众的精神文明素质，为农村和谐稳定奠定了基础。

（三）分宜县“县级融媒体改革”

本案例的研究思路是从理论层面详细介绍分宜县“县级融媒体改革”的时代背景，总结分宜县“县级融媒体改革”的主要内容、取得成效、方式方法与推广价值、存在问题及政策建议。课题报告分为五部分，本汇报主要包括分宜县“县级融媒体改革”的主要做法、取得成效、方式方法与推广价值，其他内容详见报告全文。

（1）分宜县“县级融媒体改革”的主要内容。分宜县在2016年开始筹划融媒体改革，经过系统化的改革，在舆论引导、服务群众、产业发展、人才提升等方面都取得了实实在在的效果，形成了县级融媒体改革的“分宜样本”，为中西部地区的县级融媒体中心建设提供了很好的借鉴样本。主要做法如下。

一是“一把手工程”。把县级新闻媒体融合发展工作列为县委全面深化改革的重点突破项目，成立专项改革工作领导小组，确立由县委书记负总责、直接抓，县委宣传部部长具体抓，组织部部长、常务副县长参与的工作格局。出台了县属新闻媒体融合发展改革工作方案，从四个方面对改革给予支持。①给机构给编制，支持分宜县融媒体中心升格为正科级全额拨款事业单位，优先配齐、配强融媒体中心班子。②加大财政投入，经费上优先保障，县财政通过逐年增加预算和全额返还预算外收入，保障融媒体中心所需经费。③资源上给予充分倾斜，做大做强融美文化传媒公司，把“县融媒体大厦”、广场LED大屏、影剧院等国有资产划归融媒体中心或委托融美文化传媒公司经营管理，推动融美文化传媒公司实体化，增强融媒体中心的可持续发展能力。④薪酬制度改革和编外用工方面提供政策扶持。

二是在建设县级融媒体中心时，高度重视顶层设计。

三是坚持机构融合先行，真融实融。2016 年 9 月，分宜县将内部刊物、微信等四个媒体平台从县委宣传部剥离出来，将县广播电视台、网络传输中心从县文广新局分离出来，将县政府网新闻频道从县政府办分离出来，整合为一，以县广播电视台人员为班底，成立分宜县融媒体中心，升格为县委直属正科级全额拨款公益类事业单位，归口县委宣传部管理。

四是坚持平台融合立本，再造采编流程。分宜县融媒体中心高度重视技术，由于自身技术实力不足，分宜县采取与省级技术平台合作的方式建设媒体融合技术平台。早在 2017 年 4 月，融媒体中心就依托江西日报社的“赣鄱云”智慧云技术平台，通过技术成果分享，建设了“中央厨房”和“画屏分宜”新闻客户端。

五是实行薪酬制度改革，激发团队活力。按照“分类管理、科学设岗、以岗定薪、统筹兼顾、明确职责”总要求，在定岗、定员、定责和岗位评价的基础上，建立以岗位责任与工作业绩为依据的新的薪酬分配制度，实行“基础工资 + 绩效工资 + 绩效奖励”的分配模式，采取“采编发数量 + 优稿数 + 网上供稿数量 + 阅读点击量”为主的考核指标核算绩效，打破编内人员和编外人员的身份差别，用“一把尺子”量人才、评业绩，做到“同岗同责、同工同酬、优劳优酬”，极大地调动人员的工作积极性和创造性。

另外，还有加速全媒体人才培养，加快媒体矩阵建设，大力开展“新闻 + 政务 + 服务”，成立融美文化传媒公司，妥善解决历史遗留问题等创新实践内容。

（2）分宜县“县级融媒体改革”成效显著。分宜县创新媒体传播方式，重构县级媒体建设与运行机制，探索出一条县级传统媒体与新兴媒体融合发展的有效路径。具体表现如下。

一是现代传播能力大幅度提升。包括新闻生产力和传播力大幅度提升；融媒体影响力和公信力大幅度提升；外宣上稿数量、质量双提升；员工积极性极大幅度提升；融美文化传媒公司产业经营效益大幅度提升。

二是县融媒体中心实现了本质性的提升和完善。包括工作人员由专业型向复合型转变；新闻生产流程由“多口子进、多口子出”变“一口子进、多口子出”；传播范围和传播力由小变大，由弱变强；评价考核由“多把尺”变“一把尺”。

（3）分宜县“县级融媒体改革”推广价值。研究发现，由于外部环境和发展基础的不同，在进行县级融媒体中心建设时，东部发达地区先进融媒体中心的建设经验很难复制到广大中西部地区的县级融媒体中心建设上，而分宜县融媒体中心建设的经验则对广大中西部地区县级融媒体中心建设有着很大的借鉴和推广价值。一是分宜县与中西部绝大多数县级区域的基本情况类似；二是分宜县融媒体中心建设的基础与绝大多数中西部地区的县级融媒体中心相似；三是分宜县改革成功的核心是以体制机制改革为核心，坚持问题导向，重视实效，不搞花架子和形式主义，这一点尤其具有广泛推广作用。

（四）安康市“新社区工厂”精准脱贫模式研究

本案例的研究思路是：从理论、实践层面全面梳理安康市改革实践的背景与改革的三个阶段；安康市实践的做法及成效；改革实践的特点、方式方法与推广意义；安康市及我国精准脱贫存在的问题；针对安康市及全国精准脱贫的政策建议。课题报告共分为五大部分，本汇报主要针对安康市实践的做法及成效，安康市实践的特点、方式方法与推广意义，安康市实践及全国精准脱贫存在的问题三个部分进行汇报，其他内容请详见报告全文。

（1）安康市实践的做法及成效。近年来，陕西省安康市通过发展新社区工厂，实现了让极度贫困地区易地搬迁群众“搬得出、稳得住、能增收”的脱贫效果，创造性探索出一条由创业、就业、精准扶贫相结合的农村脱贫新路径。主要内容如下。

一是领导组织：强力推进新社区工厂落地生根。2011 年，安康市开始大力实施陕南移民搬迁，同时抢抓东南沿海地区劳动密集型产业向西转移的发展机遇，以精准扶贫、精准脱贫、充分就业、推动发展为目标，确定了“依托社区办工厂、办好工厂促就业”的思路，坚持“党政统筹、能人带动，基地孵化、连锁推进”，全力推进落实在搬迁社区创办新社区工厂，实现就业安置和就地城镇化，让“农村变社区，民房变厂房，农民变工人”，“小工厂”成为“大产业”。

在这一改革思路部署下，安康市开始以党的领导为核心，系统化构建新社区工厂的就业扶贫脱贫体制机制。

二是统筹谋划：确保新社区工厂持续健康发展。新社区工厂是一个新生事物，在探索发展的过程中，也不可避免地暴露出一些实际问题和难题。安康以目标为方向，以问题为导向，制定标准对新社区工厂进行规范和引领，使之在发展中不断完善，在完善中促进发展。目前，安康市新社区工厂标准化越来越多地参与到政府治理中，在社会事业领域涌现出扶贫标准、反腐标准、党建标准、政务服务标准等。

三是政策激励：充分激发新社区工厂创新动力。安康市坚持以脱贫攻坚为总揽，以政府引导、市场引领、就业优先、厂社融合、协调推进为原则，推动移民搬迁群众和建档立卡贫困劳动力就地就近就业，促进经济发展、扩大农民就业、维护社会稳定、改善社区管理，实现脱贫致富奔小康。与此同时，也出台了特殊政策推动产业快速发展。

四是招商置业：壮大新社区工厂就业扶贫新主体。安康市立足就业导向，围绕劳动密集型手工业加工项目，优化环境、共享资源、搭建平台、“筑巢引凤”，坚持“量身定做”，实施精准招商。

五是升级服务：打造新社区工厂发展的软硬环境。

成效主要体现如下。

一是稳发展，新社区工厂破解了群众稳定就业增收难题。依搬迁安置社区而建的新社区工厂，多为劳动密集型产业，用工需求量大、技术要求低、工艺相对简单、就业时间灵活、收入可观，能够为广大农村富余劳动力提供充足的就业岗位，特别是为移民搬迁群众、弱劳动力提供了就地、就近就业机会，是最有效的极度贫困地区脱贫模式。

二是调结构，新社区工厂加快推动了产业结构优化升级。新社区工厂的引进不仅充实了工业经济的发展，也为产业结构的优化起到了助推作用，成为加快产业转型发展的重要载体。

三是树民风，新社区工厂促进了欠发达地区新民风建设。

四是安民心，新社区工厂增强了搬迁群众归属感、幸福感。

实践证明，新社区工厂是就业脱贫最有效、最直接、风险最小、成本最低的脱贫方式之一，其经济效应日益凸显、社会效应逐步释放。经过一系列的改革与创新，安康连续四年经济增速位居陕西第一，2014 年以来减贫 52.84 万人，连续三年脱贫攻坚成效考评为优。

（2）“安康实践”的特点、方式方法及推广意义。安康市新社区工厂模式不仅解决了贫困地区人口脱贫的难题，推动了县域经济发展，还为全国众多地区加快区域协调发展打造了新模式。建设新社区工厂，既为发达地区产业转移提供要素支撑，又增强了边缘贫困地区发掘生产要素的内动力，激活脱贫自身“造血”功能，促进错位发展，真正发挥了市场在资源配置中的决定性作用，也更好地发挥了政府应有的作用。在当下脱贫攻坚收尾阶段，新社区工厂以“小工厂、大产业”的模式，帮助移民搬迁群众特别是农村贫困劳动力就地就近就业，实现了“一人就业全家脱贫”的精准脱贫模式，其做法对于其他地区精准脱贫有着重要的启示和推广意义。

“安康实践”的特点主要体现为坚持问题导向，坚持需求牵引，坚持有序推进；“安康实践”改革的方式方法主要体现为科学决策、系统推进、有效执行、协同发力、广泛参与、互惠共赢；“安康实践”改革的推广意义主要体现在，为实现精准脱贫找到了一条好路子，为解决“三农”难题提供了一个好办法，为新型城镇化打下了一个好基础，为地方经济发展构建了一个好载体。

（3）“安康实践”存在的问题。新社区工厂是较为典型的以就业带动脱贫致富的精准扶贫模式。经过多年的建设和发展，安康市新社区工厂扶贫脱贫工作已取得了明显的改革成效。与此同时，作为一种在实践中不断摸索而形成的精准脱贫模式，安康市新社区工厂在发展中不可避免地遇到了一些困难和挑战，包括产业发展较落后、产业链不完善、资金保障不充足、产品生产规模小、持续增产有限等，制约其向更高层次发展。这些问题有的是我国精准脱贫改革实践中共有的问题，有的是安康市所特有的发展难题和瓶颈，需要深入分析和寻找解决的应对之策，为新社区工厂拓展更为广阔的发展空间。具体问题体现为：新社区工厂生活生产基础薄弱、工厂基础设施建设滞后、注重项目帮扶而忽视精神帮扶等，生产要素供给保障薄弱；产业“小散乱”问题突出，产业链生产融合度不高，产业发展创新能力不足，产业发展亟待转型升级；市场化契约意识相对薄弱，市场有序竞争机制尚未形成，市场风险防范化解能力不强，亟须加强风险防范意识；物流体系不发达，管理制度不健全，安全设施、配套服务体系待完善。

四、九方面：地方全面深化改革阶段性现象或特征

课题组对2019年地方改革创新实践案例进行研究后认为，2019年我国地方全面深化改革呈现如下现象或者特征。

一是系统性、整体性、协同性成为全面深化改革普遍特征。相较于2018年，对全面深化改革的系统性、整体性、协同性的理解，在全国层面有了比较明显的进步，体现在实践层面比较突出。全国很多地方无论是总体推进，还是单兵突破进而带动总体进展，都体现了改革的系统性、整体性、协同性。这也成为全面深化改革推进到2019年的一个总体特征。

二是治理体系与治理能力现代化建设成为地方全面深化改革的“品牌”。目前，全国广大地区呈现一个突出的现象，就是无论全面深化、总体推进，还是单项改革，都与“治理体系与治理能力现代化建设”关联起来。这充分反映了地方对“治理体系与治理能力现代化建设”理解的深入与实践层面的加强，也从侧面体现出“治理体系与治理能力现代化”的不足与缺失。

三是供给侧结构性改革在2019年继续推进，成为高质量发展与全面深化改革的重要抓手与突出特征。

四是“放管服”改革继续向纵深地带推进。2019年，“放管服”成为全国全面深化改革的主旋律，并且呈现“万马齐头并进”的大好局面。同时，以浙江省部门间“最多跑一次”改革为代表的探索实践无疑成为当前“放管服”改革的“尖兵突击”，成效显著。但是，出于体制、技术、改革综合性、改革超前性等方面的局限与制约，“放管服”改革目前确实到了“深水区”，如果不从制度层面解放思想，很多改革会停滞不前或者举步维艰。另外，“放管服”改革还呈现出一个典型的与经济发展水平相适应的阶梯特征：东部地区、经济发达地区，尤其浙江省、广东省等改革发展发达地区的“放管服”改革一骑绝尘，遥遥领先

于全国其他地区。这已经成为全国改革的一道风景与阶段性特征。

五是地方改革内生动力呈现两极分化。总体而言，2019 年全面深化改革的制度红利释放进一步加快，全面深化改革对高质量发展、减贫脱贫等贡献更加突出。从这个层面上看，地方全面深化改革的内生动力的加强前所未有。但是，部分地方不愿改、不敢改、不会改，消极观望的情况依然存在。

六是“形式主义返潮”成为 2019 年地方全面深化改革的一个反面特征。2019 年，形式主义成为经济改革欠发达地区的一个普遍现象。改革初期的“景点式”“跟风式”“口号式”“空转式”改革又死灰复燃，并且在某些地区成为普遍现象，亟须警觉与应对。这从侧面说明，有的地方还要加大全面深化改革的力度，要少些口号，多些实干，真正“撸起袖子加油干”，敢改革、会改革，多出改革成果，通过改革惠民生，无愧于时代与人民的重托。

七是创新驱动发展战略顺利推进，并且对改革发展的贡献日益彰显。前些年“创新驱动”在很多地方仅仅是文件名词，但是，如何通过改革体制机制为创新驱动提供制度供给，很多地方理解还不到位。2019 年，全国很多地方充分认识到了创新驱动的重要性，普遍认识到全面深化改革的核心是通过实现政府管理的创新改善营商环境，实现技术创新与产业转型升级，推进新旧动能转换实现高质量发展。比如，以信息技术进步为代表的互联网大数据产业的发展，对经济社会快速发展做出的巨大贡献已经举世瞩目。

八是高水平对外开放及加强自贸区建设也成为 2019 年全面深化改革的显著特征之一。

九是“小切口 大改革 新突破”成为 2019 年全面深化改革的最突出特征之一。

［执笔：贾存斗　“地方改革创新实践案例研究”课题组学术秘书］